大学—地方—中小学（U-D-S）
协同创新提升区域教育质量丛书

U0723195

农村基础教育
质量提升的实践创新

——北京师范大学-密云区中小学合作研究案例

主　编　　梁威　卜月海　王学军

副主编　　卢立涛　霍劲松　宋连军　唐和平

北京出版集团公司
北京教育出版社

图书在版编目（CIP）数据

农村基础教育质量提升的实践创新：北京师范大学－密云区
中小学合作研究案例 / 梁威，卜月海，王学军主编 .—
北京：北京教育出版社，2018.10
ISBN 978-7-5522-9547-4

Ⅰ.①农… Ⅱ.①梁…②卜…③王… Ⅲ.①乡村教
育—基础教育—研究—北京②高等学校—联合办学—中小
学—案例—北京 Ⅳ.① G639.2 ② G522.7

中国版本图书馆 CIP 数据核字（2018）第 041591 号

农村基础教育质量提升的实践创新
——北京师范大学－密云区中小学合作研究案例

梁　威　卜月海　王学军　主编

*

北京出版集团公司
北京教育出版社　出版
（北京北三环中路6号）
邮政编码：100120
网址：www.bph.com.cn
北京出版集团公司总发行
全国各地书店经销
三河市腾飞印务有限公司印刷

*

890 mm×1 240 mm　16 开本　22 印张　350 千字
2018 年 10 月第 1 版　　2018 年 10 月第 1 次印刷
ISBN 978 - 7 - 5522 - 9547 - 4
定价：128.00 元

编委会名单

顾　问：

董　奇　文　喆　王春林　蒋学甫　程文华　乔树平
李钟勤　高淑贤　杨华利　张文亮　王树生　毛久刚
于兆旺　张冠军　吴明奎　郑立华

主　编：梁　威　卜月海　王学军
副主编：卢立涛　霍劲松　宋连军　唐和平

编委会：（按姓氏笔画排序）

王　唯　王志林　王昌山　王昌海　王海军　冬静寰
朱　峰　朱立祥　刘玉花　刘秀荣　刘淑阁　齐小敬
孙凤有　孙全明　孙荻芬　杨晓玲　李文胜　李秀军
李岩梅　李爱林　吴正宪　何光峰　佟增玉　宋怀海
张　雨　张　静　张红军　张丽娜　张素珍　张惠苹
范存丽　林　静　果长亮　金　利　金政国　周婷子
孟雁君　项启江　赵　颖　赵凤文　荆林海　胡　进
胡小力　骆自华　高江丽　郭立昌　郭明怀　郭家堂
陶昌宏　黄冬芳　曹　英　曹小菊　曹爱平　崔永学
康　杰　彭金凤　温水擎　温光福

序

近十余年来，为落实国家基础教育"提高质量、促进公平"的总体要求，北京市在率先普及九年义务教育后，确立了促进首都基础教育优质均衡发展、在全国率先基本实现教育现代化的改革发展新目标。2006 年，北京师范大学与北京市委教育工委、北京市教委联合创办了"北京师范大学首都基础教育研究院"。2007 年，又与密云县（现密云区）人民政府合作实施了"农村基础教育现代化实验区"总项目，旨在推动北京基础教育优质均衡发展，探索缩小区域教育差异的创新模式。

我作为该项目联合领导小组的组长，参与了该项目的整体设计和实施指导。该项目包含"幼儿入学准备素质提升计划""小学阶段学生与教师综合素质提升计划""初中阶段学生全面发展综合诊断研究""高中学校绿色升学率研究""基于发展性评价的教育质量提升体系建设""基于校园网的互动学习型组织建设"6 个研究领域，共 35 个课题。目前，人们对于提升农村基础教育质量的重要性虽然已经形成普遍共识，但对于提升的有效策略、途径、方法等，却缺少深入的研究和实践。该项目选择教育发展相对落后的京郊农村作为研究与服务对象，从学生素质、教师教育教学、学校发展、教育评价、教育信息技术应用等多个领域展开探索，积累了一批理论基础可靠、实操性很强的思路策略和方式方法，对当前提升农村地区基础教育质量、推进城乡一体化和新型城镇化建设，均具有重要的启示意义。

北京师范大学梁威教授负责主持"农村基础教育现代化实验区"项目的 17 个课题，包括中小学阶段学生与教师综合素质提升计划中的中学、小学基于学生发展的校本研究 2 个课题，小学数学 1 个课题，初中阶段学生全面发展综合诊断研究 5 个课题，以及高中学校绿色升学率研究 9 个课题。这 17 个课题实效性很强，在密云区参与的学校和老师中广受赞誉。基于学生发展的多学科教师合作的校本研究创新教研模式，建立和完善了教师群体合作协同育人的研究机制，多方合力为学生树立了学习的自信心，针对学生学习特点和规律的教育教学激发了学生的学习兴趣。通过北京师范大学项目各课题专家和密云区各级领导、教研部门及学校教师的共同努力，学生的学习成绩也逐年提升。项目的实施提升了密云区中小学教师的专业素养与教学水平，一大批教师在项目推进过程中脱颖而出，并成长为校级、区县级或市级骨干教师。此外，项目还建立了跟踪反馈、协商推进、成果交流、总结反思等行之有效的组织管理机制，形成了以学生发展为本的新型教研模式，这些也为地区教育的未来发展奠定了多方面基础。

在 8 年的项目实验中，密云被教育部评为全国义务教育发展基本均衡示范县，成为全国 15 个省市教育者参观学习考察的基地，一批骨干校长和教师已经以培训者的身份活跃在国内和北京市各区县，研讨教育教学改革，开始为其他地区尤其是农村地区的教育"献血"。

"农村基础教育现代化实验区"总项目是北京师范大学开展校地合作、服务教育实践的重要努力之一，该项目时间长，力度大，内容涉及面广，学校覆盖面大，成效显著，有许多经验值得总结，有许多策略可以提炼，有许多案例能够推广。《农村基础教育质量提升的实践创新——北京师范大学－密云区中小学合作研究案例》对项目的特色经验进行了全面具体的记录总结，既有宏观规划的总体思路设计，也有不同学科课题组的具体实施过程和案例。希望本书有助于教育管理者实施农村基础教育改革，有助于提高基础教育一线教研人员的业务能力。农村基础教育改革任务的复杂性、艰巨性、长期性、多样性并存，各个地方的农村教育发展情况不尽相同，书中的一些举措也未必直接适用于其他地区，希望能起到参考作用。

当前，北京师范大学正在深入学习贯彻全国教育大会精神和习近平总书记关于教育的重要论述，大力推进"双一流"建设，努力打造中国基础教育的"黄埔军校"。

北京师范大学、我们项目组各位专家，愿与教育战线广大同仁携手，继续为首都基础教育事业的发展、为我国教育事业的发展做出新的贡献。

北京师范大学校长　董奇

2018 年 10 月

目 录
CONTENTS

顶层设计与实施成效 篇

　　国内外的众多研究和实践证明了大学、地方和中小学合作共建（UDS 模式）是推进区域教育综合改革和发展的热点路径，是促进教育资源优质均衡发展的重要举措。这一合作能否有效开展，取决于是否做好了顶层设计与实施保障。本篇在简要梳理北京师范大学与北京市密云区合作研究项目历时 8 年的"输血——造血——献血"过程、取得的经验及成果的同时，重点就项目如何更好地开展合作共建，从项目的启动背景、项目目标与主要内容、项目组织保障、项目实施与推进效果等几个部分介绍了项目的顶层设计与实施成效，揭示了 UDS 合作中顶层设计是基础、问题解决为导向、教研创新为机制、教师成长是关键、学生学习能力发展为目标、农村基础教育质量提升为宗旨的实践创新理念与路径，为密云区进一步实现区域教育持续发展，成为北京市乃至全国具有示范意义的农村基础教育现代化发展典范奠定了坚实的基础，为我国城乡教育一体化建设提供了可借鉴、可操作、可复制、可推广的经验。

北京师范大学
密云县人民政府 共建"农村基础教育现代化实验区"项目启动大会

高校助力 引航教研
提升区域教育质量的实践研究

北京市密云区与北京师范大学合作开展的"农村基础教育现代化实验区"总项目，启动早、合作时间久、涉及范围广、涵盖领域多、参与程度深、取得成效好，是国内大学院校与地方区域合作，整体推进区域教育综合改革的一个成功案例。在整个项目合作期间，高校研究团队与地方政府、教科研部门、中小学校等多方参与者，在态度上相互理解、彼此尊重，在决策时调研在前、会商在前，在实施推进中既各司其职又齐心协力。多方参与者一起唱响了区域基础教育质量提升的奋进之曲、和谐之曲和成功之曲。

项目从2007年开始至2014年结束，历时8年，涉及的学段包括了幼儿园、小学、初中、高中，提升的对象包括学生、教师、学校领导和教科研人员。项目研究的范围涵盖了幼儿入学准备素质提升计划、小学阶段学生与教师综合素质提升计划、初中阶段学生全面发展综合诊断研究、高中学校绿色升学率研究、基于发展性评价的教育质量提升体系建设、基于校园网的互动学习型组织建设这6个领域，共35个课题。项目实施得到了密云师生和家长的高度认可，提高了密云人民对教育的满意度，缩小了城乡、校际的差距，促进了教育的均衡发展。

在项目的实施过程中，整体项目的顶层设计和实施过程中关键节点的决策与推进，是由北京师范大学董奇校长和密云区历届主管领导带领双方参与人员共同磋商、反复研究，由首都基础教育研究院执行副院长乔树平整体负责推进实施的。梁威教授作为项目负责人之一，主持了其中17个课题，涉及小学（2个）、初中（6个）和高中（9 个）学科的教学质量诊断与提升，以及小学和初中的校本研究等学科和领域（以下简称"2+6+9"项目）。

回首十年前就开始的这段探索时光，虽充满艰辛，但结出了让我们甚感欣慰的累累硕果：揭示了农村基础教育改革与发展的部分规律，提炼出农村中小学教育质量提升的有效途径和策略，探索出高校研究团队与政府协力提升基础教育的有效机制，提供了教研系统实现有效转型的方式方法，等等。

本书是以梁威教授主持的 17 个课题为基础，按照项目实施过程和项目研究领域分为三部分：第一部分是项目顶层设计与实施成效篇，介绍了项目的启动背景、目标路径、制度保障，概述了项目的实施进程、成效和经验；第二部分为共促师生发展篇，分别从初中化学、初中英语、初中语文、初中数学、高中数学、高中化学、初中物理、高中历史、高中英语 9 个学科，探索促进教师专业发展和引领学生全面发展的有效途径；第三部分为提升教研质量篇，分别从教师群体合作的校本研究机制、高中思想政治、高中语文、小学数学、高中生物、高中地理、高中物理 7 个方面，创新和探索提升教师专业发展的有效教研模式。全书坚持将理论研究和实证研究相结合，力图为一线教育实践者提供系统的理论参考与实践借鉴。

近年来，提升教育质量、促进教育公平已成为基础教育改革的核心主题，农村基础教育受到高度重视，校地合作、共谋双赢已经成为当前改革中的热点问题，大家也日益认识到教科研系统的改革，教科研人员的理念转变与能力提升是基础教育持久发展的重要保障。现在我们将 8 年的探索历程、成果经验进行总结分享，期望我们的工作能为教育同仁们提供一些有益的借鉴和启示。

一、项目顶层设计

（一）项目启动背景

项目启动之时，全国正在落实《2003—2007 年教育振兴行动计划》，北京市确立了 2010 年在全国率先基本实现教育现代化的奋斗目标，而作为北京市 3 个"全国推进义务教育均衡发展工作先进地区"之一的密云县（当时为密云县，后改为区，以下均称区），承载了各级政府和全社会的殷切期望。密云区面对新的更高的要求，认真分析形势和现状，迎接这一挑战。

1. 北京市实现教育现代化亟待破解农村基础教育质量偏低的问题

20 世纪末，我国实现了基本普及九年义务教育的目标，保障了广大儿童、青少年接受义务教育的权益。但由于我国仍处于社会主义初级阶段，各地经济社会发展不平衡，城乡二元结构矛盾突出，城市和农村教育在经费投入、办学条件、师资水平、生源质量和发展前景上都有较大差距，在一些地区和某些方面甚至有扩大的趋势，这些已成为义务教育发展中需要高度关注的问题。农村基础教育质量的提升，不仅对农村基础教育发展本身有一定意义，对于促进教育公平、推进城乡一体化也具有现实价值。

北京是全国政治文化和国际交往中心，从经济、文化和人口等因素来衡量，城区是城市的主体，但全市 62% 的面积是山区，农村地区有中小学 1600 余所，占全市中小学总数的 60%。[①] 作为我国政治和文化发展的首善之区，北京市虽然在全国率先普及了九年义务教育，但北京地区教育发展的水平还不均衡，农村地区的基础教育教学质量与城区相比，仍有很大差距。北京和全国一样，教育发展的重点和难点在农村地区。农村教育的难点不仅仅在于经济发展相对落后，更有师资水平、教育管理等"软件"方面的问题。

为适应首都现代化建设的新形势，全面实现党的十六大对教育工作提出的要求，落实《2003—2007 年教育振兴行动计划》，实施首都教育发展战略规划，实现 2010 年北京市在全国率先基本实现教育现代化的奋斗目标，同时为全国教育现代化探索积累有益的经验，教育部与北京市人民政府于 2005 年决定共同推进教育现代化实验城市建设，开展教育体制改革、教育教学改革、集成整合教育资源、高水平创新人才培养与知识创新、产学研合作、扩大教育对外开放、建设学习型城市 7 个方面的实验。为落实实验工作，北京市委教育工委和市教委先后批准东城区、海淀区和密

① 赵正元. 北京市加快农村中小学建设纪实（下）[EB/OL]http://www.edu.cn/edu/ji_chu/ji_jiao_news/200603/t20060323_62111.shtml.

云区承担不同的实验任务。为此，密云区被确定为"首都农村教育现代化实验区"，北京市政府在政策、财政、人事等方面给予支持。

2. 密云区建设"首都农村教育现代化实验区"需要外力支持

密云区位于北京市东北部，面积 2229.45 平方千米，是北京市面积最大的区。2014 年密云区户籍人口 43.3 万（常住人口 47.8 万），辖 17 个镇、2 个街道和 1 个乡（地区办事处）。农村教育是密云区基础教育的主体，80% 以上的中小学分布在农村山区乡镇，实现密云农村教育现代化是实现北京市教育现代化的关键环节。

密云区政府根据本区的实际情况，按照市委、市政府的要求，在市教委等有关部门的指导帮助下，边实践、边总结，逐步摸索并明确了符合区情的教育发展思路，即：统筹资源、面向农村，采取有效措施加快发展农村山区教育，推动城乡基础教育优质、均衡发展，稳步提高基础教育整体水平。经过多年的努力，密云区改善中小学办学条件成果显著，基本实现校际间办学条件均衡。

但是，由于管理水平、师资力量、学生差异等因素影响，校际间、城乡间教育质量存在一定差距。在缩小校际间差距的同时提升区域教育整体质量，缩小农村与城镇地区教育水平的差距，成为密云区基础教育发展的出发点和落脚点，也是实现农村基础教育现代化的突破点和关键点，而仅仅依靠密云区自身的发展力量，难以在较短时间取得突破性进展。

时任北京市委常委、教工委书记的朱善璐同志高度关注密云区"首都农村基础教育现代化实验区"建设，2007 年 6 月，他对北京师范大学提出："高校的好资源要走出校门，到首都教育第一线和基层实践中去发挥重要作用，实现教育的校园资源的价值外化和延伸、拓展。北京需要更多高校到区县基层去寻找、拓宽发展空间和用武之地。"密云区委、区政府决定利用有利时机，大力推进密云区农村基础教育优质均衡发展；决定与北京师范大学开展全面合作，寻求科学先进的教育教学理念支撑、丰富多样的课堂教学资源支持及专业有效的育人策略的指导。

3. 服务国家和地方教育发展是北京师范大学的使命与优良传统

北京师范大学长期以来一直将"服务国家、服务地方的教育发展"作为重要使命。通过与北京市教委和密云区政府的充分沟通，北京师范大学董奇校长进一步指出：

教育部直属师范大学，承担着为全国教育服务的使命，也肩负着服务首都教育改革和发展的重任，为密云区教育发展服务责无旁贷；二者要站在为全国农村教育现代化探索积累有益经验的高度上开展合作，这种合作也一定能提升北京师范大学自身的教育科学研究水平和服务地方教育需求的能力，以及科研团队的建设。

北京师范大学的相关研究团队，在课程建设与校本研究、教育评价、教育信息化、学校管理和教科研系统改革等方面有长期的研究和成果积累，也有着服务地方的经验，有能力承担这样综合性、整体性提升区域基础教育质量的项目，也非常希望能在实践中检验和优化研究成果，发挥更大的社会价值。

北京师范大学与密云区经过多次调研和商讨，于 2007 年 8 月 23 日开启"农村基础教育现代化实验区"总项目，建立"北京师范大学密云基础教育实验基地"。

（二）项目原则、目标与设计

1. 确定根本原则

在双方合作之初，北京师范大学团队就给自己确定了一条根本原则：一切从密云区基础教育的实际需求和北京师范大学团队能实现这种需求的能力出发。一个项目在合作过程中总要明确一些原则，从而规定和指引具体的内容与方式，处理合作过程中的具体决策与不同选择。其中某些原则具有根本性的意义，发挥基础性的作用，决定关键性的战略。这是根据北京师范大学团队在长期服务地方和社会过程中的经验，结合北京市的期许和密云区的实际情况，提出的重要原则。

这就意味着，项目不局限于某些特定领域的精耕细作，尽管这可能是北京师范大学研究者比较擅长的舒适区，但也意味着一些亟待探索和解决的问题仍然会被搁置，不能充分帮助密云区把握基础教育的发展机会。项目也不追求理论体系的宏大架构或学术的内在逻辑，因为这可能将高校研究者自身的理论喜好或学术追求凌驾到服务对象之上，而在密云区开展一些当前不是很急迫、不是很需要的内容，这在基层实践自然会不适应本地需求，不会取得好的成效。

尽管这一根本原则给北京师范大学团队提出了更高的要求，也施加了更多的约束，但我们相信，坚持这一原则最终一定会取得更好的理解，获得更大的支持，收获更多的成效。

2. 开展前期调研

在总原则的指引下，开展深入调研，为课题的设定奠定现实基础。共建密云"农村基础教育现代化实验区"总项目提出了总目标：缩小密云区与北京市城近郊区教育差距，促进乡镇间、校际间教育均衡发展；更新教育管理理念，促进中小学校内涵发展；深化教育教学改革，促进中小学生全面发展；推进农村教育现代化建设，共同建设社会主义新农村。作为其中的一个项目，为了实现项目的总目标，项目组对密云区的教育现状进行了调查与分析，力求使本项目的研究立足密云区教育发展的实际需求。

全面、客观地分析密云区基础教育现状是制定项目目标和规划项目实施方案的起点。项目组与密云区教育行政部门进行了多次沟通，对密云区基础教育的管理情况、教师队伍、学校课程、学科教学实施、学生特点等进行了梳理和分析。

（1）中小学教育的总体特征。密云区是北京市东北部的远郊区，80%以上的中小学校分散在农村山区乡镇。在"九五"和"十五"期间，密云区加大教育投入，调整农村中小学布局，改善办学条件，推进信息化建设，基本完成了学校硬件方面的提升和改造，为进一步提高"软件"质量奠定了必要基础。

（2）中小学教师队伍状况。根据 2007 年的统计数据，密云区共有在职教职工7074 人，专任教师 4087 人。从学历来看，小学教师大专以上学历比例为 90%，初中教师本科学历比例为 78%，高中教师本科学历比例为 96%。虽然中小学教师的学历基本达标，但大部分为后续学历，教师专业基础有待提升。

从职称来看，教师为高级职称的仅占 6.4%，中级职称的占 37.7%，初级职称的占 52.8%，高级教师比例偏低。

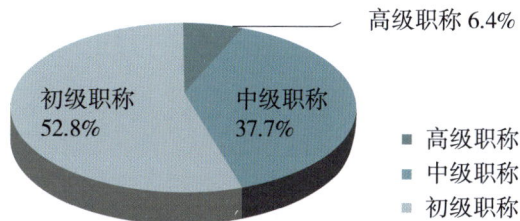

图 1　密云区中小学教师队伍职称情况

　　从年龄构成来看，30周岁以下教师占33%，31至40岁的教师占43%，41至50岁的教师占18%，51岁以上的教师占6%。可以看出，密云区教师队伍以中青年教师为主。

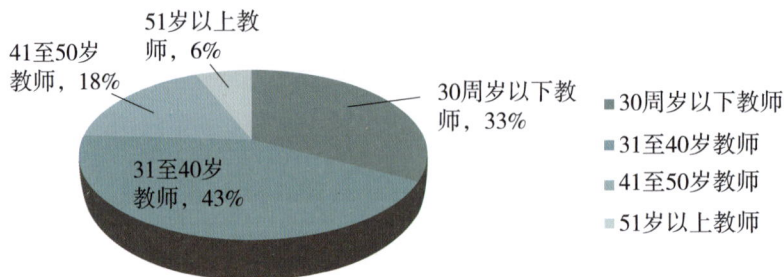

图2　密云区中小学教师队伍年龄构成情况

　　从具有影响力的教师数量来看，全区共有校级骨干教师550人；区级学科带头人85人，区级骨干教师336人；市级学科带头人6人，市级骨干教师64人。与其他区相比，密云区的市、区级骨干教师的数量还较少，在全市具有一定影响力、知名度的优秀教师为数不多。从区内看，骨干教师分布不够均衡，大部分集中在城区和平原地区，山区骨干教师数量明显偏少。

　　（3）**学生情况分析**。密云区绝大多数学生来自农村，学生学习踏实、努力，积极向上，但他们获取知识的渠道单一。因此，学生在学习过程中，不同程度地存在思维方式比较僵化、发散思维能力比较差等问题。另外，新课改后的高考，明显加大了对学生创新精神和实践能力的考查，开放性、探究性增强，而这正是远郊区学生的薄弱之处。例如，我们在某次测试中发现，学生语文阅读能力较低，数学学科的空间与位置领域成绩明显低于城区学生。

　　密云区中小学生的父母中有大专、本科水平的比例较低；学生中独生子女与非独生子女的比例约为2∶1；学生上兴趣班坚持一年以上的比例在50%以下。以上这些特点说明密云区学生的家庭和课外学习环境与城区学生有一定差异，也使其存在学习主动性较低、视野较狭窄等问题。

　　（4）**课程改革与教学质量分析**。密云是北京市第一批进行课改并使用北京市自编课改实验教材的地区。2007年前后的中考成绩、教研活动及视导调研等反映出，密云区中小学教学基本能按照课程标准的要求，结合北京版教材和密云区教学的实际完成教学任务。主要表现在：重视基础知识和基本技能的落实，勇于尝试多样化的教学方式；课堂气氛比较活跃，学生对一些学科表现出一定的兴趣，能积极参与教学活动；师生关系融洽，形成了良好的教育教学氛围。

同时，调研也发现密云区中小学教学仍存在需要改进之处。如：多数学科仍以教师讲授、教师提问，学生齐答或个别学生回答为主要教学方式，学生的主体作用发挥不够；课程资源过多依赖教材，对学生的视野拓展不足；学生独立分析问题、解决问题的能力较低；等等。

3. 确定项目目标

基于对密云区教育现状的分析，从项目总目标出发，梁威教授带领各专家团队多次进行研讨，设定了17个课题的发展目标。

（1）构建富有创新与活力的教研机制。密云区离城区较远，教研活动相对封闭。部分教师工作在山区，展示和交流的机会较少。为了以教研推动教学模式改进和教学质量提升，加强密云区已有教研系统的力量，项目组认为，需要构建富有创新与活力的教研机制。为此，项目组设计了如下研究目标。

创新区域教研文化。以北京师范大学为组织者，开展密云区与高校、市级教研部门、城区教研部门的合作交流。通过观摩并组织开展形式先进的教研活动，为密云区的教研部门开阔视野，转变教研理念，改进教研模式，切实地提高教研活动的实效性。各学科课题组通过开展不同区域研究课的展示与交流活动、不同级别的教师教学评比与展示活动、参与其他区域教师的研修活动等方式，在具体的实际任务中构建开放的教研文化。

建设学校教研共同体。在学校层面，组织学校教师与区教研部门一起走进大学、城区和其他区，通过共同研修，给密云区教师提供在北京市甚至全国的教师专业交流平台上进行展示的机会，开阔其视野，提升其教学技能。同时，引导学校建立教研共同体，以学科教研组和以学生发展为本的教研组织为载体，逐步形成创新和开放的教研文化。

（2）以教师教学技能提升为抓手，增强教师专业能力。教育发展的关键在教师，加强教师队伍建设是密云区教育发展的重要一环。本项目以教师发展为重点，通过系列活动，积极为教师创造学习、研讨、展示与锻炼的平台与机会，引领教师转变教育理念，增强教师发展的自主意识。以教学技能的提升为核心，促进教师专业水平的提高和教育教学水平的提升，使部分教师向研究型、专业型教师转变，为密云教育的持续发展提供人才保证。

（3）以学生发展为本，提高学生学习能力。 在逐渐提升教师教学技能、创设教师研修团队、建设和发展研修平台的同时，努力推动"以学生发展为中心"的教育教学观念的引导作用，成为提升教育教学质量的根本所在。项目组以北京师范大学脑科学研究成果为基础，多角度、多途径了解学生的差异、学习特点和学习规律，引导教师关注学生发展需要，关注学生主体作用的发挥，使教师能够有效运用各种方法和策略，调动学生的学习兴趣，激发学生内在驱动力，开阔学生眼界，增强学生学科学习能力，不断提高学生学业水平。

4. 项目设计

所谓的"2+6+9"项目，包括了小学阶段 2 个课题、初中阶段 6 个课题和高中阶段的 9 个课题。该项目的研究，经历了两个阶段。第一阶段是 2007 年 7 月到 2011 年 8 月。该项目是密云区人民政府与北京师范大学共同启动的共建"农村基础教育现代化实验区"总项目中的一部分。在第一阶段，该项目在"初中阶段学生全面发展综合诊断研究""高中学校绿色升学率研究""基于发展性评价的教育质量提升体系建设"等 6 个领域开展了 35 个课题的合作研究（见图 3）。在密云区教委领导和北京师范大学董奇校长的直接关注和指导下，在北京师范大学首都基础教育研究院执行副院长乔树平的统一组织管理下，通过北京师范大学专家及密云师生 4 年的共同努力，课题研究取得了丰硕成果：学生得到了更加全面的发展，教师素质得到了整体提高，区域教育质量得到了整体提升。

2011 年 9 月，基于密云区教育发展的实际需求及已经取得的一定成效，密云区教委决定继续与北京师范大学首都基础教育研究院合作，深入开展"中小学《数学分层测试卡》应用研究""中小学基于学生发展的多学科教师合作的校本研究""初中语文、英语、化学、物理教育教学质量提升"及"高中语文、数学、英语、物理、化学、生物、政治、地理、历史学科绿色升学率"4 个项目共计 17 个课题的研究，至此，"2+6+9"项目研究进入第二阶段（见图 4）。

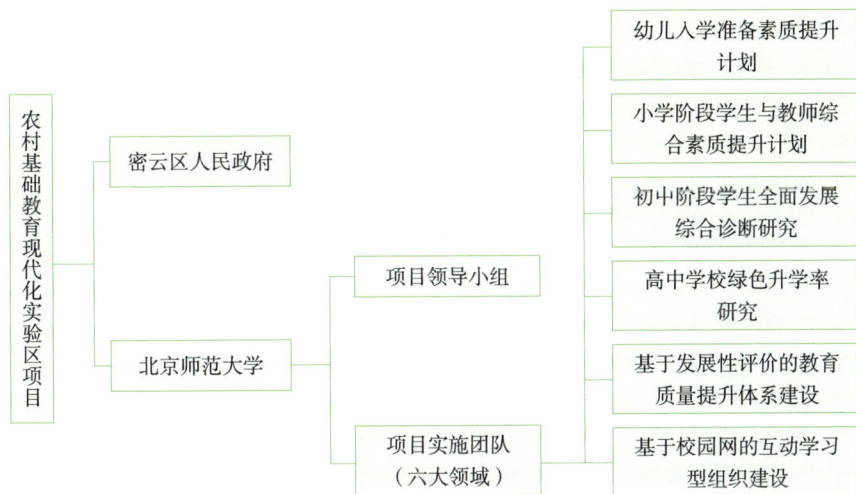

图 3　"农村基础教育现代化实验区"总项目组织架构（2007—2011 年）

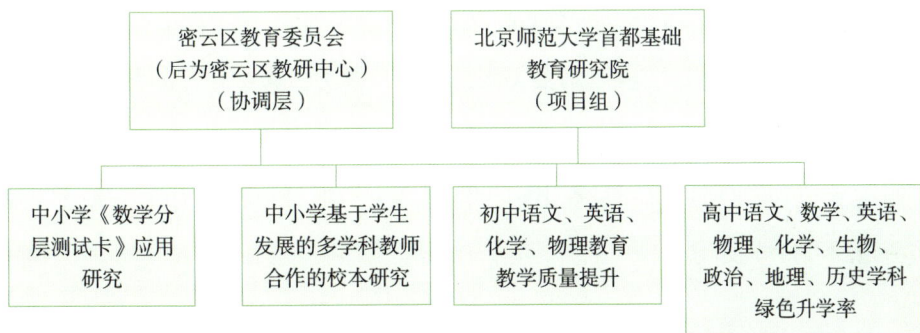

图 4　"2+6+9"项目组织架构（2011—2014 年）

"中小学基于学生发展的多学科教师合作的校本研究"项目的目标是切实促进教师的专业发展，探索促进教师专业发展的途径、手段、方法，并期待以调动教师主体意识、激发教师自身潜能为目的，以行动研究、专业引领为手段，以关注过程、关注成长为研究思路，探索出打破学科界限的、以学生为中心的、能够整合教师群体智慧共促学生发展的新途径和新方法。

"中小学《数学分层测试卡》应用研究"项目的指导理念包括发展性评价理念、

分层评价理念和学习科学理论。项目以中小学《数学分层测试卡》为载体，参加实验的每位教师和学生都有与自己的数学课本相配套的分层测试卡，这使得实验的指导理念能够落实到参加实验的每一位学生，以"做中学"的方式进行教师培训，通过改变教师行为，看到学生的进步，逐步转变教师的观念。

"初中语文、英语、化学、物理教育教学质量提升"项目，其研究理念为"以人为本，促进发展"，即以提高密云区初中教师、教研员的专业素养和研究能力为本，为密云区初中教学可持续发展奠定较为扎实的基础。

"高中语文、数学、英语、物理、化学、生物、政治、地理、历史学科绿色升学率"项目，其核心理念是"绿色教育"，包括两层含义：一是基础方面，重视学生的全面发展和可持续发展的教育理念；二是超越方面，以提升学生生命质量为核心，促进学生生命可持续发展的教育。项目强调贯彻"以人为本、以学生发展为本"的新课程理念，突显尊重学生的人格，改善学生成长环境，促进学生、教师、学校、教研可持续发展，突显以公平均衡为内涵的绿色理念。

在第二阶段中，工作重点由前期的"专家引领"转移到"自主发展"。在项目主持人梁威教授的带领下，北京师范大学项目组与密云区教委积极配合、相互协作，抓住解决密云区在学科教学中的关键问题，逐步健全和完善密云区教育发展的"造血机制"，进一步使项目研究呈现出本土化和自主性的特点，努力促进密云区教育的均衡化和可持续发展。

（三）项目五大发展路径

为了实现项目目标，项目组对高校与地方合作进行了分析。尽管已有的案例不多，但仍能看出高校与地方合作提升中小学教育质量的一些途径还不够通畅。例如，组织中小学教师走进大学学习，为中小学教师开展培训班，或者深入某个学校开展指导，等等，这些都是临时的措施，不能形成提升教育质量的长效机制。培训一旦结束，教授一旦离开，教育教学往往又恢复到原来的样子。因此，此项目的研究致力于寻找一种长效的方法、通畅的路径，激发出密云区内生的教育改革力量。

根据现状调研和分析，针对密云区基础教育、教师队伍、学生背景以及当前课程改革与教学中的不足和问题，项目组与密云区有关领导和教师共同设计了提升密云基础教育质量的五大基本路径。

1. 以签署大学与区域合作研究的协议为契机，为提升基础教育质量营造适宜的政策环境、制度环境和管理环境

2007 年，密云区人民政府与北京师范大学签署了合作共建"农村基础教育现代化实验区"协议书。对于本项目来说，这不仅是一个开端，还将本研究项目置于"农村基础教育现代化实验"的政策背景下，使本项目成为我国教育现代化实验的重要尝试。

密云区政府与北京师范大学成立了项目工作联合领导小组，领导小组组长由密云区政府主管教育的副区长和北京师范大学主管教育的副校长担任，合作双方明确了各自的责任和义务：密云区负责组织行政、教科研及学校相关人员参与项目研究，协调项目实施过程中的各项工作，为项目的顺利实施提供相关条件支持和经费；北京师范大学负责整合优质教育资源，组织科学研究力量，制定项目实施方案，管理项目实施过程。协议的签署为本项目的研究和顺利推动提供了制度和管理上的保证。

2. 以解决密云区教育面临的实际问题为根本任务，在解决问题的过程中，培训教师，改进教学，培育学生

本项目不是面向全体教师的专业或通识培训，而是基于对密云区具体教育问题的分析，聚焦现实问题，以解决问题为着力点，围绕问题开展研究，培训教师，改进教学的系统工程。采取该路径的原因是，虽然密云区教育在课程改革中得到了一定发展，如学校硬件设施越来越好，教师队伍逐渐专业化、年轻化，但存在的问题差异显著，不同学科、学校的具体问题不同，如果采用统一内容和模式的培训，则缺少针对性，不能有效地解决实际困难和问题。例如，针对密云区教师"教非所学"、青年教师数量较多、课堂教学中的教学资源和教学方式较单一的问题，项目组需要大力加强教师的学科教学技能，尤其是教学资源开发、应用技能和教学方式方法的提升；通过大量的专题讲座、技能培训、研究课、教学评比等活动，帮助教师提升资源开发、教学方式方法改进、信息技术应用等方面的技能。此外，还应加强对学科课程标准的解读、教材教法的介绍等，提高教师对学科课程的理解和把握。

3. 以大学、市级教研部门和区级教研部门合作为途径，创新教研机制，联合培养教研队伍，为密云教育的持续发展奠定制度和人才基础

教研系统不仅是一个地区的教学研究组织，而且是一个地区的教学指导、管理组织。教研队伍水平的高低，对一个地区整体的教育教学质量有关键性影响。因此，提升一个地区的教育质量，需要首先提升该地区教研队伍和教研工作的水平。

大学与区域合作项目，无论持续多久，都有结束的一天。项目结束后，如何让项目成果继续发挥作用，让一个地区的中小学继续得到高水平的指导和帮助，离不开该地区教研队伍的支持。为此，项目组需要在创新教研机制方面进行探索。

4. 把提高教师队伍建设放在重中之重的地位，调动教师自身发展的主动性，不断提升教师的专业水平

教师专业水平的提升既是项目实施的途径，又是项目的一个重要目标。无论是项目总体规划，还是各课题的实施设计与项目评价，都把教师专业发展作为工作核心目标与工作重点内容，通过提升教师专业水平来促进学生发展以及密云区教育质量的提升。例如，在培养教师方面，既重视教师培训工作，又探索如何发挥教师自主发展的积极性，如指导教师开展教育科学研究，努力为广大教师搭建学习、研修、展示的平台，等等。

5. 以培养学生学习能力为核心，促进学生学业水平与学习能力的稳步提升

项目组以促进学生发展为核心和最终目标，针对学生发展的阶段性特征，指导教师群体进行分层次、分类型的干预。除了学科课题组外，还专门成立了基于学生发展的多学科教师合作的中小学校本研究项目组，关注学生的个体问题，所有学科教师共同实施干预。另外，在研究中，为了帮助数学学习有困难的学生，小学和初中开展了分层评价的研究，通过使用《数学分层测试卡》，将关注学生学习差异、实施分层教学理念与数学教学相结合，引导学科教师实现教学观念的更新。

以上5条路径，以顶层设计为基础，以问题解决为导向，以教研创新为核心，以教师成长为关键，以学生学习能力发展为目标。5条路径互相作用，共同推动项目的实施。

（四）项目组织保障

根据项目的目标与路径设计，项目组依托中小学 15 个学科及初中、小学两个校本研究课题组进入了实施阶段。从 2007 年至 2014 年，"2+6+9"项目组一直由北京师范大学首都基础教育研究院执行副院长梁威教授担任总负责人，并组建了项目实施团队，团队包含项目管理团队、项目学科专家团队、项目综合实施团队。项目涵盖了小学、初中、高中三个阶段的多个学科。每个课题都特聘知名学科专家组建成首席专家研究团队。

项目管理团队主要由北京师范大学项目负责人、教育管理专职人员以及硕士生组成，专门负责项目协调、组织和具体实施。

项目学科专家团队，主要由北京师范大学、首都师范大学、北京教育科学研究院、北京教育学院等各学科专家、教研员和优秀骨干教师组成，分别负责密云区各个学科教学的引领、指导与培训，与密云区教研员、教师建立密切联系，组织开展各项活动。

项目综合实施团队主要由北京师范大学项目负责人、密云区教育行政部门、教研部门领导组成，给予项目行政支持，为项目运行提供资源支持和保障。

图 5 显示了项目研究团队的基本结构。8 年来，17 个课题组共有来自高校、教育学院、北京市一线的学科专家 200 余人，指导密云区实验教师 1600 余名，其中相当一批专家多次参与项目工作，并成为项目实施团队的重要成员，与密云教师和学生共同成长。

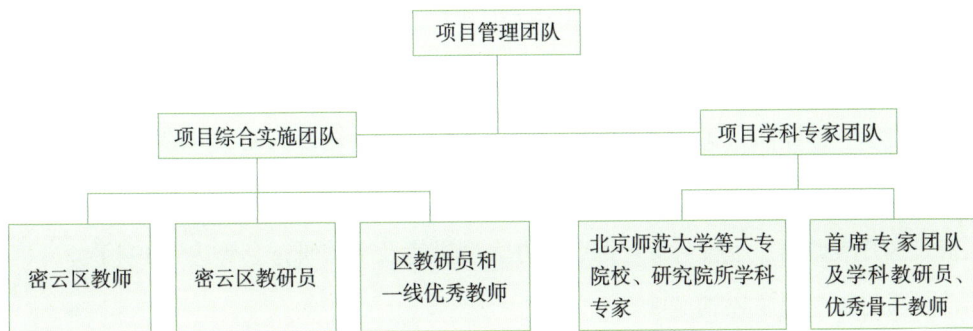

图 5　项目管理、研究及实施团队的基本结构

二、项目实施与成效

（一）探索和完善管理机制

项目实施初期，项目管理团队就制定了一系列管理办法，并随着项目实施的推进而逐渐完善。这些管理机制成为保证项目实施的重要条件。

1. 项目整体规划与推进机制

北京师范大学通过对密云区进行全面的诊断性调研，深入了解密云区的具体需求和实际困难后，整合北京师范大学教育学、管理学等诸多学科的研究成果和科研力量，确定总体的实施计划和具体项目方案，制定了项目管理的整体规划，组建研究团队，配备项目实施条件，并与密云区形成合力，启动项目的实施。

为保障项目按照计划切实执行和推进，保证达到预期效果与目标，密云区教委专门成立项目办公室负责协调项目工作，与此同时，北京师范大学项目组根据项目实施需要，建立了有效的项目协调与管理机制。项目组下设项目办公室，在项目实施过程中负责与密云区教育行政管理部门、实验学校、北京师范大学之间的协调沟通工作。

为确保项目研究工作的有效、有序开展，项目组还通过建立和执行年度计划制度、周例会和月报告制度、每季度项目会议制度、学期项目总结制度和专题会议制度等一系列管理制度，加强项目的过程性管理。定期的例会制度，能够及时沟通项目运行情况，解决项目实施中出现的问题。定期例会主要是为了项目组与密云区教委定期沟通，交流项目实施进展，分享项目实施效果，解决项目推进问题。此外，研究团队中的项目管理组、项目专家组之间定期召开会议，交流各个课题的实施与进展情况，了解项目专家的需求，诊断项目实施中的问题，制定项目实施计划，保证项目的有效推进。据统计，2007 至 2014 年，仅项目组管理团队召开定期例会的总次数就达到 359 次，深入密云区开展调研、下校听课评课、举办大型讲座及工作研讨会等达到 174 次。

2. 项目课题专家全面负责制

根据密云区的具体情况，项目组聘请了北京市既有责任心又有丰富经验的专家作为课题的首席专家，全面负责课题研究与实施工作，具体包括：学科活动计划，针对学科薄弱环节制定解决方案，邀请相关专家进行培训，跟踪项目实施效果，与教研员共同开展项目活动。专家全面负责更加有利于明确责任，有利于有效把握项目运行过程，全面推进项目研究与有关活动。这些专家既是课题组的主要管理和实施者，又是学科专家，他们在繁忙的本职工作之余，深入密云区参与项目工作，据不完全统计，仅针对各课题，17 位首席专家的下校次数就达 323 次。他们所开展的专题讲座、研究课、听评课等活动，收到了良好的研究效果。

3. "项目专家 + 本地教研员"协商推进机制

项目组强调要充分挖掘和发挥密云区教研部门的力量和作用，调动本区教研员参与的积极性，使其与项目专家共同研究，推进项目实施。在项目前期调研、项目研究计划制订、项目活动具体组织、项目实施总结与反思中都有密云区本地教研员的身影。专家的影响和引领，一方面提高教研员的研究能力和专业素质，另一方面则改变传统教研形式、激发教研活力，提高教研活动实效性。例如，密云区化学教研员赵颖老师在反思中写道："在项目实施过程中，我从间接参与，到直接参与，再到组织策划每次活动，伴随着这个项目的推进，我完成了教学生涯的重要转折，我自己的教学实践能力和研究能力也都有了较大的提升。"

4. 项目成果总结与交流机制

为了及时总结项目实施中的经验和成果，项目团队建立了每次活动有纪要、每个学期有总结、每个学年有交流的机制。各课题组加强反思和总结，随时归纳和推广项目实施中的成果，现已形成一套完善的学年、学期总结机制，相关材料包括工作快讯、学期活动纪要、学年工作档案等。2007 至 2014 年，共形成 1820 篇纪要、50 期工作快讯、161 本档案和 9 本总结集。这些总结性材料是在管理组的统筹安排下，由各学科组通力合作完成的，详实地记录了项目实施的过程与效果。

与此同时，北京师范大学项目组还搭建了密云区与北京市其他区、全国其他地区的交流平台，不断反思与交流，更好地展示了密云项目成果，推进密云项目深入实施。例如，2008 年 8 月至 2009 年 7 月，密云区小学数学、中小学校本等项目实验教师在北京师范大学项目组的带领下赴兄弟区及外省市交流指导 16 次，足迹遍布北京市的房山区、门头沟区和河北、山东、安徽、山西、吉林、宁夏、青海等地。

2010 至 2011 学年度第一学期，初高中数学课题组对广州市海珠区近 40 名中学数学骨干教师进行了培训。初中英语课题组先后两次受邀参加教育部组织的中西部农村初中英语教师国培计划，向全国二十余个省份的十几万名教师进行了远程培训，介绍了密云经验。

5. 项目实施过程的总结反思机制

为了提高活动的针对性，保障活动的效果，项目组研制了学科计划表、活动需求表和反思总结表。最初设计这个表格时，项目组更多关注的是组织管理方面的问题（见表 1），而随着项目的不断深入推进，项目组更加注重每一次活动的效果，于是又增加了活动目的、效果及反思等（见表 2）。由于每次活动的目的明确，解决的问题具有针对性，每次活动都能取得一定的实效。

表 1 2008—2010 学年度密云区每周具体活动和需求汇总表

密云区与北京师范大学共建"农村基础教育现代化实验区"项目 2008—2010 学年度北京师范大学项目组_____（学科）每周在密云区的具体活动和需求汇总一览表

日期	课题名称	活动内容	活动时间	活动地点	参加活动专家	用车需求				用餐需求		住宿需求	
						接（送）时间、地点	人数	目的地		时间	人数	时间	人数

表 2 2010—2014 学年度密云区具体活动、需求及反思表

密云区与北京师范大学共建"农村基础教育现代化实验区"项目 2010—2014 学年度北京师范大学项目组_____（学科）每周在密云区的具体活动、需求及反思表

	活动反思（增加的内容）			
与表 1 的全部内容相同	针对的问题	取得的效果	待进一步解决的问题	拟采取的具体措施
	1.	1.	1.	1.
	2.	2.	2.	2.
	3.	3.	3.	3.

（二）重点内容的推进方式与过程

各课题组依据前述项目的目标和路径开展项目研究，保证了项目实施的方向性和科学性。每个课题组结合学科特点和密云区教学实际需要，推进基于年度主题的研究及工作，积累了大量鲜活、丰富的实践经验。项目组创新了基于偏远地区教育发展特点的合作工作机制，构建了新型的、开放的教研文化和制度，促进了学科教师专业发展，促进了学生全面发展。

1. 构建开放的教研机制和教研文化

在我国，教研机构是研究课堂教学问题、指导教师改进教学，促进教师专业成长的重要力量，同时也是管理教学、引领教学的重要力量。改变教研、创新教研，是改变一个区域课堂教学的前提。为此，项目组在构建开放的教研机制和文化方面，开展了如下活动。

（1）开放多样的教研活动。项目组首先关注的是密云区教研文化的建设，组织教研员与教师共同参与的多样化的研修活动，加强了区内教师的展示与交流。例如，初中化学课题组从2009年开始，在每年上半年中考复习的关键时期，都与密云区教研员共同组织全区教师自愿参加的复习课交流、评比活动。该活动的目的是提高教师复习教学的设计和实施能力，提高密云区初中化学复习教学的实效性。活动举办以来，教师报名人数逐年增加，每年关注不同的主题并采用不同的展示方式，例如微格教学、说课、微课、习题评析等。教师复习教学的设计能力也逐年提升，有很多优秀课例在北京市评比中获得好评，并纳入北京数字学校的同步教学和微课录制工作中。

再如，初中数学课题组每年都举办分层教学札记、教学设计和论文评比活动。为及时汇集项目研究成果，鼓励教师在分层教学实践的基础上不断反思、不断提升，课题组每年都举办教学札记、教案（教学设计）、录像课例和论文的评比，并将获得一等奖的成果编辑成册，在北京市各个实验地域进行推广和交流。

（2）双向多层的教研交流。①与兄弟区联合组织交流活动。项目组借助高校和市教研部门在组织管理上的优势，定期组织跨区域的展示研讨活动，鼓励密云区教师扩大视野，积极参与，在活动上介绍相关经验、展示研究成果。例如2008至2013年，总项目组分别在密云、房山、门头沟、丰台、通州、石景山召开了"关注农村、关爱学生，促进学生与教师共同发展"研讨会，把密云项目的经验向其他区县推广。2013 至 2014 年，初中化学课题组联系怀柔、顺义等区进行联合教研，密云教师到兄弟区借班上课，与其他区教师共同研究、展示课例。

②在全国平台上进行展示交流。2008 至 2011 年，密云区教研员和教师在项目负责人的带领下，赴兄弟区县及外省市交流指导达 20 次之多，将密云区项目研究经验进行推广的同时，还学习了外省市项目研究的经验，实现了资源共享，丰富了密云区项目研究的思路和方法，推动了项目研究的进一步发展。

不仅如此，基于北京师范大学的研究平台，来自山东、山西、河北、安徽、河南等省的教委领导、校长、教师多次到密云交流学习。如 2008 年 9 月，来自河北省邢台市 5 所"明德小学"的干部、教师一行 18 人到北京密云区太师屯镇中心小学进行学习交流。2009 至 2013 年，山东、河南、黑龙江、陕西、山西等近 20 个省的农村教师到檀营小学、东郡渠小学参观学习，学习活动包括课堂观摩、经验交流、专题汇报、专家讲座等，受到了大家的好评。2009 年 6 月和 2010 年 7 月，初中英语课题组带领密云英语教师，承担了教育部"暑期中西部农村义务教育学校教师国家级远程培训"的任务，面向中西部的初中英语教师，展现了密云实验教师的风采。

以上活动的开展，一方面基于我们对教研部门和人员在区域教育质量提升中的角色和作用的认识，另一方面基于对密云区教研活动存在问题的深入分析，例如，学习和交流机会较少，尤其缺乏在全市和全国展示和交流的机会，等等。正是基于这样的问题，我们组织了上述活动，从效果来看，这些活动开阔了密云区教研团队的视野，展示了密云区教师的教学技能和素质。据不完全统计，2007 至 2014 年，密云区的实验教师在教学设计、论文、录像课、微课程评比中均获得较高奖项，共有 456 人次获奖，全面提升了教研的力量，创新了教研的文化，为密云区教育质量的可持续发展奠定了基础。

2. 提升教师教学技能，转变教育观念

对教师技能的提升，项目组采用了如下途径：首先，专家组从密云区的实际问题出发，筛选出新理念指导下的急需而可行的技术方法，密云区各学科教师接受了来自各方面专家理论与方法方面的培训；其次，教师再通过研究课，实践这些理论和方法，加深对理论的理解，提升教学技能；最后，项目组为这些教师创建更加广阔的展示和交流空间，在更大的舞台上展示密云区教师的风采。

（1）**打造示范课，落实理念**。提升教师的学科教学技能是项目研究的基础性目标，也是在各课题实施的起始阶段主要开展的工作。教师的教学技能主要包括对学科课程的认识和理解、学科教学知识和技能、信息技术与学科教学整合、教学评价、教学研究方法等。这个阶段主要采用的活动形式是专家讲座、优秀教师示范课、指导密云区教师上研究课等。据不完全统计，2007 至 2014 年，项目组开展专家讲座 553 次，指导研究课 390 次。

（2）**开展研究，提升理论水平**。有些课题组还采用了"以研究课带讲座"的形式，将课堂教学与讲座相结合。例如，初中语文课题组共组织了 40 余节研究课，研究课内容涵盖了初中学段各种文体的阅读教学及写作教学，涉及了语文教学的理念、原则、策略等多方面的研究，有效强化了教师教研意识，提高了教学水平。

综上所述，由于大部分密云教师为后续学历，专业基础知识不够扎实，教育教学理论的基础较弱，高级教师比例少，具有较高教学技能的拔尖人才较少这样的现实问题，我们将理论讲座与实践指导有机结合，提升教师专业水平，采用"理论讲座指导研究课"和"以研究课理解讲座"两种模式，从效果来看，不仅加深了一线教师对相关理论的理解和掌握，而且将实践与理论紧密结合，提升了教师的教学技能。

3.探索基于学生发展的学校教研文化

项目组将更新教师教学观念，将"以学生发展为中心"的理念作为贯穿项目实施的核心目标。在实施过程中，一方面通过 15 个学科课题组，关注学生的学习情况及实际获得，促进教师观念的逐步更新；另一方面通过两个校本教研课题组，在中小学开展专题研究与实践。

（1）**研究学案设计，落实学生中心观**。各学科课题组将促进教师学生观的更新作为学校教研文化建设的重点。15 个学科课题组始终将学生需求作为制定教学计划和目标的出发点，随着教师教学技能的提升和教研文化的成熟，项目组引导教师将关注学生发展作为主要研究项目和方向。

　　例如，初中化学课题组于 2013 至 2014 年的研究主题是"依托学案使用，关注学生活动的有效性"。高中绿色升学率项目组将提高高考复习实效性作为首要环节，并组织了大量直接指导学生的复习课和讲座。据统计，2007 至 2014 年，各学科组织面向学生的讲座共有 65 次。数学学科课题组在研究过程中，利用中小学《数学分层测试卡》，将关注学生差异落实到课堂教学的每个环节中。教师在备课时注意分层备课；在课堂教学中，让学生根据自己的程度完成分层测试卡上的不同学习任务；在评价时，实施分层评价，使每一个学生都能够体会到成功的喜悦。从 2007 至 2014 年，项目组已经进行了 8 年多的实验。从教师写的一篇篇论文和学生所做的一页页分层测试卡中，从学生学业水平和思维能力提升上，从北京市现场课评优到教学设计评选，从北京市数字学校录课到微课程评优活动，我们都能感受到师生所体验到的成功与喜悦。

　　（2）开展多学科合作，促进学生全面发展。倡导跨学科研究学生，运用教师合力、集体干预来促进学生发展，探索基于学生发展的校本研究。学校教研活动一定要以教学的真实问题为重点，教研活动只有在帮助教师解决实际问题时才有生命力。

　　针对密云学校教研活动中存在的问题，项目组提出了基于学生发展的多学科教师合作的校本研究新模式，通过示范引领、经验推广等方式，努力帮助学校开展教研文化建设，推动学校教研文化的改造。

　　8 年来，项目组与密云区 10 所中学、21 所小学共同开展了基于学生发展的多学科教师合作的校本研究模式的探索，引领实验学校教师关注学生发展的差异性和复杂性，形成研究共同体，共同关注学习困难学生。自 2007 至 2014 年共开展活动 274 次，干预学生上百名，帮助他们走出学习困境，受益学生上千人，促进了学生的健康发展。

　　具体流程如下：对实验教师进行培训——组成研究团队——确定"不想学"的研究对象及其问题——教师集体结合需求确定干预策略——集体进行干预活动——集体评价干预效果——集体反思成效和问题——集体改进干预方案或制定新的干预方案。在北京师范大学专家组的引领下，在密云区教科所的具体指导下，实验学校教授同一个班的教师定期（如每两周一次）开展基于学生发展的多学科教师合作的校本研究研讨活动。

例如，密云四小五（A）班的学生曹某，上课总是随意说话、小动作不断，有时还故意扰乱课堂秩序，经常让教师下不了台，多科教师都对他失去了信心。基于学生发展的校本研究团队在了解这一情况后，组织各学科教师一起进行研讨分析，寻找曹某身上的闪光点。体育老师反映曹某的体育成绩较好，曾代表学校参加比赛并获得了密云区第6名的好成绩。老师们都为他感到高兴。根据曹某的这一优点，研究团队在班主任的主持下一起制定了干预措施，从他的体育长处入手，及时抓住他的闪光点进行表扬，树立他在同学中的新形象，鼓励他在其他学科上取得进步。在教师的共同努力下，曹某对学习不再有抵触情绪，自信心逐渐增强，并慢慢发生了可喜的变化，五（A）班的纪律也由此得到了好转。另外，不少学校通过开展基于学生发展的校本教研，摸索出对于网瘾学生、学习困难学生等进行干预的有效途径。

开展基于学生发展的多学科教师合作的校本教研，也是源于对密云的调查。项目组发现：密云区教师不是没有调动学生自主发展的意识和观念，而是缺少引领学生发展的方法，教育工作难以形成合力，"以学生发展为中心"无法落在实处。所以，项目组一方面直接面向学生开展活动，促进学生学习能力的提升，为教师提供示范；另一方面把相关教师组织起来认真研讨、相互学习和借鉴，从而促进了"以学生发展为中心"观念的落实、落地，并产生了显著的效果。

（三）项目推进效果

2007至2014年，从最初的签署协议到项目结束，"农村基础教育现代化实验区"总项目持续了8年。8年间，这个项目不仅让密云区的中小学生享受到了高质量教育，激发了广大一线教师的职业发展动力，让他们获得专业引领，而且逐步缩小了城乡教育的差距，推动了密云区教育的均衡、可持续、高质量的发展，走出了一条高校助力、引航教研，提升区域教育质量的新路径。

1.项目研究为密云今后继续开展教科研项目，创设了科学管理机制，构建了和谐开放的教研文化

（1）建立健全管理机制，提升区域教研管理的水平。伴随着"农村基础教育现代化实验区"总项目的推进，项目管理和研究的机制也逐步建立起来。

①定期跟踪反馈机制——保障了沟通的顺畅。定期例会包括两大类：一是项目组与密云区教委定期沟通，交流项目实施进展情况，分享项目实施效果，解决项目推进问题；二是研究团队中的项目管理组、项目专家组之间定期召开会议，交流各个课题实施进展情况，了解项目专家的主要需要，诊断项目实施中的问题，制定项目实施计划，有效推进项目实施。定期例会制度，有利于沟通项目运行情况，解决项目实施中的问题。

②"项目专家＋本地教研员"协商推进机制——提升了项目研究的针对性。项目研究中注意充分挖掘和发挥密云区教研部门的力量和作用，调动教研员参与的积极性，与项目专家共同研究，推进项目实施。在项目前期调研、项目研究计划制定、项目活动具体组织、项目实施总结与反思中都有密云区本地教研员的身影。通过专家影响和带领，一方面提高了教研员的研究能力和专业素质，另一方面改变了传统教研形式，激发了教研活力，提高了教研活动实效性。

③项目成果总结与交流机制——保证了项目的有序推进。项目团队建立了每次活动有纪要、每个学期有总结、每个学年有交流的机制，加强反思和总结，随时归纳和推广项目实施中的成果。同时，北京师范大学项目组还搭建了密云区与其他区以及全国其他地区的交流平台，不断反思与交流，更好地展示了密云项目的成果，推进了密云项目的深入实施。

④项目总结反思机制——实现了项目的有效落实。项目组研制了学科计划表和反思总结表，每进行一次活动，项目专家都将活动的目的、预期的效果及取得的成效通过表格的方式，反馈给项目组。每次活动目的明确，解决问题有针对性，所以保障了活动的实效性。

项目研究中不断建立和完善的工作与研究机制，不仅助力项目研究，也为教育领域其他工作开展提供了可借鉴、可操作的经验。

（2）**引领教研员，提升其指导和研究的能力**。在"农村基础教育现代化实验区"总项目推进过程中，项目组一方面注重发挥密云教研系统的作用，调动密云区各学科教研员的积极性，让他们融入到研究团队中来，发挥其熟悉密云教育发展现状、了解一线教师实际需求、善于接受新理念、专业素质强的优势，推动项目不断深入开展；

另一方面，对于教研员工作中的问题，积极进行引领解决，不仅让教研员更新了教研工作理念，意识到以教师为主体、服务于教师、积极践行新课程理念的导向，而且让他们明确了教研工作的价值取向，明确了教研工作要围绕课程确定明确目标，真实地解决教学中的问题。同时，教研员在项目研究中亲眼目睹、亲身经历了"架构理论与实践相结合之路"的全过程，与专家共同探讨进行有效教研的多种模式，进一步拓宽了教研工作的思路，从而形成了"借他山之石""请进来"的开放性教研与"自给自足"挖掘本土资源的教研相结合的思路，在教研活动中提升了专业能力和水平。

（3）创新教研模式，落实以学生发展为本的理念。 在借鉴传统的学科教研模式的基础上，北京师范大学项目组创新性地构建了基于学生发展的多学科教师合作的校本教研模式。这一模式是以区县教科所（室）为组织管理单位，以中小学校长为第一责任人，教学副校长、德育副校长或主任为负责人，年级组长或教研组长、大队辅导员为召集人，班主任为主持人，由教授同一个班级的所有任课教师组成一个研究团队。各相关人员共同参与（包括学校领导、班干部、家长等），把班级/学生发展基础、存在问题、发展需求和潜能作为研究对象，以达到有效促进每一个班级/学生发展为目的，定期组织开展校本研究。这种教研模式和机制，将教授同一班级学生的所有学科教师组织起来互相学习和研讨，成为学科教研模式的有力补充，有助于教师更深入地理解学生的特点，努力形成教育合力，积极营造班级与学科相融合的环境，从而形成了以学生发展为本的教学研究与教育研究相互配合的教研制度。

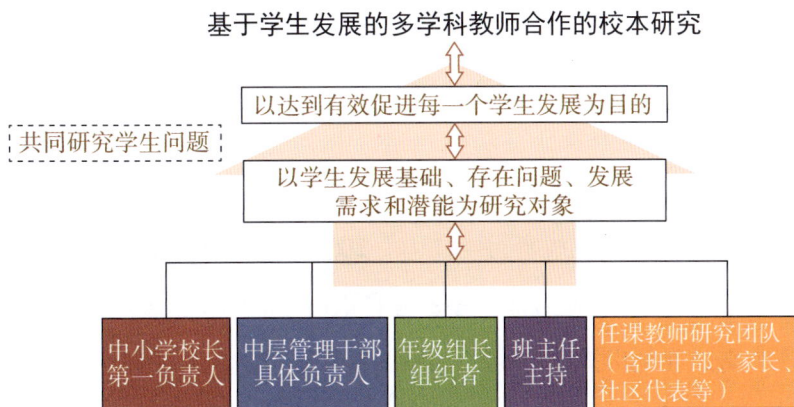

图6　"基于学生发展的多学科教师合作的校本研究模式"组织架构图

2.项目研究促进了学生发展，学生的学习兴趣、能力与成绩均有提升

"农村基础教育现代化实验区"总项目在推进中始终把学生的发展作为第一重任，从学生的学习兴趣、信心培养和学科知识与能力三个角度不断推出新举措。

（1）**基于学生发展的校本研究为学生树立了学习的信心。**针对学生发展问题，项目组创新校本教研模式，提出了基于学生发展的多学科教师合作的校本研究模式：以学生或者班级发展的问题为中心，打破学科界限和年级界限，发挥每一位教师在学生教育上的作用；集中全体教师的智慧，创设教授同一班级的各学科教师共同关注、一起研讨某一个班级、某一个或某一类学生的时间和空间，并使其制度化，以制定更有针对性和实效性的干预方案。几年来的研究成果表明，全学科教师的合力、个性化的干预方案、家校的通力配合，唤醒了学生的潜力，增强了学生的自信。

（2）**高水平教师与学生面对面交流，开阔了学生视野。**在项目推进过程中，每个学科都会设计两种直接针对学生的活动。一是"引进来"，即外请学科特级教师、市级学科带头人和市级骨干教师直接上研究课。初步统计，约有100名外区优秀教师来到密云直接为学生上课。二是"高启发"，即由市级学科课题负责人直接与优秀学生对话，就学科专业较深的话题做面对面的剖析。这种高端对话，各学科每年都要开展1—2次，截至2014年6月，共有150多次。

同时，项目组积极引进优秀的教科研成果，如《数学分层测试卡》，在学生学习兴趣激发、信心树立、习惯养成等方面发挥了积极作用。通过实验，开阔了学生的视野，发展了中小学生对知识的深度理解，帮助他们在理解的基础上，批判性地学习新的思想和知识，并将其融入原有的认知结构中，将已有的知识迁移到新的情境中。

（3）**学生高考成绩的逐年提升是密云学生水平提高的重要标志。**从图7可以看出，2008年密云区本科总上线率为44.11%，2009年为56.68%，2010年为71.73%，2011年为74.73%。2014年高考成绩中：理科最高分696分，居郊区县第一名，文科最高分670分，在全市排第65名；本科上线率83.2%，比2013年提高10.1个百分点，其中一本上线率31.5%，比2013年提高2.5个百分点；文理科语文、数学、英语和文综都超过了市平均分。

■ 本科上线率

图 7　密云区 2008—2014 年高考本科上线率

3. 本项目研究促进了教师成长，教师专业素养与教学水平均有提升

在"农村基础教育现代化实验区"总项目推进过程中，本项目始终把教师队伍建设和教师的专业成长作为重要目标之一，无论从教师论文、研究课等外显成果看，还是从教师专业自信和能力提升等内隐成果看，密云区教师均获得了较大发展。

（1）来自教师队伍的外显成果。从 2007 年项目伊始，密云区教师们以虚心的学习态度和踏实的工作作风，在学科课题组的带领下不断前行。一大批教师在项目推进过程中脱颖而出，并成长为校级、区级或市级骨干教师。项目开展以来，近100 位教师的教育教学论文获得市级以上一、二等奖；40 余名教师的录像课、微格教学获得市级以上一、二等奖，其中 3 篇教学课例向全国发行。在项目搭建的平台中，还有 30 余位教师走出密云区，到河北、山东、安徽、重庆等 18 个省市交流经验，为当地学校教育发展提供指导和服务。

（2）来自教师队伍的内隐成果。在项目推进中，很多一线教师和教研员发生了观念、态度和行为转变，他们积极利用项目提供和创造的机会，研究课例、展示课例，增强了对所授课的研究意识，提高了对所授课的要求。项目的实施与深入，增强了教师发展的自觉意识，激发了教师发展的内在动力，创造了教师发展的良好外部条件，提高了教师的教育能力，促进了教师专业水平的提高，使教师逐渐向研究型、专业型教师发展转变，为密云教育的持续发展提供了人才保证。下面是一位普通教师在活动后的反思与思考，从中可以看出该项目中教师的成长。

　　自从 2007 年加入北京师范大学首都基础教育研究院执行副院长梁威教授主持的"应用《数学分层测试卡》，提升农村中小学教育教学质量"项目以来，我的工作、生活都发生了很多的变化。

　　在参与研究的过程中，与专家的近距离接触，促进了我对分层教育理念的理解。专家们那种精湛的教学艺术和精彩的教学点评以及高尚的人格魅力都深深地影响着我，使我改变了以往思考问题的方法和习惯，学着开始多角度、全方位地思考问题。

　　在实践中历练，在历练中成长，项目组还为我们搭建了展示自我才华的机会，几年中，我共计承担做课任务 15 节，下校指导 6 次，录制录像课 2 节，分别受到来自项目组和实验校的好评。可以说，我充满热情地参与活动，把每次活动作为切身获得提高的有效过程，使自己的个人成长更加扎实而有效。

　　随着时间的推移，我越来越多地体验到了研究给我带来的喜悦——学生更加喜爱我的数学课，尤其是那些学困生，他们的学习兴趣也被激发出来了。这让我重新看到了教育的希望，重新燃起了教育的激情。从此，我的教学理念有了深刻的变化，我的教学水平有了质的飞跃，我也成长为一名骨干教师。最大的收获是，我的课堂和学生也在悄然发生着改变。

　　　　　　　　　　（摘自密云区河南寨镇中心小学孔晓兴教师的反思笔记）

　　4. 本项目研究为城乡教育一体化建设提供了可借鉴、可复制、可推广的经验

　　"农村基础教育现代化实验区"总项目是由北京市教育行政部门（后为密云区教育行政部门）主导的，与高等院校合作的，推动城乡教育一体化的重要举措。这一运行机制及其相关经验具有一定的激励性质。制度出台的时间紧凑，实施时的推动力度大，能够顺利地保证制度较好地运行。这种机制为我国各地推进城乡教育一体化提供了成功的示范和可复制、有较强操作性的案例。

　　（1）**教育行政部门与学校要有一致的发展需求**。行政部门的政策主导与学校的发展需求通过"农村基础教育现代化实验区"总项目统一了起来，进而调动了决策主体（教育行政部门）与执行主体（学校）的内生性需求，为制度变迁提供更强劲的动力。

　　（2）**教育行政部门要关注制度建设**。教育是涉及社会、学校、教师、学生、家长等多个主体的社会事业，主体间的认识和需求存在差异，必然会影响到教育发展

的实践。本项目成功推进，是因为在实施的过程中，教育行政部门的职能不断实现转变，从最初的决策职能转变为建立制度的职能，激励了教研员、学校管理者、教师甚至学生等。

"农村基础教育现代化实验区"总项目有效整合了行政、高校、家长和学校的力量。项目组深入调研农村学校教学水平，分析影响教学质量提高的因素，采取针对性措施，探索适合农村学生与教师的综合实验模式。项目促进了教师专业发展，提高了每一节课的教学质量，进而提高了学校的教育效益，促进了城乡教育的均衡发展。如"高中学校绿色升学率"项目，惠及了密云5所高中学校的9个学科的全体高中教师和学生。项目深入开展使密云全体教师都参与其中，使学科教学得到了长足进步和均衡发展。在总项目组与密云教育行政部门、教研部门和广大教师的共同努力下，密云的高考成绩与升学率稳步提升，实现了项目研究的预期目标，也得到了密云师生和家长的认可，提高了人民群众对教育的满意度，缩小了城乡、校际的差距，促进了教育的均衡发展。

（四）项目实施经验

8年多的项目实施，取得了显著成效，不仅促进了密云区基础教育质量的有效提升，也为其他区提供了有价值的借鉴。项目组对整个实施过程进行总结反思，结合在密云区的实践经验，从以下5个方面总结出提升教育质量、促进学生发展的实施经验。

1.重视顶层设计，整合系统力量

（1）**重视顶层设计**。本项目是在2004年北京市教育大会、市教工委和市教委批准密云区为"首都农村教育现代化试验区"的背景下开展的。北京师范大学将本项目的研究委托给精于基础教育研究的北京师范大学首都基础教育研究院。项目立项以后，成立了研究领导小组，领导小组由北京师范大学校长、密云区领导牵头，由北京师范大学教授团队和密云区教委、教研团队、学校团队共同组成。在实施之前，领导小组多次召开方案设计研讨会议，制定了项目整体实施方案和17个课题实施方案。从研究目标、研究内容、研究措施、研究历程等专业研究活动，到专业研究的后勤保障活动，都在顶层设计中进行了详细规划。

（2）**整合各方力量**。农村教育是一项复杂的系统工程，单靠外在的力量，无法持续促进农村教育质量的提升。因此，共建密云区现代农村教育实验区，必须改"输血"为"造血"，在项目实施之初，就要聚焦为农村教育注入持续发展的动力。这种动力是立足现有的条件资源从内向外生长出来的。因此，整合现有系统的力量，发挥合力，为密云教育发展动力的生成创设良好的系统环境，是项目研究的基石。项目组在整合系统力量方面，采取了如下措施。

①整合高校与市、区两级教研部门的力量。为保证项目的有效实施，北京师范大学项目组专门成立了项目专家指导组，依托北京师范大学教授、北京市教研部门的专家、其他区教研专家，与密云区教研队伍一起，组成了研究团队。每个课题分别设置了两位负责人，一位是市级教研负责人，一位是密云区教研负责人。两位负责人合作对课题的方案进行设计，安排课题的活动，完成课题的研究与总结。二者也各有分工：市级教研负责人依据研究的进度和学校的需求，聘请相关专家；区级教研负责人则负责与实验学校联系，了解一线教师的需求，协调项目研究与学校教学工作。这样的团队构成，不仅便于两位负责人互相合作和交流，而且能对区级教研负责人在组织能力、研究能力方面进行引领，使该项目的研究，不仅引领学校和教师，而且引领区级教研部门，形成一种合作研究的教研文化。

②整合密云区教研与其他兄弟区教研的力量。密云区属于远郊区，教研力量与城区教研力量相比有一些差距。为此，项目实施之初，在北京师范大学项目组的协调下，将密云与西城、海淀、东城等教研力量较强的区相联系，聘请城区教研带头人，到密云进行指导，与密云教师开展合作研究。通过与城区教研同行的合作，学习城区教研员开展教研活动的经验，提升教研团队的专业水平。在项目研究过程中，随着密云区教研专业能力和研究成效的提高，由北京师范大学项目组协调，聘请密云区的教研员和优秀教师，参与其他区县的教研活动，介绍密云区的研究经验和做法。这样的活动，建立了密云区与其他区县长期合作研究的机制。

③整合市区教研与学校教师的力量。直接对话学科教学专家和研究专家是密云一线教师的期盼。依据密云区教师的需求，项目组将"请到各学科教学最前沿的专家"

作为学科专家组建团队的工作要求，形成了一支由知名特级教师、大学教授、市级教研员、重点学校的教研组长、一线教师等组成的研究团队。通过"引进来"，让密云区教师接受最新的课程理念解读、最深入的案例分析、最实用的教学设计和实施策略，汲取最新的学科教育教学信息。通过历年高考试题分析和高考研究动态的介绍，帮助教师理解命题思路、掌握分析问题的策略，帮助学生提升解题能力。在专家与一线教师密切接触的过程中，在共同研究一个案例、分析一个专题、研讨一份试卷的活动中，专家和一线教师的关系在逐渐变化。专家从开始的授业者，变成与教师平等的合作者；教师由开始的接受者，经历了对专家建立信任、依赖到完全接纳的过程之后，转变成主动沟通的参与者。专家与一线教师不分彼此，相互融合，取长补短，为了共同的任务和目标贡献智慧和经验。

2.教研活动既要聚焦具体问题，又要有系统性

教研在项目研究与实施中作为核心力量，尤其是高校与区域教研合作、市区联动构建的新型开放型教研系统中，发挥了重要的桥梁和组织作用。同时，完全从自己经验出发的教研理念和方式在项目推进过程中逐渐发生转变。

（1）**教研要聚焦实际真问题**。教研要由管理监督转变成为一线教师和教学实践服务。以往的教研职能多是帮助各级教育行政部门加强对学校教学的管理和监督，对一线教师的实际需求关注较少。密云项目启动之初，项目组即提出以校为本、以教师发展为本的教研应成为统领工作的主要价值取向。

项目组明确提出：构建新型结构的教研团队，促进教育科研人员、市和区教研人员、优秀教师三类专业人员的优势互补，共同服务于密云区中小学教学实践和教师成长，其关键即是发现和收集来自实践的真问题和真需求。项目全面推进后，项目组要求每一个课题每学期制定的研究计划必须有明确、清晰、准确的问题分析，聚焦迫切性高、具备解决条件的问题规划学期方案。

（2）**要形成科学型教研工作模式**。教研方式由经验零散型转变成系统规范型。以往的教研方式多是经验型，临时性工作居多，采用片段式教研方式和零散的工作经验，系统性不强。密云项目的实施促进了科学型教研工作模式的形成，其主要特征是：第一，从无计划、随意性转变成有较强的系统性和计划性；第二，从面面俱

到和盲目性转化成关注实际需求的针对性；第三，从完全经验型转变成基于实际调研聚焦真问题的实践型；第四，以科学研究的态度和方法推动教学研究。在此过程中，调研法、实验法、案例法大量应用于教学研究中，丰富了教研的内容和方式。

在这里，科学型教研工作模式指的是既要有建立在整体分析基础上确定的长远目标，同时又要从实际问题和需求入手，一步步地推进目标的实现。系统规范型重点是规范研究的过程，保证课题研究的各项工作有序进行。项目组结合本项目设计的人、事、物、环境等各个要素，建立了一套有序的教研工作规范，主要包括制定方案、实施方案、反思总结 3 个环节。其中，制定方案的程序如下：问题分析→阶段性目标→解决思路→行动方案→效果检测。项目组要求每次活动都要有针对的问题，有预期目标，有设计，有反思，有多维的评价，有总结；同时我们还尽可能进行全程摄像，收集各种电子或文本的材料。反思总结环节中，每一次活动都留下了撰写详细、具体的活动纪要，全面分析活动的经验、效果和不足，为在下一次活动中进行改进、使下一次活动更加有效打下了基础。

3. 开展基于学生发展的多学科教师合作的教研活动

在以往基于学科教研的校本研究的基础上，探索基于学生发展的校本研究模式，促进教学文化对学生发展作用的发挥。基于学生发展的校本研究模式创新了全员育人的新途径，有效解决了学生发展过程中的心理与行为问题。以往的学校教研模式由学科教研组来组织校本研究，聚焦学科课程与教学，有效解决了中小学教师的学科教学问题，但是其关注学生学习心理与行为发展的研究不足。基于学生发展的校本研究模式则在学科教研基础上，创新教研模式，打破学科壁垒，以年级组长为召集人，以班主任为主持人，将同一个班级的所有任课教师组成一个研究团队，聚焦班级或学生发展中的问题、需求和潜能等个性化问题，以研究一个个典型的班级或学生案例为抓手，发挥团队专家的专业优势，调动学校教师的实践智慧，形成了系列化学生心理与行为问题解决策略，如解决网瘾问题、注意力问题、学习习惯问题、学习困难问题、中小学衔接问题等的策略，从而整合教师的教学影响因素，促进教学文化对学生发展作用的发挥。以中小学衔接问题的研究为例，该研究是打破学校、学段、年级界限，以六年级教师、初一教师组成研究团队，发挥其智慧合力，共同助力解决中小学生的知识与技能、能力、心理的衔接发展的难点研究，并形成中小学衔接问题解决策略。这是小学老师或中学老师依靠个人智慧与力量所不能实现的，而在基于学生发展的校本教研团队的协作努力下，学生的学习心理与行为发生了变化。这样做，一方面可以促进学生在团队教师的一步步积极引导下变得敢于提问，乐于表达，乐于与教师和同学沟通，愿意接受家长的管理，与家长谈论他们的想法，逐渐摒弃原有的不良行为习惯，成为快乐、健康发展的中小学生；另一方面，又拓展了传统的学校教研"重在关注教学问题、在学科内部解决问题，进一步落实以学生发展为本，统筹教学教育问题，旨在积极营造有利于学生成长的环境"的要求，从而为教师群体干预创造了条件。

4.探索以提升学习力为目标的教研活动

项目的研究与实践直接贴近学生，服务于学生，因此项目的研究活动都以学生为中心，以学生的成长和收获为最终目标。我们在项目实验中强调以发展学生的学习力为着眼点，培养学生的学习意愿和学习能力。这既是项目的终极目标，也是开展各项工作的基本原则。

在项目开展中，针对密云区中小学学生不愿意学和不会学的现状，各课题组从学生的身心发展规律和实际需求入手，从不同角度开展研究，如请高考专家直接面对学生开展讲座，请城区优秀的一线高三教师直接给学生讲复习课等，以多种方式促进学生成长。

（1）**培养具有主动学习意愿的自主学习者**。真正的自主学习是指学生能够产生主动学习的意愿，乐于参与学习，并且具备独立思考的能力。在各课题组的探究活动中，我们强调学生主动学习的教育过程，注重激发学生的学习兴趣。学科专家和高考问题研究专家的讲座和课堂，就极大激发了学生学习的兴趣。专家站位高，知识体系完整，分析透彻，方法性强，把抽象的死知识讲得活而有效，能帮助学生体验到知识的作用，让学生明确了夯实基础、掌握方法就能够分析和解决问题的学习方式，完善了学生的知识体系和答题思路，增强了学生进一步学习的意愿。

（2）**提升学生学习能力和综合素质**。针对密云区学生学习能力和综合素质不理想的状况，项目组提出了"以学生发展为中心，关注学生学习能力和综合素质提升"的"生本位"项目理念。在项目实施过程中，以学科教学改革为抓手，立足学生学习方式，我们积极引入北京师范大学的优秀科研成果，培养学生对相关学科的学习兴趣，树立学生学习的自信心，提升他们自主学习、主动参与和乐于实践的学习能力，包括养成良好的学习习惯。课堂上的探究、讨论与质疑使学生更深入、更有效地参与课堂学习，使课堂教学发生了明显的变化——过去学生在课堂上不曾看见的内容现在能看见了；过去学生在课堂上不曾做过的实验现在亲自动手做了；过去学生在课堂上不曾想过的问题现在积极思考了；过去学生在课堂上不曾研究分析的问题现在研究分析了。课堂教学的改变促进了新课程培养目标的落实，学生的学习能力普遍得以提高。

而提升"学习力"最有效的方法是学习主体在教学改革的实践中有获得感，自己能真实体验到个人的进步或积极的改变。例如小学生和初中生通过使用《数学分层测试卡》，从中体验到成功的喜悦，由此提升了学习数学的兴趣。这种积极的体验会激发学生继续学习的动力，学生正是在这种强烈的动力和获得感中不断提升自己。

5.教研要使师生都有获得感才有动力

"办人民满意的教育""让每个孩子都能享有公平而有质量的教育"是党和国家加快教育事业改革的方向，是实现发展成果更多更公平地惠及全体人民的举措。为期8年的"农村基础教育现代化实验区"总项目一直坚守"关注每一所学校，关爱每一个学生，促进教师专业发展，促进学校持续发展"的理念，让学生、教师、教研员等不同群体，让学校、家庭和区域等不同方面，在项目推进中都有满满的获得感。

项目的实施，弥补了密云区优质教育资源不足的短板，让学生们不仅"有学上"，还能"上好学"，直接获得来自北京市优秀教师的面授指导，直接在各类活动中展现自己，让学生们更加自信，更加有尊严地享有受教育的权利。

项目的实施，实现了教师、教研员与各方面专家的"零距离接触"，让教研员们不仅"能从形式上组织活动"，更能"从专业上指导活动"。从教研规划到活动设计与实施，让教研员更主动、更自信地享受教研工作的成功；让教师们不仅"能按部就班完成讲课工作"，更能"依据学情精心设计优质课"，在与学生的高效互动中感受为师的喜悦。同时，在项目研究过程中，项目组与密云区教委、教研中心精心规划，努力提升密云区教师队伍的专业能力，通过课例展示、交流学习、开展专题研究等方式帮助教师不断获得学习空间和提升平台，教研部门和教师也在项目研究中提升了获得感。

项目的实施，推动密云教育质量大幅提升，使密云区中高考成绩保持高增长。项目的实施不仅在家长中获得了好口碑，让家长对密云区基础教育的信心大幅度提升，也为密云区教育自身改革增添了动力，注入了活力，使密云教师、教研员等在不断完善中提升获得感。

总之，项目研究实验经历了 8 年的"输血——造血——献血"的过程，在前期"输血"的基础上，为密云区建立了自身"造血"、自主发展、输出经验的机制。通过项目实施，校长、教研员及教师们已将关注点聚焦到教书育人和提升学生综合素质上。同时，通过开展行动研究、实验研究，立足学校有效管理、课堂教学改革和教师专业发展，我们将校长、教研员、教师队伍建设落实在学校管理和教育教学实践的各个环节中，在研究问题、反思改进的过程中，更新教育观念，调整管理和教学行为，促进管理者和教师成为研究型的教育工作者。

8 年时间过去了，我们确实感受到：以学生为本的理念更加深入人心并正落实在学校的各项工作中；一大批骨干教师和优秀教研员成长起来了；促进密云教育发展的教研制度建立起来了；密云的农村孩子正在享有越来越多的优秀教育资源；老百姓对密云教育的满意度不断提升。

不仅如此，在 8 年项目实验中，密云区被教育部评为全国义务教育均衡发展示范区、全国阳光体育工作先进区，成为全国 15 个省市教育者参观学习考察的基地。密云区一批骨干校长和教师已经以培训者的身份活跃在国内和北京市各区，与教育同仁深入研讨教育教学改革。

高校与区域协同创新的目的是共同探索持续发展的有效途径，实现教育者的自主发展。目前项目组已经总结出适合密云农村基础教育发展的有效途径，建立起校长、教研员和教师自主发展的制度和机制，对密云区进一步实现区域教育持续发展，对北京市和全国的农村基础教育现代化发展具有示范意义。

□ 执笔人：梁威　卢立涛　王昌海　黄冬芳　何光峰　金利　胡进　周婷子等

□ 审稿人：卜月海　王学军　霍劲松　宋连军　唐和平

共促师生发展 篇

GONGCU SHISHENG FAZHAN PiAN

　　基础教育内在质量提升的关键目标和最后落脚点是教师专业水平的提升和学生的全面发展、健康成长。如何有效地提升教师的专业化水平，促进学生的全面发展，是当前国内外基础教育改革关注的热点和重难点。在 8 年的合作研究中，我们始终把共促师生发展放在重中之重的地位，基于密云教师队伍建设和中小学学生学习发展中存在的现实问题，以转变教师育人理念与方式、培养学生学习能力为核心，多方通力合作，创设多种路径，积极整合各方优质资源，搭建各种平台，不断提升教师的专业水平，进而不断促进学生学业水平与学习能力的稳步提升。本篇分别从初中化学、初中英语、初中语文、初中数学、初中物理、高中数学、高中化学、高中英语、高中历史 9 门学科，总结归纳了我们探索出的不同学科教学中促进教师专业发展和引领学生全面发展的有效途径和多元模式。

密云县教育教学质量提升项目总结会

开展行动研究
促进初中化学教师专业成长

2008 年，密云初中化学教育教学质量提升课题在密云区启动，如春风化雨般吹散了教师陈旧的教学观念和教研习惯，引领教师逐渐走上了一条"在行动研究中实践课程，在专业成长中促进发展"的专业成长之路。在实验的 7 年中，密云区近 60 位初中化学教师与课题组一起，完成了 60 余次活动，通过近 20 次专题讲座加深了对初中课程的理解。经历了 40 余节研究课的实践探索，团队中的各位成员从初步熟悉到彼此认同，从泛泛接触到互相扶持，从犹豫疑虑到全情投入。我们欣喜地看到了教师的成长和发展；看到了课堂教学风貌的改善；看到了学生不仅学习成绩有所提高，更增强了学习化学的兴趣和能力；看到了新型教研文化的应运而生……

在课题实施过程中，学校、教师、教研、课堂教学和学生等各方面都发生了诸多变化。我们聚焦这样一个群体：他们平均学历不高，职称以初级教师为主；他们中间有的甚至不是化学专业毕业，但仍兢兢业业地工作在自己不熟悉的岗位上，年复一年地承担着来自教学与中考的双重压力……7 年来，这个群体在课题团队的带领下，愈发表现出发展的活力，他们就是密云区初中化学教师。

一、初中化学课题研究设计

课题组以调研为先导，深入分析密云区初中化学课程的实施现状、主要影响因素和问题的症结所在，据此确定了以促进教师专业发展为主线的课题实施目标和具体实施计划，并进一步制订了分年度主题和分学期计划，为课题扎实、有效地推进提供了完备的方案和保障。

（一）密云初中化学课程实施情况与影响因素分析

课题组借助并参考 2005 年北京教科院基教研中心赴密云区初中视导一周的情况分析，初步掌握了密云区初中化学课程实施的特点。同时，通过简单的调研和访谈了解密云区初中化学教师团队的特点。在全面分析以上两方面信息的基础上，结合北京市初中化学课程实施情况，分析得出影响密云区初中化学教育教学质量的主要因素。

1．化学课程实施基本情况

北京市于 2003 年开始进行初中化学新课程实验，密云是第一批使用北京市自编课改实验教材的地区。到 2008 年，经过 6 年的研究与实践，中考成绩、教研活动及听课情况等方面反映出密云区初中化学教学已基本能按照课程标准的要求，结合北京版教材和密云区教学的实际来完成教学任务，并初步形成自己的特色。主要表现在：重视基础知识和基本技能的落实，关注化学实验的应用（每届全国化学实验创新大赛都有密云教师的成果参加），勇于尝试多样化的教学方式；同时，课堂气氛活跃，学生表现出对化学学科浓厚的兴趣，能积极参与教学活动，师生关系融洽，形成了良好的科学教育教学氛围。

北京教科院基教研中心曾经组织了以初中建设为专题的赴密云区集体教学视导，市教研员与密云区教研员走访了太师庄中学、东邵渠中学和大城子中学三所初中校，共听了 7 位初中化学教师的 7 节课。当时，初步总结出的密云初中化学教学的基本情况是：教师具有较强的敬业精神，努力上好每一节化学课；教学过程规范，教材使用得当，教学效果良好；教师都精心进行教学设计，突出化学学科特色，注重培养学生学习兴趣。同时，我们发现密云初中化学教学在课改实验初期还存在以下需要改进的问题：第一，教师对初中化学课程的理解水平较低，有些非化学专业毕业教师对化学学科内容的理解不准确，有些教师对初中学生学习化学的认知规律掌握不到位，表现在教学设计的水平普遍有待提高。第二，教学目标的制定仍停留在老教材和大纲的要求和水平上，没有落实新课程标准提出的知识与技能、过程与方法、情感态度与价值观这三个维度，可见教师对新课程标准的了解还远远不够。第三，多数课仍以教师讲授、教师提问、学生齐答或个别学生回答为主要的教学方式，教师的主导性很强，但学生的主体作用发挥不够。第四，虽然教材是课程的主要资源之一，但仅仅依靠教材进行教学是不够的，会影响新课程的有效实施。教师应多观察生活，多利用学生身边的事物，开发形成有效的课程资源，有的还可以作为校本教材的基础。例如，水是我们身边的物质，教材上已经提供了一些现实资料。依据密云区的特点，可以开发利用学生身边的课程资源。太师庄中学有自己的水处理设备，教师就可以让学生进行实地调研，更深入、生动地了解净化水的工艺流程，再结合课堂教学中的演示实验理解其净化原理。再如，密云水库的维护就是一个水资源保护的实例，比教材上的讲解和静止的图片更生动、更贴近学生实际。

为此，我们提出了进一步提高教师专业能力的建议：继续深入研究新课程，切实用课程标准指导教学设计；勇于尝试多种教学方式，提高学生主体性；开发和使用更丰富的课程资源。

2. 初中化学学科师资情况

密云区有初中校（公立）19 所（包括完中），2009—2010 年度初中化学教师 59 人，其中 22—30 岁的教师 22 人，31—40 岁的教师 15 人，41—50 岁的教师 14 人，51 岁以上教师 8 人。可以看出，中青年教师占了绝大多数，也是支撑密云区初中化学教学的中坚力量。学历情况是：硕士毕业教师 1 人，大学本科毕业教师 54 人（近一半是职后完成的本科学历），大专毕业教师 4 人。职称情况是：中高职称教师 9 人，中一职称教师 21 人，中二职称教师 29 人。从学历情况看，大部分初中化学教师是大学本科毕业，专业基础较好。从职称结构看，高级教师人数较少，教师专业化发展的任务较为艰巨。

从日常活动来看，我们认为密云区初中化学教师工作认真负责，参与教学改革和研究的积极性较高。广大中青年教师甚至高级职称教师都表示希望提供更多的、接受系统研修的机会，有较强的职业发展期待。但由于长年教学和中考的压力，以及地理位置较偏远等原因，密云区初中化学教学仍依赖个人经验，缺少对课程的深入研究和实践。

3. 影响密云初中化学教育教学质量提升的因素分析

（1）初中化学课程设置的特殊性。初中化学学科在整个初中课程体系中有着特殊的情况，即一般只在初三年级开设，并且是北京市中考 5 个学科之一；同时，其目标、内容、方法与高中化学新课程密切衔接。这种情况为教学带来了一些困难。首先，教学与考试压力并重，每年 2/3 时间教授新课，只有 6 个月；1/3 时间总复习，也只有 3 个月，教师和学生都感到节奏快、反复机会少、压力大。其次，教学内容深广度不易把握，从课程标准要求看，大部分学生可以达成；从中考要求看，需要进一步深化教学内容，尤其是习题难度。最后，教师年复一年地工作在初中化学教学岗位，缺少教学反思、研究和实验的空间和时间，容易造成经验化教学及职业倦怠。北京市已经有部分初中校开始尝试在初二年级开设化学课，利用校本课程或课外活动的时间授课，内容自定，一般是化学实验基本操作、基本化学概念和用语等，每周一课时。此外，初中教师长年只在初中化学教学岗位上工作，脱离了与高中化学教学的联系，这也易造成初中教师化学教学经验固化、窄化，缺乏为学生高中化学学习打基础的意识，致使中考成为衡量初中化学教学质量的主要标准。

（2）教师专业化水平有待提升。密云区非化学专业毕业的初中化学教师仍占较大比例，虽然这些教师一直努力地弥补专业上的不足，但在难点教学，如化学概念原理和复习教学方面仍感觉"先天不足"。此外，密云山区校地处偏远，化学教师又多是单兵单岗或仅两名化学教师，一方面缺少有经验教师的带领，另一方面参与各类研修的机会较少，影响了教学能力的迅速提升。所以，部分教师基本仍以教材、经验和考试为主要课程实施取向，教学设计和实施能力需要提高。

（3）教师职后培训和研修的内容和方式较单一。密云区初中化学教研员经验丰富，但由于地处偏远，与北京市其他区的交流和沟通较少。与城区相比，他们获得更广泛教研支持和更高水平专家指导的机会相对较少。多年来，密云区初中化学教研活动以教材分析、考试质量分析为主，平均每三周活动一次，研修次数较少，研修内容和方法相对单一，影响了教师参与的积极性和活动的实效性。

（二）初中化学课题研究的目标及基本思路

初中化学教育教学质量提升课题是在其他学科教育实践项目实施一年后，应密云区的要求于2008年7月份开始启动实施的。课题组在项目负责人、北京师范大学首都基础教育研究院执行副院长梁威研究员的领导下，在广泛采纳其他学科初、高中教育教学质量提升课题的研究经验的基础上，立足初中化学的学科教学特点，紧密结合密云区初中化学教育教学的现实需求，确立了课题研究的总目标和基本思路。

1.提升密云初中化学教育教学质量提升课题的研究目标

新课程理念的落实，关键在教师。针对密云区的初中化学教师专业现状，课题组明确了课题实施的总目标：以教师专业发展为核心，促进学生科学素养的全面发展。具体而言，首先要激励教师培养自己对化学科学教育的热爱之情、全情投入之心，这是教师师德的关键；其次要帮助教师不断精深化学教学专业知识和技能，这是教师专业发展的主体；最终要共同建立适合农村初中化学课程实施的既具有实效性又有开放性的教研文化，为教师专业和教学质量提高搭建良性发展的平台，并形成开展教师研修的良性机制，明确密云初中化学教师专业成长的基本路径（见图 8）。

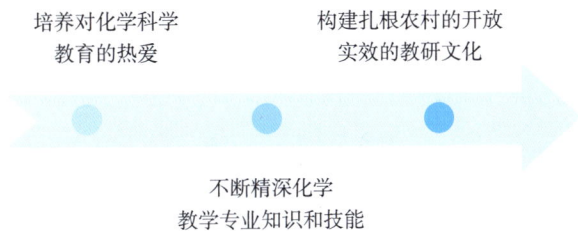

图 8 密云初中化学教师专业成长的基本路径

2. 制定课题研究工作方案及年度研究主题

根据项目组的工作要求及上述课题研究目标，初中化学课题组制定了 2—3 年为一周期的课题实施方案（如图 9 所示），立足密云区初中化学教学质量相对薄弱的 6 所实验校（密云北庄中学、水库中学、新农村中学、大城子中学、不老屯中学、太师庄中学），实际是密云区所有初中校及初中化学教师参与，开展任务理念与实践相结合、研究与实践相结合、走进与走出相结合、引进与自身相结合的基于课例的行动研究。也就是以初中化学经典、难点内容为研究课例，在专家、教研员和优秀一线教师的共同指导下，在运用文献研究、调查访谈、测验评价等多种研究方法的过程中，教师将专家讲授的新课程理念和教育教学相关理论运用到课堂教学实践中，并在与其他教师的共同交流中不断优化和提高，最终汇集成行动研究成果。

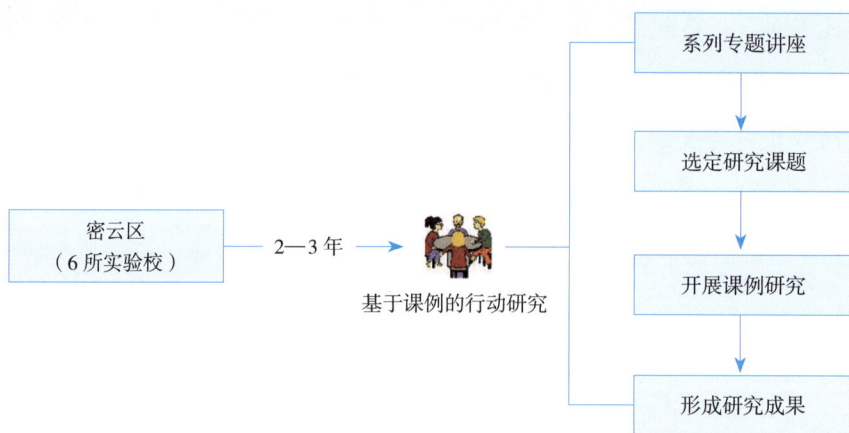

图 9　课题实施方案

　　根据以上总体思路，课题组按学年度制定了工作方案，每个学期有明确的研究主题和主要的研究方式（如表 3 所示）。

表 3　初中化学课题年度研究主题

时间	研究主题	阶段性目标	主要方式
2008 年 9 月—2009 年 1 月	促进教师专业发展，夯实学生基础知识和基本技能	帮助教师加强对初中化学新课程的整体认识和深入理解	以专家讲座为主，到实验校听课了解情况
2009 年 2 月—2009 年 6 月	提高复习教学实效性，培养学生化学学科学习的能力	帮助教师初步掌握科学、有计划开展复习教学的基本策略	以专家讲座为主，在实验校开展复习研究课
2009 年 9 月—2010 年 1 月	开展基于案例的行动研究，提升教师教学研究能力	以课例为载体开展专题研究，提升教师教学设计和研究能力	以教研组为研究单位，开展课例研究
2010 年 2 月—2010 年 6 月	开展复习教学研究，提高教师教学测量和反馈的能力	提升教师开展复习教学研究的能力	以教研组为研究单位，开展课例研究，复习教学说课评比
2010 年 9 月—2011 年 1 月	进行基于案例的行动研究，收集和总结研究成果	继续开展课例研究，不断优化教学设计	以教研组为单位开展课例研究
2011 年 2 月—2011 年 6 月	自身与引进相结合，探索提高复习教学实效性的策略	以中考重难点为复习专题，提升教师进行专题复习教学的设计和实施能力	课例研究与其他区一线教师经验传授相结合

续表

时间	研究主题	阶段性目标	主要方式
2011 年 9 月—2012 年 7 月	基于自编学案，提高学生活动的有效性	试用密云区学案，不断修订、完善，提高课堂教学中学生活动的有效性	针对教学重、难点，进行课例研究，围绕学生活动开展研讨
2012 年 9 月—2013 年 7 月	结合教师基本功培训与展示活动，全面提升课程理解和教学能力	提高教师对 2011 年修订版课程标准的认识，提升其教学设计和实践能力	课程标准解读的讲座，尝试微格教学
2013 年 9 月—2014 年 7 月	结合新修订北京版教材，开展单元整体设计	加强对新修订教材的分析，关注学生活动的有效性	开展与顺义区、怀柔区的联合教研，共同研讨新修订教材使用问题

二、初中化学课题实施的内容与过程

依据以上课题的研究目标和思路，按照年度工作主题，制订了详细的工作计划，每学期计划都落实到了具体时间、承办学校、承办教师或专家，并在每学期开始，向全体初中化学教师介绍这学期的安排，听取大家意见。以下从 5 个方面总结 7 年来课题实施的内容和基本情况。

（一）成立了以市区教研员为主要负责人及以优秀初中教师为成员的课题组

2008 年 7 月，根据初中化学教学特点及教师队伍的具体情况，梁威院长领导下的北师大项目组专门成立了项目专家指导组，并聘请对密云区初中化学教育教学现状有着较为深入了解的北京教科院基础教育教学研究中心主任助理、初中化学教研员黄冬芳为课题常规负责专家，为顺利有效地实施课题研究奠定了基础。同时，课题组的日常工作主要还由密云区初中化学教研员曹英老师负责（2010 至 2014 年由赵颖老师负责）。

此外，根据课题研究工作的需要，课题组吸纳了众多北京市优秀初中化学教研员，这些教研员具有丰富的教师培训和研修经验，对初中化学的实施、评价都有较高的实践和组织能力，很多教研员参与了近年的北京市中考命题。课题组还有一批优秀的一线教师，他们或曾经参加过北京市中考命题，或多次承担市区级研究课，或获得北京市及全国教学评比一等奖。一线教师的经验使得课题工作更鲜活、更具有参考价值。

（二）完成了理论联系实际、贴近初中化学教师和课程实施的系列讲座

讲座是引领教师领会新课程理念、了解先进教育教学策略和技术最直接的方式。为使密云区初中化学教师更深入、全面、整体地认识化学课程，掌握基本的教学设计方法，了解考试测量评价的基本策略，课题组组织了一系列讲座（如表4），每次都是课题组全员参与。

表4 初中化学课题组进行的系列讲座

序号	时间	讲座主题
1	2008-9-18	整体认识基础教育化学课程（包括初中和高中）
2	2008-10-30	谈新课程下初中化学教学设计
3	2008-11-27	北京市2007年初中化学教师基本功展示活动的实践与思考
4	2009-4-22	解读2009年北京市中考化学学科说明
5	2009-5-27	密云区及北京市2009年区（县）一模考试结果分析
6	2009-6-9	初中化学解题教学策略
7	2009-9-24	基于案例的行动研究指导
8	2009-12-30	新课程背景下化学教学论文及教学设计撰写
9	2010-4-14	2010年北京市化学中考复习交流
10	2010-9-25	学习解读北京市化学中考试卷
11	2010-10-28	为教研论文、教学设计撰写点评
12	2011-3-3	解读2011年中考说明
13	2011-12-22	如何做好期末复习
14	2012-2-23	思维导图软件的应用
15	2012-12-27	化学课程研究的基本思路和实例
16	2013-3-7	2011年修订版课程标准解读
17	2013-3-27	关于教学评价
18	2013-4-25	化学实验基本操作和教学问题

从表4可以看出，这些讲座内容不仅有课程实施的基本理念，更侧重于可操作的具体策略；讲座者多是市、区教研员和一线教师，所以更贴近教学实践。讲座主要安排在2008—2009学年度，这时刚进入课题工作的教研员和教师都需要及时了解全国及北京市初中化学课程实施的基本情况；随着课题的深入，讲座成为课例研究、成果总结、复习教学的辅助手段，次数虽然减少，但更注意与课题研究实践的结合。

（三）开展了以学校教研组为单位的基于案例的行动研究

在2008—2009学年度课题工作的基础上，初中化学课题组大胆提出了"基于案例的行动研究"的思路和方案，并对教师进行了明确的指导。行动研究分成4个环节，依次为确定主题、制定方案、行动研究、总结成果。课题组提供了确定主题的思路，从教学内容和教育研究价值两个维度进行选题（如图10）。课题组还指导了以学校学科教研组为单位开展行动研究的基本策略，举例说明了案例研究的基本过程（如图11），尤其注意利用测量、调查等方式及时收集相关信息和数据，还对如何撰写研究成果——研究报告、案例研究报告、调研报告作了培训。

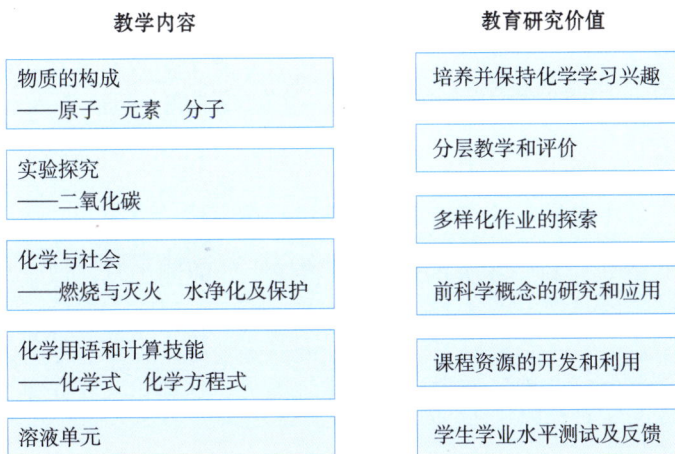

教学内容	教育研究价值
物质的构成 ——原子　元素　分子	培养并保持化学学习兴趣
实验探究 ——二氧化碳	分层教学和评价
化学与社会 ——燃烧与灭火　水净化及保护	多样化作业的探索
化学用语和计算技能 ——化学式　化学方程式	前科学概念的研究和应用
溶液单元	课程资源的开发和利用
	学生学业水平测试及反馈

图10　密云初中化学微课题研究选题

行动研究

遵循案例研究的过程，记录每个阶段学生情况

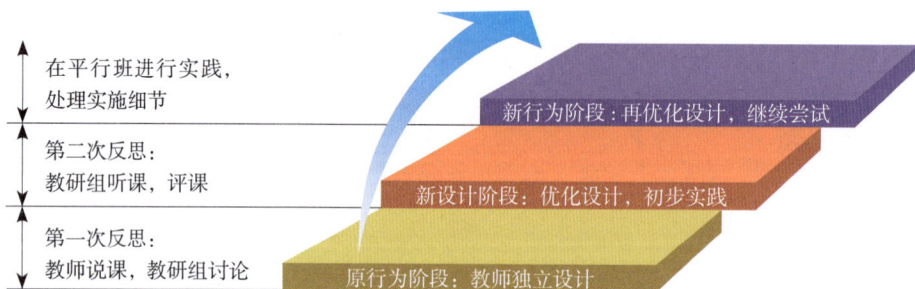

图 11　案例研究的主要过程

各个学校相继开展了选题、制定方案的工作，如密云太师庄中学和密云五中选择了"二氧化碳"作为研究内容，密云六中选择了"化学式　化合价"作为主题，密云四中以"溶液　溶解度"作为研究内容，等等。各学校教研组都在尝试采用课例研究的方法，经历了多次修改、不断优化的过程，将课程理念与教学实践不断地融合、提升，既促进了学生概念的形成、能力的发展、观念的建构，又促进了教师教学设计和实施能力的长足进步。

基于案例的行动研究引导教师将专题讲座中学习到的课程理解、教学设计基本策略等综合应用于案例研究中。教师聚焦某一主题或课题，全面、深入地对教学内容、学生情况进行分析，制定更科学、精准的教学目标，设计更符合学生实际的教学过程和活动。密云五中教学实验组将案例研究过程撰写成论文《以二氧化碳相关内容的学习为契机培养学生科学探究的能力》，将学生的前测工具、课堂教学活动及学习成果等记录其中，生动、鲜活地再现了教学场景。该论文获得北京市初中化学优秀论文评比一等奖、华北地区教学论文评比二等奖。这篇论文正是基于案例的行动研究的成果。

课例研究（或叫"研究课"）是初中课题组工作的主要方式之一，7 年来各实验校及其他初中学校都踊跃承担研究课，一批年轻的教师在研究课中成长、发展起来。

（四）尝试专题研究课与外区教师经验介绍相结合的教研方式

课题组从 2011 年下半年开始，在原有工作的基础上，尝试了新的关于初中化学复习教学研修活动的新方式，即本区教师研究课与外区教师经验介绍相结合的专题式研讨。首先，课题组依据近年来北京市化学中考的重、难点选定了若干专题；其次，确定承办专题研究课的学校和教师进行教学设计、试讲和展示；再次，确定北京市在此专题有突出经验和做法的一线教师，并通知这些教师提前做好准备；最后，活动当天，全区及外请教师共同听课后，评课、研讨，外请教师再就本人或本校该专题复习的经验举办拓展性讲座。其中，课题组还邀请了房山区交道中学的白朝鲁老师跨校任课，针对密云初中生进行复习教学，给与会教师带来了很多新鲜的体会和启发。

2012 年、2013 年继续坚持了以上做法，在研究课后请东城、西城、海淀、石景山等区有中考命题经验的教研员进行点评和举办微讲座，进一步丰富教师复习教学的策略和经验。

2014 年，课题组加大了与顺义、怀柔等区的联系，带领教师走进其他区县的课堂，共同针对一个主题，开展"同课异构"的研究和展示。这一方面使教师学习了外区教师的经验和做法，另一方面展示了密云区教师的教学思想和策略。

（五）坚持举办密云区初中化学复习课交流评比活动

从 2009 年开始，每年上半年都是中考复习的关键时期。课题组与密云区教研员共同组织了全县教师自愿参加的复习课交流、评比活动。该活动的目的是提高教师复习教学设计和实施能力，提高密云区初中化学复习教学的实效性。活动举办了6 届，教师报名人数逐年增加，每年关注不同的主题并采用不同的展示方式，例如，微格教学、说课、微课、习题评析等。教师复习教学的设计能力也逐年提升，有很多优秀课例在北京市评比中获得好评，并纳入北京数字学校的同步教学和微课录制工作中。

三、项目研究促进教师专业发展的成效和经验

初中化学课题组的核心设计理念就是促进教师专业发展，以教师发展带动学校发展，以教师发展落实学生发展。其间，很多教师脱颖而出，江洁玲、蔡晶晶、任艳萍、史静、刘建等教师代表密云区参加市级教学比赛，全部获得市级一等奖。在2013年北京市初中教师基本功评比展示活动中，刘建老师在微课展示环节中获得市级一等奖，李东梅老师在创新实验展示中获市级一等奖，张慧民、张建苹老师获得了笔试环节一等奖。2014年，在教育学院组织的青年教师教学技能评比中，在竞争非常激烈的情况下，密云区的蔡晶晶和张琦两位老师获得了一等奖的好成绩。蔡晶晶老师结合研究课撰写的《"金属的化学性质"教学设计》获得德育课程市级一等奖。刘健、沙立玉、张立平、张爽、蔡晶晶老师还多次参加北京市数字学校课程资源的录制。

（一）促进教师教学观念和教学研究思路的转变

中考一直是评价学生和初中化学教学质量的重要标准，但中考只是选拔性考试，也应成为学生科学素养发展的"促进剂"而非唯一的"指挥棒"。密云区初中化学教学在经历了新课程实施的过渡期、中考适应期后，也应朝着内涵发展，即朝着促进学生科学素养全面提升的方向发展。初中化学课题组以此为目标开展的一系列工作，促进了教师教学观念和教学研究思路的转变。

1. 教师教学观念的转变

教师教学观念从单纯追求学业成绩的提升向强调促进学生科学素养的全面发展转变。

经过7年的努力，课题组越来越感受到学校、教研组、教师和学生在思想上的转变，以及由此带来的行动的变化和成效的突显。课堂教学越来越重视学生主体作用的发挥，关注学生的前概念认识，创设各种机会组织学生开展探究学习，

开始重视化学基本观念的建构，分层教学、因材施教在不同类型学校中悄然展开。教师少了抱怨，多了探索；学生少了困倦，多了兴趣……

2013年第二届北京市初中教师基本功笔试调研结果表明，密云区初中化学教师对化学课程的理解、课程标准的掌握、教学设计等有了显著的进步，其总成绩排在全市第三名（由于是各区自行阅卷，可能会影响真实排序）。刘建老师代表密云区参加了第二届北京市初中教师基本功微格教学展示活动，与团队共同设计了充分体现化学元素观在二氧化碳实验室制法中的指导思想。化学课程标准编写组、北师大王磊教授高度赞赏该课，认为其能从元素角度透彻地分析和应用，很好地解决了观念建构与具体知识教学的联系问题。

2. 教师教学研究思路的转变

教师教学研究思路从经验型、唯教材型向关注课程整体、研究与实践结合发展转变。

密云区初中化学教师多是经验型的，以照本宣科为主，教学方式和课程资源都相对单一。经过7年的课题推进，我们欣喜地看到一批中青年教师的成长，他们在原有敬业、努力的基础上，更明确了前进的方向，在繁重的教学工作中自觉融入了教学研究。通过教师上交的调研报告、课例研究报告，我们看到了教师扎根实际工作，有了很多生动、真实的思想和做法。

例如，2010年组织的全国优秀初中化学教学设计和论文评比（华北区）中，有两篇来自北京市密云区的论文引起了专家们的广泛注意。一篇是密云区大城子中学吴冠男和田亚芳老师撰写的调研报告《影响山区学生化学学习的调查研究》，文中用朴实、简练的语言介绍了大城子中学初三学生的问卷调查，包括学生家庭情况、化学学习情况等，并进行了数据统计和分析。这次调查源于教师最根本的想法：农村学生的初中化学学习究竟与什么因素有关？教师如何在日常教育教学中进行有针对性的辅导或加强？这是两位青年教师第一次进行问卷调查，第一次撰写调查报告，开始连报告的标题都不确定，报告的基本格式也不十分清楚。课题组老师与他们共同修改、多次探讨、不断完善，让两位教师感受到教学研究的兴趣和价值。另一篇是密云六中初中化学教研组组长赵书栋老师撰写的论文，题目是《以校为本的行动

研究 促进初中化学教师专业发展》。密云六中也开展了基于案例的行动研究，该论文记录了以化学式为例开展的基于校本研究的行动过程及成果。在这篇研究论文中，我们看到了教师对专家讲座认真理解，并有效应用于行动研究中。该论文利用文字、图片、表格全景式地展现了教研组案例研究的全过程，包括前期准备、实施过程、研究效果和研究反思，尤其对教学过程和学生成果进行了细致的记录。该报告集中反映了密云区初中化学教师在教学研究方面能力的提升，还体现了教研组团队合作、同伴互助的氛围。

同时，7 年来的课题研究为这套研修模式积累了丰富的人力和物力资源。课题组的成立集中了北京市优秀的初中化学教研员和一线教师，将他们的实践经验转化成专家讲座、课例点评等物力资源；这些物力资源包括讲座的 PPT、文字稿，也包括每次研究课的教学设计、录像、课件、学生访谈及成绩等。如果有机会，将以上这些资源汇集成册或做成电子数据库，这将是运行这套教师研修模式的重要载体和支撑，也是进行其他相关教师培训的重要参考。

（二）促进教师专业发展的主要经验

初中化学课题的研究以促进教师专业发展为核心，开展了有主题、分专题的教研活动，并带领教师系统、深入地进行课例研究等，多角度促进了教师专业能力的发展。

1.创设民主、开放的教研氛围，提升教师参与的主动性

北京市一位资深的教育专家说过，教研室是学科教师的精神家园，是教师在职业工作和专业发展中遇到困难时的诉求对象。在课题组成立和开展工作过程中，我们始终保持"教师朋友"的身份，切实关心密云区初中化学教师的实际和需求。本课题是在原有密云区教研工作基础上的补充，我们从教师工作情况出发，尽量减少教师的工作量和负担，尽量制定贴近教师需求的方案，让教师更乐于参与活动、更主动地贡献智慧。

（1）将课题组工作与日常教研工作融合，安排适宜的教师参与活动次数。课题组成立的第一学年，即 2008 年，就与密云区初中化学教研工作做了协调和统一。根

据初中化学课程实施的阶段性，安排了上、下两个学期的主题和活动，上学期重在新授课，活动主要集中在 12 月前；下学期是中考学期，教师工作量更大，活动适当减少，并集中在 3、4 月份，5 月后主要是模拟试卷分析。在密云教研中心的大型讲座，原则上全体教师参加，实验校的研究课活动的参加者以实验校教师和青年教师为主。频次适宜的活动既不会加重教师的负担，也不会影响学校和教师的重要活动。

（2）每学期开始和期末都安排计划沟通会和总结会，使教师感受活动的计划性和完整性。课题组让教师成为活动的组织者和决策者之一，每学期的计划在开学初就向教师介绍并与其进行沟通、修改后执行。学期末，安排小型总结会，与教师共同回顾一个学期的活动、进展和收获，使教师感受到自己在课题研究中的位置和存在。

（3）每次活动都在鼓励、自愿的原则下确定承办学校和研究课教师。众多的研究课、教学评比，课题组都本着自愿、自主的原则，鼓励所有教师参加，并做好与学校的联系工作，保证承担研究课的教师得到学校和教研部门的全力支持。

（4）针对教师的需求，随时随地进行个别指导。针对教师的需求，如研究课的教学设计、教学论文撰写等，课题组负责人和专家随时接听教师的电话，与教师在网上联系，甚至不惜花时间到密云亲自指导。例如，李伏刚老师多次指导密云区教师的研究课，每次试讲都亲自到密云与教师交流、修改教学设计和论文到很晚。在帮助老师修改教学设计和论文时，专家与教师逐字逐句地共同琢磨、共同商议、共同完善。

2.在行动中研究，依托经典课例发展教师教学研究的意识和能力

指导密云初中化学教师开展基于案例的行动研究是课题组的创新和尝试，虽然初中化学教师教学任务繁重，教学研究的时间和能力有限，但是基于对教师的信任、充分的必要性及行动研究本身与教学实际的密切联系，我们大胆提出这个思路和方案。课题组指导教师进行的行动研究虽然没有项目研究规范、系统、时间长，但它强调理念与实践的联系，强调教师作为研究与实践的双主体作用，强调关注学生的表现和反映。

（1）专家指导教学研究的基本方法。课题组提出了"基于案例的行动研究"思路，专家特别进行了简易、清晰的基本方法和过程的指导。教师能直观、快捷地了解行

动研究的基本过程，对研究专题确定、研究方案制定和实施、数据收集都有了明确的想法。课题组在每次实验校研究课活动中，都安排了行动研究情况交流，让各校教研组汇报每个阶段的进展情况，并及时进行指导和提示。

（2）教研组协同开展行动研究。课题组强调以学校教研组为单位进行研究，教师人数比较少的学校之间可以结成联片教研组。学校教研组分工合作、取长补短，重在突出青年教师的作用，为开展以校为本的教研和创建学校教研氛围做出了努力。

（3）教学评比驱动成果总结和交流。除了针对明确的主题开展课例研究外，为加强和提高教师的成果意识，加强总结和交流，课题组组织了教学设计和教学论文评比。评比前，课题组专门指导了教学设计和论文撰写的基本策略；收集教师教学设计和论文之后，课题组组织专家进行了细致的评议，并对每篇成果都提出了有针对性的修改意见，及时反馈给作者本人。评奖结果公布后，课题组组织教学设计和论文获得一等奖的教师进行宣讲，专家又给予了充分肯定，并提出了进一步完善的意见，对后续的研究提出了建议。

（4）广泛联系其他区和学校。课题实施 7 年来，课题组先后与东城、西城、海淀、丰台、石景山、大兴、房山、顺义、怀柔等多个区进行交流，或请区教研员参与研究课的点评和微讲座，或到北京四中等学校观摩学习，或请学校教师来"借班上课"，或走进其他区和学校进行"同课异构"。同时，密云区初中化学教师参加北京数字学校的同步课程和微课录制，教研员参与北京版教材的编写等工作。这些"走出去、请进来"的做法，使原本偏远的密云区成为北京市最开放的地区，很大程度上拓展了教师的教学视野。

3. 抓中考的重难点，自行探索与外引经验相结合，提高复习教学实效性

中考总复习是初中化学课程实施的重点和主要部分，每年至少需要占 1/3 的课时。为此，课题组在每年的下学期都制定了关于提高教师考试测量和反馈能力、提高复习教学实效性的主题研究内容。7 年来，课题组与密云区教师共同探索了中考复习研修的内容和方式，基本包括如下内容：理解考试说明——制定整体复习策略——指导习题解析——开展专题复习——进行试卷评析。同时，课题组请到经常参与命题的区教研员，从命题者的角度进行分析、讲解；请到优秀的一线教师作为

复习教学者，传授复习教学的策略和经验。

四、思考和建议

密云区初中化学课题组的工作经历了 7 年的摸索和尝试，虽然取得了上述成效，但仍处于初步实践阶段。一方面，7 年来取得的成效还需要大量实证数据的检验，需要更长时间课程实施情况的反馈；另一方面，课题组边调研、边思考、边探索、边实践，有一些想法系统性和整合性不够，对长效机制的设计不足；再加上，虽然课题组为密云区教研部门留下了经验和一批培训资源，但这些经验和资源重复使用的概率并不太高，还需要不断依据变化的学情与社会需求去创造新的经验和新的教育资源，还需要提供更具"造血"功能的策略。

经过 7 年的课题工作，课题组已经帮助密云区培养出了一批骨干教师，并已在研究课、教材分析等工作中发挥了重要作用。同时，我们也发现还有很多青年教师虽然工作经验不足，但有激情、有理想，愿意主动参与各种活动。为此，我们建议密云区帮助这些青年教师组成团队，给予他们明确的研究任务。此外，还有一些在某个专题上或在某方面有研究特长的教师，也可以组成专题研究团队。例如，化学实验教学研究团队、信息技术与教学整合研究团队、化学核心概念教学研究团队、山区农村学生教学研究团队、老中青教师互助协作团队……密云区的初中化学教研可以依托团队的建设和发展，开展内容丰富、针对性更强的研修活动。

□ 执笔人：黄冬芳 赵颖

建立科学的初中英语课文教学程序
提高学生语言运用能力

2007 年 8 月，"初中英语教育教学质量提升研究"作为密云区人民政府与北京师范大学共建"农村基础教育现代化实验区"中的一个课题正式启动。该课题以北京教育科学研究院基础教育教学研究中心原英语教研室主任、特级教师孟雁君老师提出的"初中英语课文教学干预模式"为研究抓手，在密云区选择了 10 所初中校（占全县 1/2）作为核心实验校进行实验，引领教师认识到教学程序和教学习惯与学生发展的密切关系，从而设计出合理的教学程序，养成良好的教学习惯，为学生的发展打造有益的学习环境。

课题研究一方面从教师的真实问题和需求出发，强调研究结果的实效性和可操作性，另一方面高度重视研究的计划性、程序性和规范性，从而使得本课题具有推广性。课题以学生认知发展规律为依据，开展教学；通过建立科学规范的程序，开展教研；通过渐进式的分步实施，推动实践，取得了具有一定推广价值的研究成果。实施近 8 年来，共有 800 多个班级，200 余名教师，2 万余名学生参加了实验。教师们普遍感觉实验所采用的方法操作简单，理念先进，能激发学生的主动性，有利于发展学生的能力，减少学习困难学生的数量，提高学生成绩。2011 年，密云英语中考成绩取得了历史性突破，排名位列郊区第一，此后几年仍保持连续稳步增长。课题研究成果在全国范围内也得到了认可。2009 年 6 月和 2010 年 7 月，课题组两次应中央电化教育馆邀请，承担了教育部"暑期中西部农村义务教育学校教师国家级远程培训"初中英语学科"课标理念在教学中的落实"部分的授课工作，面向中西部 17 个省数万名初中英语受训教师，展示了密云实验的成果和实验教师的风采。

一、研究背景与思路

（一）研究背景

初中英语教学成绩普遍不高，是长期困扰密云初中英语教师的难题。那么，问题究竟出现在学习过程中的哪个环节呢？课题组经过调查发现，密云初中学生在英语学习潜能方面并不比城区的学生差，城乡之间的差异主要是占有的资源不同、接受的信息量不同、学习条件和环境不同。这导致了密云学生与城区学生的英语学习的差异。对其中一个因素的改变就会缩小这个差距，那就是扩大阅读量。

而解决这个问题的最简单可行的策略就是充分利用课本。从课文阅读入手，加强课文阅读的力度。这就要求教师在课堂上给学生留有充分的阅读时间，用"设问"启发学生思维，把学生的扫盲认字的活动作为硬任务放在课堂上完成，同时培养学生克服生词障碍进行流畅阅读的心理。但通过调研和座谈发现，目前存在的一个比较突出的不良现象就是教师忽视学生的认知特点和规律，以喋喋不休的讲解代替了学生的自主阅读、识记、理解和运用等学习活动，课文学习效果的低下，制约了学生英语学习的发展，从而使得教师所付出的辛苦与学生的成绩不尽匹配，导致"种瓜得豆"，甚至"颗粒无收"。课题组决定从课文阅读切入，对课文教学进行干预试验，力图提高密云初中英语教学质量。

（二）研究思路

1. 成立干预小组

2007 年 8 月，根据密云初中英语教学特点及教师队伍的具体情况，成立了以特级教师孟雁君为首的课题专家指导组和以密云区初中英语教研员郭家堂、唐和平为核心的实施组，为课题研究顺利有效实施奠定了基础。

此外，根据课题研究工作的需要，课题组还在不同阶段邀请了在课程教学论和英语教育教学研究方面取得一定成果，享有一定知名度的专家、教研员、一线教师等参加讨论、座谈、听课等活动，包括首都师范大学外语学院的林立教授、北京教育科学研究院基础教育教学研究中心中学英语教研室主任蒋京丽老师、北京师范大学亚太实验学校英语教研组长张玉萍老师、北京第 125 中学外语教研组的王艳娣老师以及张蕾老师等。他们或是知名的英语教学研究专家，或是北京市英语学科带头人，或曾经参加过北京市中考、模拟考命题，或多次承担市区级研究课，或参与编写初中英语教材教参，或获得北京市及全国教学评比一等奖。他们的经验使得课题工作更鲜活、更具有参考价值。

2. 分析教学问题

一般来说，课堂中学生的英语学习过程主要包括"接触——理解——操练——运用"几大环节。《义务教育英语课程标准》在"课程基本理念"中特别指出："主张学生在语境中接触、体验和理解真实语言，并在此基础上学习和运用语言。"但是通过入校听课、与密云教师和教研员座谈，以及对若干第一课时的教学案例的分析，发现很多教师在教学程序和环节活动的设计上，对学生接触、体验和理解语言等方面有所忽略，其他环节也存在以下一些问题。

（1）接触环节有所缺失。在接触环节，有的教师开篇就讲，课堂上几乎没有给学生留出阅读和朗读课文的时间，或者给学生阅读课文的时间极短，不足以读完一篇课文。所有教案中都找不到如何使学生接触语言的具体活动设计。

（2）理解环节，教师的讲解太多。在理解环节，有的教师用灌输式的讲解代替了学生的思考，没有给学生通过亲自感受和思考去理解语言的空间。实际上学生没有真正地理解课文。

（3）练习环节问题重重。在练习环节，或者练习活动设计不合理，或者活动方式不多样，或者练习时间不充分，或者练习内容不全面，等等，不利于学生对所学知识进行内化。

（4）运用环节实效较低。在运用环节，有的课由于所设计的情景不够典型，不利于启发学生整合所学的相关知识进行运用；有的课练习活动的程序颠倒，不利于激活学生头脑中已有的知识，影响了学生对所学知识的充分提取和运用。

以上各个环节的问题，不是孤立的，有的课在学习的第一个环节就不到位，使得接下来的各个学习环节都缺乏基础的支撑，造成学习效果大打折扣。同时，学生的学习很被动，自身潜力得不到发挥，也削弱了学习的成功感。

3. 确定干预重点与思路

本课题所谓的干预，就是理顺不合逻辑的教学程序，使之符合学生的学习规律；改变教学过程中设计不当的活动，使之与目标匹配；改变教师的不良教学行为和学生的不良学习行为，使之与目标一致。干预的最终目的是发展学生能力，提高学生英语素养。

在分析教学问题的基础上，课题组决定引导教师认识教学中存在的问题，理解教学行为与学生英语学习的关系。按照《义务教育英语课程标准》"实施建议"提出的"活动应包括学习语言知识和发展语言技能的过程，使学生在语言实践活动中，通过接触、理解、操练、运用语言等环节，逐步实现语言知识的内化"这个要求，课题组决定在课文教学的程序、课文教学各个环节的活动设计和教师的教学行为等方面进行干预实验，通过干预，使学生真正接触语言，主动地学习。

（1）干预的目标。干预的最终目标是让学生学会用英语做事情。干预的首期目标是扫盲，提高学生的识记能力。重点是提高学生的阅读理解力，提高学生口头表述、书面表述质量。具体如下：

①使教师能够自我控制讲解的比例，具有给学生留出时间和空间的意识，使学生能亲历学习的全过程：接触——理解——练习——记忆——内化——运用。

②培养学生克服生词障碍进行阅读的心理素质和流畅阅读的能力。

③使学生改变依赖教师的习惯，养成独立阅读习惯，能根据文章中的依据，运用推理策略得出结论。

④使教师养成在语境中教、学生养成在语境中学的习惯。

（2）干预的具体环节。干预的具体环节主要涉及以下5个层面。

①教学程序：学生先独立阅读，教师后讲解。比如生词，学生先推测，教师后认定。

②呈现环节：新的知识一定要在语境中呈现，语境和用法要选典型例句。

③学习途径：学生获取知识的途径必须是观察发现、归纳推理、讨论探究、实践体验。

④内化活动：课堂上必须有记忆、练习等强调内化的活动。

⑤输出环节：让学生用英语做事情，给学生展示的机会，展示之前必须给学生充分的准备时间。

（3）干预过程中对学习困难学生提供帮助。座谈中，部分学生反映学习英语比较困难。针对这部分学生，课题组进行了深入诊断，并为其制定了相应的措施。具体措施见表5。

表 5　困难诊断及教学对应措施

困难诊断	教学对应措施
理解力低	在理解环节，设小台阶
遗忘率高	在练习环节，多复现
注意力分散	在环节之间，设悬念
天性被动	在小组活动中，用任务驱动
羞于表达	在展示环节，给机会、多鼓励
钻牛角尖	利用个体学习时间，进行方法指导

二、课题的研究设计与实施情况

课题研究以课文为主要载体，提出改变原有课文教学模式，强调以学生独立自主学习为主，教师的主要任务是提供学习资源、设计问题、引导思路、给予帮助。

（一）课题的研究设计

课题组以英语课文教学作为干预的主要载体，从转变教师的课文教学程序入手，通过集体培训，共同学习研究课标理念，取得共识，共同打造示范课，共同观看、分析录像课，然后自行录课，分析反思，自我矫正课堂行为。课题组要求在教案中必须增加学生在课堂上接触语言、参与语言活动的时间和机会。

1.各课时干预的设计和干预的主要内容

课题组根据课堂教学内容，在不同课时中，针对不同情况进行干预。

（1）第一课时，对课文阅读教学的干预。

干预脱离语境的提前识字行为，使之转变为在语境中猜测生词、理解语义，培养学生良好的学习习惯，提高学生的推理能力。

干预在学生阅读课文之前教师就讲解课文的程序颠倒行为，使之转变为学生先阅读，然后教师进行有针对性的答疑和讲解，加强学生对语言的直接接触，提高学生的理解力，同时培养学生克服障碍进行阅读的心理素质。

干预教师给予学生的阅读时长不足的行为，使之转变为通过科学合理地计算，给予学生足够的阅读时间，使学生养成踏踏实实阅读的习惯。

干预教师对阅读过程不加指导和监控的放任行为，使之转变为设计问题引导思路，设计显性活动监控隐性阅读过程，提高学生的阅读技能，保证阅读实效。

干预课堂上认字扫盲环节的缺失状况，使之转变为设计多种学习词汇的活动，使所学词语给学生留下较深刻的印象。要使学生能从多种角度接触、复现所学词语，能在特定情景中体验所学词语的声音、意义和用法；使学生能当堂理解、识记所学词语；同时还要设计活动，使学生学会使用记忆策略，克服遗忘，扫除阅读障碍。

（2）第二、三课时，对课文知识教学的干预。

干预教师在学生尚未理解语言意义、尚未获取文章信息的情况下就直接学习语言形式的教学行为，使之转变为让学生在理解并已经获取信息的基础上学习语言知识，培养学生良好的学习习惯。

干预脱离语境和实践的纯语言操练活动，使之转变为在特定语境中进行语言的理解和操练活动，提高学生的语境意识和语用能力。

干预通过灌输的途径教授语言的行为，使之转变为使学生通过观察——发现——探索——归纳——讨论的途径学习语言，培养学生的学习能力。

干预以做练习题为主的学习行为，使之转变为以技能活动为载体，在信息活动中学语言、用语言，培养学生运用英语做事情的能力。

（3）第四课时，对课文整合教学的干预。

干预把每个知识点孤立起来进行教学的行为，使之转变为整合式教学，即以用英语做事情为载体，发展学生联想能力，把新知识与单元内相关知识及其他旧知识整合起来，把词汇、语法等知识与听说读写的技能结合起来，使学生能学新带旧，具有综合应用所学语言的意识和能力。

2. 对某些课型的重点干预

课题不仅对教师的常规课堂教学提供了一些干预策略和教学程序，还满足了教师的需求，对复习课、词汇教学课的课型也着重进行了引领和指导。

（1）对复习课的干预。

干预把知识捋一遍的复习方式，使之转变为以任务激活记忆，提取相关知识，使之融会贯通，在执行任务过程中进行复习，使学生能在特定情境下，快速提取、综合运用，把知识复习与能力提升相结合。

干预教师主观规定复习内容的单向策划方式，使之转变为师生双向策划，学生先主动查缺补漏，提出自己的诉求，教师针对学生实际，对复习进行整体策划，从而使学生具有责任心和自主规划的能力。

（2）对词汇教学层次的干预。

干预的目标是使词汇教学有层次，使每个层次聚焦一个重点，达成一项具体目标。

第一层目标是理解（含练习）。

听的目标：在上下文中能听读音理解词意。

读的目标：看见词形，能读出来，在上下文中理解词义（此层面不要求拼写，以免造成初学时的困难）。

第二层目标是运用（含练习）。

说的目标：见词形能准确读出读音（看词形听声音，模仿发音，记住声音），在口头表达中能恰当说出来（说前要有准备活动，在设计活动时要保证先有声音的输入，这是必需的程序）。

写的目标：能根据拼读规则写出单词。理解词的情境用法以及搭配、句型结构等，在进行书面表达时能准确写出单词。

这样干预的目的是解决教学中存在的胡子眉毛一把抓的问题，使难度有递进，使学生能逐层获得成功感。

（3）对词汇教学选材的干预。

干预的目标是使词汇教学有计划、有取舍、有侧重，使教师能在规定时间内完成规定的教学任务，使学生能在规定时间里对目标内容做到应知应会，解决长期存在的"教不完"和"赶进度"的问题。

在座谈中，教师普遍反映词汇量大，教不完，只能满堂灌，没有多余的时间留给学生实践。课题组通过对教师教案的分析，发现"教不完"的根源在于对课文中的词汇缺乏区别对待，没有筛选。而筛选的前提是首先要把词汇分类。

课题组经过研究，提出词汇分类原则如下：词汇分为课标词和非课标词，话题词和非话题词，产出用词和非产出用词；把生词分为可推测词义的生词和不可推测词义的生词。分类之后，在教学中不同阶段区别对待。

各类词的教学要区别对待，干预如下。

既是课标词又是话题词：重点学习，并在产出活动中多次使用。

虽是话题词，却是非课标词：在产出活动中使用时给提示即可。

既是非话题词又是非课标词：在不影响课文理解的前提下，可采取忽略策略。

虽是非话题词，却是课标词：在本单元做到能理解即可，但要在教案中标记，转移到其他合适的情景中重点学习和运用。

处理生词的原则如下：

能够通过上下文推测词义的生词：教师必须引导学生通过上下文推测词义。

不能够通过上下文推测词义的生词：教师可直接给中文意思，或学生查词典。

本节课输出活动中需要使用的词：要根据听说读写的技能需要，确定词在音、义、形方面的侧重。

通过这样的干预，分散了词的重点和难点，基本能使学生做到为了用而学、学了就用，加深了学生对词的理解和记忆。

（二）课题实验的组织情况和研究过程

本课题一共有10所学校的英语教师参与其中。为了更有效推动项目研究，课题组分三个阶段循序渐进开展课题研究工作。

1.人员组织

密云方面组织10所学校的教师参与了"初中英语教育教学质量提升研究"课题的研究工作。在课题研究与实施过程中，为了最大限度地发挥专家资源的优势，使全密云的初中英语教师都能从中获益，课题组把学习、研究、培训融为一体，点面结合。将受训参加实验的教师以学校及年级为单位设大组，下面分成若干小组，每组 4—5 人，人员基本固定，设负责人 1 名，做实验记录。后来根据其他教师的强烈要求，发展成全员参加，非课题组的教师讨论时现场分组。

2. 实验过程

整个研究过程大致分为以下三个阶段。

第一阶段：2007 年 9 月—2008 年 8 月为调查了解和学习培训阶段。主要开展调查研究，进行新课标解读与教材教法的分析和研讨、教学设计培训与指导等。目的是建立共同的思想理念和工作方法，以便在交流中有共同语言。

课题组与受试教师进行了以下基础工作。

（1）了解基本情况。一是召开实验校教师座谈会，在对话交流的基础上，对密云的初中英语教学情况进行初步的调研，对教师课堂教学存在的问题进行诊断，为下一步的培训工作做好准备。二是于 2007 年底，课题组对密云初中校初二年级的学生进行了阅读微技能的调查，测试共涉及全区 20 所中学、240 余个班级，近万名学生。测试内容主要包括猜测词义、推理判断和概括主旨大意三部分，测试时间为 45 分钟。该测试旨在了解密云全区初中学生的英语阅读微技能使用情况，为课题组开展教育教学质量提升研究提供数据支持，找出干预的重点和方向。

（2）领会基本理念。课题组专家以课例分析的形式为实验教师进行了《义务教育英语课程标准》解读及教材教法分析，展示了体现《义务教育英语课程标准》理念的教学设计和课堂教学特点。通过分析课例、诠释理念、阐明道理、对照现状，使教师深入领会课标的精神实质和教学理念，转变旧的教学观念，明确什么样的课堂教学设计是符合新课程理念要求的，如何将理念落实在课堂教学之中，在此基础上体验符合课标理念的教学设计，为本课题的干预研究奠定正确的理念基础。

（3）体验教案设计。以《How to make a lesson plan & How to make self-assessment》（《教案设计：如何做，如何评》）为专题，课题组专家引领教师以编制教案为载体，把理念落实到教学设计中，在设计教学活动中内化理念。通过对教案的规范，帮助教师捋顺编制教案的思路；通过教案的内容组成与评价，提示教师应该考虑的方方面面；通过编制教案的程序，帮助教师科学合理地安排课堂教学，从而为本课题的干预研究确定正确的途径。

（4）建立工作模式。专题活动采取"体验实践——展示研讨交流——专家点评——修改完善——再展示交流——大家评议"的方式进行。受试教师以年级为单位分成若干小组，每组4—5人，按分配的任务设计出一个课时的教案，以小组为单位，对活动设计的理念进行展示、说明和交流。教师们充分讨论，提出疑问，观点碰撞，然后专家针对教案中所设计活动的主要问题以及大家的观点，进行指导和点评。教师们带着问题再进行研讨、交流、修改、展示、反思、分享，然后专家评议。这样，通过"实践——认识——再实践——再认识"的方式进行互动研讨和交流，使研究步步深入，大大提高了教师参与的积极性和有效性，这种任务性的设计避免了教师被动参与和走过场的问题，使教师参与其中，从其中获益。同时，课题专家把学习心理和认知规律与教师们设计的教案进行对照分析，使教师们认识到教学活动必须与认知规律一致，学生学习才能取得应有的效果，并认识到干预的必要，愿意接受干预。

（5）确定干预内容。课题组多次召开实验校教师座谈会，对"初中英语教育教学质量提升研究"的内容、方法，干预方案的制定、实施等展开深入讨论，围绕什么是干预、干预什么、为什么要干预等问题统一思想和认识。通过对教学现状的讨论，依据《义务教育英语课程标准》理念，大家共同确定了各环节的干预内容。

第二阶段：2008年9月至2011年8月为初中英语课文教学程序干预模式构建与实验阶段。主要开展了课文教学第一、二、三课时教学模式的构建与培训，课例打磨，观摩研讨，学习实践和听课指导等活动。

（1）打磨课例，展现理念。打磨课例的目的是使理念"看得见、感受得到"。为了实现课题组织制定的带动和培养骨干教师的目标，课题组首先从实验教师中选出自身素质好、做事认真、勇于承担实验任务且悟性较好的教师（如密云六中胡海英老师）进行重点培养和指导。课题负责专家多次深入学校听课指导，与胡老师一起研制示范课课例，反复研究教案、修改设计、做微课、看实录、再修改等，先后打造出了课文教学第一、二、三课时的课例。这三节课例都较好地体现了课标中"鼓励学生在教师的指导下，通过体验、实践、参与、探究、合作等方式，发现语言规律，逐步掌握语言知识和技能"的理念，特别突出了干预的要点。

（2）观摩研讨，提高认识。课题组先后多次组织全体实验教师观摩、研讨做课老师录制的课例。观摩研讨活动以任务为驱动，要求教师带着任务观摩、思考，并反思自己的教学。例如：这节课跟您的平常教学是否一样？哪里不一样？预测用课例示范的教学方法教学，效果会怎样？反思自己的教学中有哪些地方需要干预？

每次观摩后，做课教师们就录像课的教学设计、教学心得、教学问题等进行交流、反思、争论。实验教师经过观摩、研讨和交流，结合日常的教学，畅谈自己的观摩体会。课题组也会和大家一起梳理课的设计思路，肯定成绩，指出需要完善和改进的问题。通过梳理总结，大家明确了如何制定每课时的主要目标和步骤，同时也基本知道了如何改进自己的教学。大家一致认为，这种鼓励学生通过体验、参与、实践学习语言的方法能使学生成为学习的主体，符合《义务教育英语课程标准》的要求，其操作方法之简单，能使所有实验教师基本可以按照这个模式去操作，而且这个模式还留有一定的空间，能使教师有所创新。通过这种方法，课题组带着大家打造、研讨了每个课时的教学基本模式。

（3）学习实践，推广创新。为了监控实验的正确发展，课题组核心成员经常不定期地深入实验校，了解教师是否采用了实验教学模式，并进行听课指导，特别强调各个课时都要聚焦学生在做什么和怎样做。比如：第一课时主要聚焦学生是否在读，是否用笔画出了信息的依据，是否通过上下文猜测词义，是否有讨论活动；第二课时主要是聚焦学生的知识学习是否为用而学，是否在用中学，是否学了就用。在此过程中，要特别记录学生的感受。通过听课发现问题，提出干预要点，并及时解答教师对各课型教学模式存在的困惑，并给出建议。同时对主动承担做课任务的教师和有创新或提出建议的教师给予鼓励、表扬和宣传，使教师树立自信，勇于创新，善于发现问题。通过听评课活动的开展，促进了教师们对学生发展的关注，增强了教师自我干预的意识，把握住了实验的方向。

为了加大推广学习课例的力度，让更多教师参加进来，课题组密云方面将常规教研活动与科研活动有机结合，通过组织联片教研活动、课例学习展示活动、课例学习实践经验介绍交流研讨活动等，与专家、授课教师一起面对面地交流，就课文教学三个课时的教学模式进行深入研讨。同时利用远程网络视频系统，组织视频研究课，为积极投身学习实践的教师搭建展示的平台，对推动课文教学模式的深入研究起到了很好的示范作用。这些活动的开展有力地推动了课文教学模式的使用，同时也培养和锻炼了新的骨干教师。

第三阶段：2011年9月至2014年9月为深入细化、推广创新阶段。主要开展了对课文教学程序干预模式的修订与完善研讨，对整合式复习课模式的打磨、观摩指导、听评课、宣传和推广使用等活动。在此基础上我们还拓展了研究的范围，开展了"课文同步话题阅读与写作一体"专题研究和"课外针对性阅读训练"专题研究。

（1）深化细化实验，关注学生变化。为了深入推进课题研究，细化实验，课题组专家经常与授课教师一起对每个环节、每项活动，以及教师的行为、话语进行分析，双方面对面地交流，找出需要干预的内容。比如：在课文阅读环节，为了使学生有效地接触语言，如何使用下画线的方法监控学生的阅读进度，并了解学生是否找对了信息所在；如何让学生利用同伴核对的方法互相帮助，校正错误，弥补缺漏，如何利用设问的方式引导学生观察、发现、分析、归纳得出结论。同时关注记录学生的变化。这些活动都使得实验深化、细化。

（2）专题学习，攻克障碍，保证实验顺利进行。在课题实验过程中，针对教师们在执行过程中的问题，课题组聘请专家开展专题讲座。比如，对课文教学第一课时的干预要求用设问引导代替灌输，但教师普遍在设问的技巧和策略上有所欠缺，课题组多次专门邀请了在设问教学方面颇有研究的首都师范大学外国语学院英语教育系主任林立教授，做了"Text Comprehension:Inductive approach for independent learning"（"指向自主学习的启发式教学方法"）等方面的专题讲座。林教授就教师们普遍关心的问题，如"怎样提问才能从学生那里得到想要得到的答案？""怎样启发才能使学生向预期的方向（目标）发展？"进行了阐释。林教授的讲座对于提高教师们的设问技巧和能力起到了指导作用，保证了课题的顺利进行。

三、课题实施成效

8 年多的课题研究，在各方人员的共同努力下，通过开展一系列的研究活动，取得了显著的成效，具体包括以下几个方面。

（一）构建了一套切合密云英语教育教学状况的课文教学第一、二、三课时教学模型和整合式复习模式，并在实验校得到了有效推广

针对传统的英语课堂教学中大部分时间都是教师在讲解，学生只是被动地听，缺乏让学生直接接触语言材料，亲身感悟体验、讨论、记忆的实践活动，以及教学目标不明确、教学主线不清晰、教学环节之间缺少有效衔接等问题，课题组根据初中学生英语学习的认知特点、密云区初中英语教师的需求和有效英语教学的原则，对重点实验教师密云六中胡海英、古北口中学马红霞、高岭中学高连刚等进行个案研究，探索构建了课文教学第一课时、第二课时、第三课时教学模式和整合复习教学模式，并通过课堂实录课例研究、实验教师录像课观摩研讨、下校指导、联片教研等方式将这些教学模式有效地推广到了各实验校。

基本教学模式如下：

1.课文教学第一步就聚焦信息活动

信息活动包括获取信息和处理信息，目标是理解、认字、记忆。其教学基本模式图解如下：

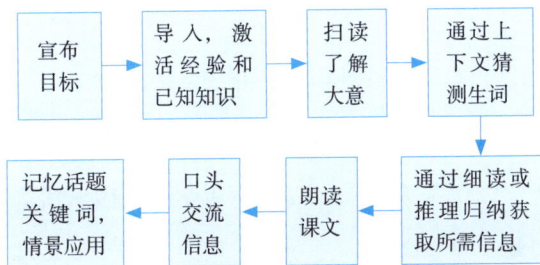

图 12　语篇理解与信息获取教学模式

第一课时教学模式的目标是语篇理解与信息获取，主要是干预教师过多的讲解，减少教师讲解比例，增加学生全面接触语言、理解语言的活动。

2. 课文教学第二步是知识学习活动

知识学习包括词汇和语法学习。通过设问，使学生用观察、发现、探讨、归纳的方法学习知识，要在应用中加强理解和记忆。

以语法学习为例，教学模式图解见图 13。

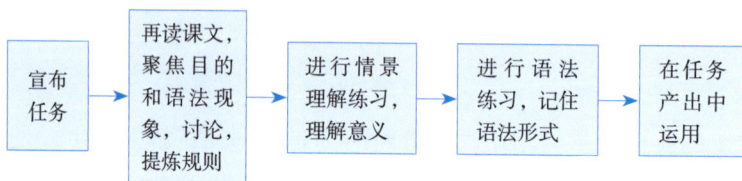

宣布任务 → 再读课文，聚焦目的和语法现象，讨论，提炼规则 → 进行情景理解练习，理解意义 → 进行语法练习，记住语法形式 → 在任务产出中运用

图 13　语法学习教学模式

第二课时教学模式的目标在于干预学生获取知识的途径，最大限度地挖掘学生的潜力，主要干预教师变以往采取告诉的方法教授词汇用法，为通过设问让学生学会使用观察、分析、探讨、归纳的方法学习知识，加强个体学习和记忆的活动。

3. 课文教学第三步是课文知识和技能整合学习活动

课文知识技能整合学习就是以课文词语为语料，以说和写的任务为载体，进行实践和运用。

课文知识、技能整合教学模式图解见图 14。

宣布任务及目标 → 激活、提取、记忆 → 个体准备 → 内化练习 → 执行任务 → 展示成果

图 14　课文知识、技能整合教学模式

第三课时教学模式主要干预教学中知识与能力的割裂，要求教学以技能活动为载体，以知识为支持，以任务为驱动，以运用所学语言做事情为目标。

4. 课文教学第四步是整合式复习活动

整合式复习的教学模式图解见图 15。

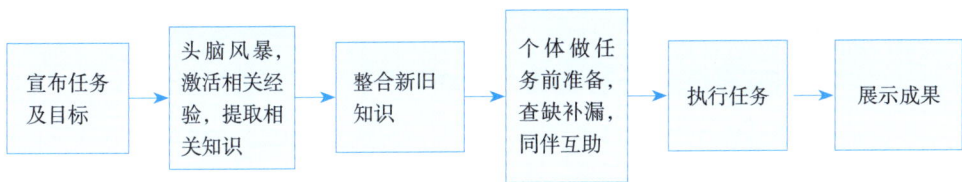

图 15　整合式复习的教学模式

5. 课文教学全过程的基本流程

课文教学全过程的基本流程图解见图 16。

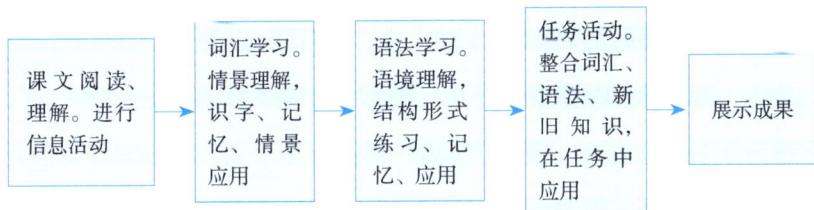

图 16　课文教学全过程的基本流程

（二）新的教学模式的推广，增加了学生在课堂学习中的参与度，提高了学生学习英语的兴趣、信心和能力

通过在实验班普遍听课，发现学生的学习状况有以下变化。

1. 课堂充满了活力，呈现一派民主、和谐、互助的氛围

实验以前，课堂上满耳都是教师的讲课声，现在听到的基本是学生的朗朗读书声、师生的对话声和学生之间的交流、交际、讨论或争论声。

2. 学生的实践活动增多了

实验以前，学生在课堂上的主要活动是听老师讲课，基本的实践就是做练习题。现在学生在教师所设计的问题的引导下，做着一系列的事情：阅读课文、朗读课文、讨论问题、给信息做标志、口头交流信息、对信息做书面表达、进行成果展示，以及做练习、记词汇，等等。

3. 学生的思维活动加强了

实验以前，教师基本上是把知识掰开揉碎"喂"给学生。学生的思维活动空间很小。现在课堂上有很多观察——发现——探讨的活动，很多的分析推理活动。学生思维活跃，发言踊跃。从学生表情上可以看出学生对学习很投入、很享受。

4. 学生会学习了

课题实施 8 年来，广大实验教师在课堂教学中开始有意识地运用课文教学干预模式，更多地面向全体，关注过程，关注学生，注重学法和策略指导，给学生提供大量参与活动的时间和空间，使学生通过自主、合作、探究等方式获取信息、处理信息，逐步改变了学生以往被动依赖教师的习惯，初步养成了独立阅读习惯，能运用推理策略，根据文章中的依据，推理得出结论。

（三）促进了广大英语教师尤其是实验校教师不仅从观念上开始转变，而且教学行为上也在悄然地发生着变化；不仅培养了一批实验骨干教师，而且通过报刊、录像片等方式，扩大了课题影响

针对密云初中英语教师们普遍存在的一些问题和需求，课题组开展了一系列的有关新课标解读、教学设计、有效设问、阅读微技能策略等的专题讲座，并组织教师进行录像观摩分析，深入学校进行听评课，通过联片教研指导教师深入开展阅读教学第一课时、第二课时、第三课时教学模式等活动，使广大教师尤其是实验教师不仅从观念上开始转变，而且在教育教学行为上也悄然地发生着变化。很多老师开始反思自己教学中固有的只重知识传授、教学目标与教学过程脱节、教学随意性大、忽视学生的认知学习规律、学生接触体验研讨语言材料的机会少、教教材而不是用教材教等问题，开始有意识地调整讲课模式，应用课题所研究构建的阅读教学模式，在教学环节中创设面向全体，促进学生自主学习、合作学习、探究学习的情景和活动。

课题组通过以点带面，抓典型，塑榜样，力图发挥"身边人"的同伴示范作用，先后发现和培养了一批敢于投入、勇于实践、乐于探索的实验骨干教师。如密云六中的胡海英老师、高岭中学的高连刚老师、古北口中学的马红霞老师，他们三人的研究课在第一届"关注农村、关爱学生，促进师生共同发展"的市级研讨会上进行了展示，得到了与会领导、专家和教师们的好评。

同时，课题组还收集了一批实验教师的教学设计、论文心得、课例录像等实验成果（包括 200 余篇教学设计、100 余篇论文心得、50 余盘教学录像等），并择优汇编为优秀成果集。同时，课题负责人孟雁君特级教师的文章《初中英语课文阅读教学的干预思路》和实验教师胡海英老师的文章《培养独立阅读习惯，发展识记理解能力》等部分研究成果发表在《现代教育报》2008 年 6 月 23 日第 23 版上，进一步扩大了课题影响。

2009 年 6 月 5 日，课题组受中央电教馆的邀请，为 2009 年教育部"暑期中西部农村义务教育学校教师国家级远程培训"项目录制了题为"初中英语课文教学程序和活动建议"的专题节目，分别就课文教学第一课时、第二课时和第三课时教学模式，通过各种案例及课堂实录做了专题介绍。2010 年 6 月 11 日，受中央电教馆的再次邀请，课题组核心成员与北京外国语大学的张连仲教授一起，就初中英语课文教学程序设计等相关问题的解答录制了专题节目。节目的录制展示扩大了密云初中英语教育教学质量提升研究课题所取得的研究成果。

（四）将课题研究与日常教研教学活动有机结合，丰富了教研活动的形式，提升了密云区教研活动的质量，抓点带面，促进了城区、山区、平原区域英语教学的均衡发展

课题研究打破以往课题研究与教研活动单打独斗、各自为战的局面，加强整合意识，采取将课题研究与密云区初中英语教研活动相融合的工作思路，既丰富了区县教研活动的形式，又转变了传统、单一的以听评课、讲座为主的教研活动形式，融讲座、教学设计、研究课、评课、座谈研讨等为一体，形成有计划、有组织、有目标的新型活动形式，提升了教研活动的质量，为教师搭建了更广阔的学习交流平台，增强了教师活动的积极性，提高了教师的专业化水平，并最终提升了密云区初中英语教育教学的质量。

同时，为贯彻密云教委面向山区，实现教育均衡化的战略思想，结合课题教学模式的研究，课题组先后在古北口中学、穆家峪中学、十里堡中学、水库中学、密云六中等举办联片教研活动，全县 20 所初中校的骨干教师、备课组长与课题组专家一起进行了深入的听评课研讨交流活动。另外，课题组还通过远程网络视频系统，分别在密云六中和十里堡中学组织了视频研究课，有效地推动了课题教学模式研究的深入开展。在第一届、第三届全市"关注农村、关爱学生，促进师生共同发展"

的研讨会上，课题组的研究成果，得到了与会领导、专家和一线教师的广泛好评。这些抓点带面的课题活动，促进了区域内城乡学校英语教学质量的提高，促进了城区、山区、平原区域英语教学的均衡发展。

（五）实验学校以课题为抓手，形成了良好的英语教研氛围和合作学习文化，促进了学校的内涵发展

初中英语教育教学质量提升研究课题以其针对性和实效性，不仅赢得了实验教师们的广泛认同，而且也得到了 10 所实验校领导们的高度重视和支持，他们不仅积极鼓励教师们参与课题研究活动，还主动争取课题组到实验校开展听评课、联片教研等活动，促进本校教师的发展。在学校领导们的大力支持下，各实验校课题研究团队也纷纷以课题为抓手，在教研组长、备课组长的带领下，结合课题研究的理念，紧密围绕课题组推出的课文教学模式的实施开展互助研讨活动，形成了良好的英语教研氛围和合作学习文化，促进了学校的内涵发展。

四、经验和反思

课题组在课题实施过程中，不断总结课题实施经验和成果，以期对密云区域教育教学质量的提升发挥更大作用。

（一）课题形式是落实理念、推广经验非常好的载体

教师们在进行课题研究的过程中能系统地接触理论，有意识地把理论和教学实际结合起来进行思考和反思，这样，理念、方法、实践就被有机结合在了一起，理念就被教师自然而然地吸收内化，并支配着教师的教学行为。课题研究的机制和系统有利于培养教师严谨的教研作风。

（二）课题的选题和定位非常重要

符合教师当下需求的课题非常受欢迎，教师参与度高，主动性强，甚至会不断地提出新的需求，推着课题前进。

（三）与教研相结合的课题需要有较大的灵活性和很强的可操作性

由于参加课题研究的教师更多关注的问题是能否提高学生成绩，操作是否简便，能否解决当下的问题，教师甚至在研究过程中经常提出具体需求，所以，这类课题研究要灵活机动，不能太学院化，要设计具体可操作的方法，不能过于侧重理论的论证。

（四）课题组需配备专业的固定的数据收集和统计人员

与教研结合的课题研究比较困难的是数据的收集和统计。课题组的人员来自多个单位，被试人员也来自不同的学校，有比较大的流动性。对照班也不太好确定，大多数班都不愿意当对照班。由于这种情况，数据的收集、统计都比较困难，因此课题组需要有专业的、固定的数据收集和统计人员，并设计有特色的收集数据的方式。

总之，理念的渗透可以是自上而下的，也可以是自下而上的，二者要结合。自下而上的渗透往往更容易被老师们接受。行为干预是通过行为习惯的建立推动理念的生成，以行为的模式化带动理念的内化，是自下而上的理念渗透。由于本课题是从操作入手，所以接地气，见效快，影响力强。通过参与课题研究，密云广大英语教师不仅从观念上开始转变，其教学行为也在悄然发生着变化。对于课堂教学大家更多的是面向全体，关注过程，关注学生，给学生提供大量参与活动的时间和空间，让学生通过自主、合作、探究等方式获取知识、运用知识，注重对学生的学法和策略指导。由此，课堂教学结构得到了优化，教师和学生都从中获得了很大的收益，教学成绩也有了显著提高。

□ 执笔人：孟雁君　郭家堂　卢立涛

锤炼教师基本功
提高初中语文教学质量

2008 年 9 月 12 日，作为北京师范大学和密云区人民政府共建"农村基础教育现代化实验区"项目的课题"初中语文教育教学质量提升"在密云区正式启动。语文课题从方案设计到具体实施和过程调整，始终遵循项目组确定的一条根本原则，即一切从密云区初中语文提升的实际需求和北师大团队能实现这种需求的能力出发，强调课题的实效性和教师主体作用的充分发挥。课题研究以聚焦初中语文教师的基本功，以提高密云区初中语文教师、教研员的专业素养和研究能力为目标，为密云区初中语文教学未来可持续发展奠定坚实的基础。

一、密云初中语文教师基本功现状

密云地处北京边远山区，共 19 个初中校（含完中），语文教师近 300 名，其中 30 岁以下的教师占 95% 以上。一方面，年长教师原始学历较低，大部分高中毕业或大专毕业。另一方面，近几年密云教委引进一批大学毕业生，这些年轻教师朝气蓬勃，积极进取，悟性高，进入角色较快，但是教学经验不足，对教学规律把握不全面。无论哪个年龄阶段的教师，都普遍存在不同的教学基本功缺憾，均需要夯实基本功。面对密云初中语文教师的实际情况，课题组以"聚焦基本功"为课题研究思路，扎实提高密云初中语文教师的教学基本功，为其持续发展打下坚实的基础。特别是针对年轻教师，课题组积极为他们搭建平台，鼓励他们不断提高教育教学能力，为其成长为研究型的学科骨干教师创造条件。

二、聚焦基本功，提高教学质量

正确理解教材、合理使用教材，是教师的首要基本功。课题组通过调查，进一步诊断出密云区教师在语段教学方面的不足并开展了系统的教学培训。此外，课题组专家还以专题研究课、专题研究报告的形式以研促教，帮助教师获得自主发展的能力。

（一）聚焦"语段的教与学"专题研究，提高教师钻研、使用教材的基本功

教材是教师施教的凭借，是教师传授知识、培养能力的载体。课题组决定从学科的性质、目标出发，从微观入手，在实践中开展对教材的钻研与使用的研究。调查发现，当前密云区语文教学的弱点即为"语段的教与学"，因此，我们以"语段的教与学"为专题，引领教师对教材进行深入研究。

所谓的语段教学，是选择文章作品中关键的、典型的段落进行教学，可以分析语段的构成形式，可以分析段内句与句之间的联系，可以分析这一段与其他语段之间的关系，分析这一语段在全文内容表达上和结构处理中的作用。它是一种思维的探索，它积累的不仅是语言，更是思维的经验。语言是思维的物质外壳，提高理解和运用语言的能力，必须以提高思维能力为前提、为基础。

语段教学，是对活的语言的认知，是对动态语言的感知，它要求理解的是"为什么这样写""为什么用这样的语序""为什么用这样的修辞"等，它要实现对语言蕴含义和语境义的理解，而不停留于字面义和固有义，因此，它的学习要求是理解和运用语言的规律。具体路径如图 17 所示。

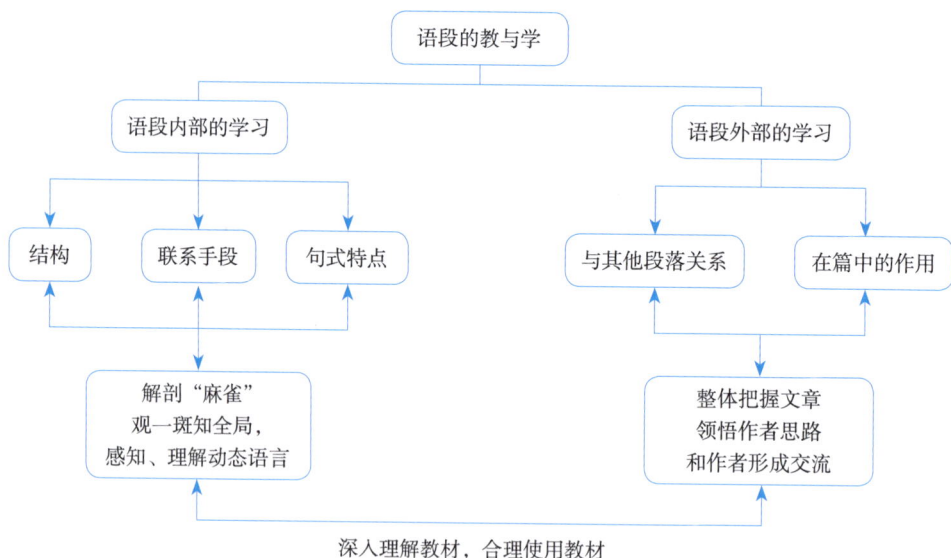

图 17　语段的教与学

通过语段教学，一方面，促使教师不能简单地按照教参去教学，而是要深入阅

读教材、理解教材、读懂教材，获得阅读的经验；另一方面，要根据学生学习语言的需要有选择、有针对性地使用教材，发挥教师的创造性，从而有效提高学生语文学习的策略，提升学生语文学习能力。

（二）举办专题研究课及专题讲座，提高教师教学理论与实践的认识

课堂教学是提升教师教学基本功的实践平台。7 年多来，课题组聚焦初中学段各种文体的阅读教学及写作教学，围绕语文教学理念、教学原则以及教学策略等专题（见表 6），共组织了 40 余节专题研究课，并以"说课——交流——评课"的方式，开展"如何上好起始课""如何进行第二课时教学"的专题研究，对教学基本功进行深入研究与实践，有效强化了教师教学研究意识，提高了教学基本功。

表 6　课题组研究课专题及其研究内容

课题	研究内容	
	教学内容	教学方法（策略）
散文《三十年的重量》	重要的叙述语段在文中的表现作用	教师如何引导学生读懂文本，与文本形成对话
散文《最后一束康乃馨》	分析理解叙述语段与议论语段之间的联系及其技巧	教师如何引导学生在阅读中展开积极思维
小说《范进中举》	分析理解小说中人物形象的深刻含义	教师如何引导学生感受小说中的人物形象
说明文《花儿为什么这样红》	理解事理说明文的说明过程（段与段之间的关系）；学会对说明内容进行概括	教师如何指导学生有效进行通读、跳读、精读的综合运用
专题"厘清记叙文思路"	分析说明记叙文思路；学会对叙述内容进行概括	教师给方法要有针对性，要有落脚点
专题"阅读的步骤与方法"	结合中考试题谈阅读的步骤与方法	教师如何引导学生在阅读中接受信息，构建知识，形成认识，解决问题
专题"议论文阅读"	分析论证语段，把握论证思路，训练逻辑思维能力；学会对议论语言进行概括	教师如何提出既合理且思维力度强的问题；如何克服教学疲劳问题
散文《石缝间的生命》	赏析文学语言	教师如何尊重学生认知和感受的过程，在过程中指点方法；明确赏析语言的原则和方法

续表

课题	研究内容	
	教学内容	教学方法（策略）
诗歌《咏树三首》《蒹葭》	鉴赏诗歌	教师如何引导学生发散思维，实现个性的审美体验
专题"如何写具体"	如何叙述具体、议论具体、抒情具体	中考备考作文教学的三点建议，攻破作文教学的三个难点（空泛、无真情、低效率）

　　课题组在研究过程中，始终以密云初中语文教师自己的研究课为课例，以他们提出的问题为研讨话题和研究的切入点，经讲座与研讨获得共识之后，又由他们去实践，去检验，形成他们的教学行为，使他们成为课题研究的主体，让他们看到自己就是提高密云教育教学质量的主人。其实，密云青年教师的情况和其他区县的青年教师基本相同，他们的起跑线基本是一样的。尤其在信息极其发达的今天，他们的学习渠道是多样的，但关键是自信，是行动，而不是等待。实践证明，密云初中语文教师，完全可以做出理念新、过程合理、方法得当、富有创意、效果显著的具有市级水平的研究课。例如，尹学梅老师所做的"如何写具体"一课就是如此。"写不具体""内容空洞"是当前中学生作文的普遍问题，也是教师指导的难点。尹老师积极参与课题研究，以研究课的形式提出了解决这一难点的途径和策略。

三、密云初中语文教育教学质量提升课题成效

　　课题经历了7年多系统、有序的深入研究过程，有效提高了密云区语文教研员的教学指导能力，提升了初中语文教师的基本功水平，为密云区初中语文教学奠定了持续发展的基础。具体表现如下。

（一）教研员指导教学的能力得到提升

　　7年多来，密云区初中语文教研员根据总体设计中的职责分工，虚心听取专家组的意见，积极提供密云区语文教学的实际情况，真实反映教学中的问题和难点，

配合专家组织好每一次研究活动。在与专家共同的研究工作中，教研员不断更新教研工作的理念，以教师为主体，服务于教师，积极进行新课程理念的导向工作；教研员进一步明确了教研工作的价值取向，明确教研工作要真实地解决教学中的问题，在课题研究中亲眼所见、亲身经历了"架构理论与实践相结合之路"的全过程，与专家共同探讨有效教研的多种模式；教研员进一步拓宽了教研工作的思路，将"借他山之石""请进来"的开放性教研思路与"自给自足"挖掘本土资源的教研思路结合。作为密云区初中语文教学的领军人，教研员对语文和语文教科研的理解更为深刻，视野和思路更为开阔，理论素养和实践能力都大为提升，为密云区未来语文教学的可持续发展提供了关键的引领保障。

（二）语文教师的基本功得到提升

7 年来，密云区全体初中语文教师积极参加课题组的研究活动，其中近 30 名教师做过研究课，20 多名教师参加过微格教学和教案设计活动，使语文教学在全区形成了空前的研究氛围。自从开展课题研究以来，每一节研究课，都是一个教研组集体智慧的体现。研讨、交流、实践、反思，形成了初中语文教研组的研究风气；对教学中的实际问题进行集体讨论，开展有效学习，深入研究，共同提高，已成为教研组的工作品质。

（三）学生的中考成绩持续提高

7 年来，密云区中考语文成绩持续提高，连年高于市平均分，学生语文学习的积极性逐年提高，他们对本区的语文教学充满信心。充满信任的社会舆论，是对密云区语文教学持续发展的积极鼓励和监督。"初中语文教育教学质量提升"作为"农村基础教育现代化实验区"项目的一个课题，仅仅是一个"点"的研究，希望它能为项目的研究提供支持，并对发展农村基础教育的现代化贡献一点儿力量。

□ 执笔人：孙荻芬　刘淑阁

开展分层教学研究
促进初中数学教师成长

　　2007 年 8 月 23 日，密云区人民政府与北京师范大学共建"农村基础教育现代化实验区"总项目正式启动，"初中数学教育教学质量提升研究"被列为首批启动的课题之一。课题顶层设计从密云区初中教育的实际状况出发，在整体规划中坚持调研优先、会商协同，在课题具体实施中，既各司其责又互相配合，共同唱响了提升密云初中数学质量的奋进之歌、和谐之曲。课题进行 8 年来，在项目组的引领下，初中数学课题组负责人、专家团队与密云区教研员、教师一起，立足密云区初中数学教学现状，以《数学分层测试卡》的使用为突破口，探索分层教学，以密云区初中数学教师团队建设为机制，以促进初中数学教师专业发展和全面提高学生数学学习水平为目标，开展专题讲座、教材分析和辅导、教学设计评比、考试测量研究等研修活动 60 余次。艰辛的努力换来了令人欣喜的成果：学生对数学的学习从躲避到喜爱、从自卑到自信；一批批骨干教师崭露头角，初步建立的核心教师团队发挥了"造血"作用，越来越多的教师站在北京市和全国数学教学专业交流和展示的舞台上；密云区初中数学课程实施呈现出欣欣向荣、健康有活力的景象……

一、密云初中数学教师专业发展的现状及问题

　　全面化、精细化的教师和学生状况调查和研判，是课题设计和过程实施的前提条件。密云区初中教研工作重视落实双基，注重教材分析、教法指导到位；密云区初中数学教师敬业、奋进，对数学教育教学工作全身心投入。但尽管如此，他们仍经常感到心有余而力不足，对一些学生中出现的厌学、自卑、表现反复等问题束手无措。一名初中数学教师在他的教学札记中写道："我担任数学教师已 8 年有余，我爱自己的职业，更爱数学这门学科。作为青年教师，我每天都兢兢业业，忘我工作，始终置身于提高学生数学成绩的工作之中。但总有一部分学生对数学学习不感兴趣，迫于升学考试的压力，勉强去学，甚至有些学生完全对数学厌恶，要么上课不听讲，要么抄袭作业，以至于考试时总亮红灯，形成了恶性循环。教师的职责促使我多次对这部分学生做思想工作，鼓励他们战胜自我，努力学习。每次他们也都信誓旦旦，

发誓要努力学习，可过后不久，便又我行我素。"

通过课堂观察和与教师座谈发现，密云区初中数学教师大部分具有强烈的专业发展需求和意识，但是，也存在认识、方法和条件上的问题，主要问题包括：

第一，数学教学仍以大量习题训练、重复性劳动为主要教学手段，教师对数学课程理解不到位，缺乏对学生数学学习心理的关注，教学观念亟待更新。

第二，农村学校地处偏远，缺乏及时、鲜活、先进的教学理论和经验的交流与宣传。

第三，教学资源不足，尤其是初中数学教辅材料质量不高。

第四，没有形成骨干教师团队，不能开展教师内部高水平、高质量的研修和合作。

二、促进农村初中数学教师专业发展的实施

基于以上分析，初中数学课题组的专家团队进行了多次研讨，确定了促进教师专业发展的目标以及"四步走"的课题实施思路，并以多样化的策略提升教师的专业能力。

（一）促进农村初中数学教师专业发展的目标及思路

在上述密云区初中数学教学现状分析的基础上，初中数学课题组明确提出目标：以梁威教授及专家团队研发的《数学分层测试卡》为工具，以分层教学实践为载体，以分层数学教学研究教师团队建设为机制，让学生在分层学习中体验数学学习的快乐、成功和信心。

以此为研究目标，并将其分解成"四步走"的课题实施思路。

第一步（2007—2008 学年）：以《数学分层测试卡》为教学工具，通过对实验校教师、学生进行培训，使其在使用《数学分层测试卡》的过程中初步体验分层教学的思想和基本方法，帮助教师以《数学分层测试卡》为工具深入理解数学课程。

　　第二步（2008—2010 学年）：在实验校的相关年级全面实践分层教学，灵活使用《数学分层测试卡》，并在教学各个环节尝试分层策略，开展基于分层理念的教学设计和实施，帮助教师学习、总结具体的教学策略和实施经验。

　　第三步（2010—2011 学年）：深化分层教学策略的研究和实践，建设优秀数学教师研究团队，加强初三复习教学的研究。通过初中一个轮次的研究与实践，促进教师全面理解初中数学课程，关注学生学习情况，进行自我反思。

　　第四步（2012—2014 学年）：进入全面实践阶段，在前期培训、试点的基础上，成立优秀教师工作站、青年教师团队，使更多教师参与实践和反思。

（二）促进农村初中数学教师专业发展的实施策略

　　课题组在师生培训、教学设计指导和评比、团队研究活动等方面探索促进教师专业发展的策略。

　　1. 开展专题讲座，促进教师对数学课程的深入理解

　　为了解决农村教师对先进教学理念和经验了解不足、不及时的困难，课题组特别安排了一系列的学科专家、市区教研员和优秀一线教师举办讲座。这些讲座的内容都是针对密云初中数学教师的实际需求而专门设计和安排的。

　　（1）以《数学分层测试卡》的应用培训为抓手，建立理念与实践的联系。初中数学课题组开展的教师培训，没有从比较宏观、抽象的课程理论及课程标准解读开始，而是先以《数学分层测试卡》的介绍和应用为突破口。因为《数学分层测试卡》是将分层思想与测试评价工具有机结合的教学实用工具，具有使用便捷、容易掌握、效果显著等特点，便于教师在教学中掌握和应用。教师培训主要集中在 2007—2009 学年度，专题讲座式培训共 3 次，下面是教师培训纪要的一个片段。

　　2008 年 3 月 12 日，"初中数学学科教学干预"课题讲座在密云教研中心举行。此次讲座的题目是"初中数学教学干预课题解读"及"初中数学分层测试卡的使用"，来自密云区 6 所实验学校的全体实验教师及非实验校初一、初二数学备课组长共计100 名数学教师参加了此次活动。讲座由北师大课题组特聘专家康杰老师主讲。活动采取了专家与实验教师共同研讨的形式。关于"初中数学分层测试卡的使用"，

康杰老师从分层测试卡的编写背景，美国的教育法案内容及芬兰的个性化教学辅导、新课程标准的要求，分层测试卡的编写意图、操作流程、使用建议几个方面进行了具体的指导和说明。无论是在教育理念方面，还是在教育行为方面，教师们都感到很受教育和启发。

虽然是《数学分层测试卡》的讲座，但学科专家从分层教学理论、课程论要求出发，再进入具体的介绍和操作，帮助教师将理论与实践联系起来。

（2）以教师专业结构和专门技能为重点，提升数学教师的核心教学力。通过分析密云区初中数学教师问卷调查的数据，我们发现6个部分的得分率由高到低排列依次为"学科知识""公共部分""课程知识""教学设计与案例评析""教育教学知识与技能"和"教育评价知识"。"学科知识"部分以考查中考水平试题为主要形式和内容，教师的表现接近优秀水平，表明教师对中考试题的重视程度高、掌握程度好。而"课程知识""教育教学知识与技能"和"教育评价知识"部分得分率明显低于其他部分，为此我们进行了有针对性的培训。

首先，着重提高教师对数学课程本体的理解。数学知识体系本身在近代的发展处于高端水平，与中学数学教学内容的关联一般，中学数学知识与高等数学的联系也不是特别紧密，这些情况容易造成中学数学教师对数学知识体系认识不足，"原地踏步"般不断简单重复课本或考试内容，影响了教师对数学教育的整体把握。解决上述问题需要中学数学教师全面理解数学课程，具备以下"四观"。

整体观。第一，强调从数学学科的本体全面把握中学数学课程。切实了解小学、中学、大学的相关数学知识的联系，有助于认识、弥补中学数学教学中的缺陷。第二，强调对数学课程构成要件的认识，清楚课程目标、设置、内容、要求、进程等内容。第三，强调对数学内容各要素特征的认识，对知识要素能够依据知识、技能、能力、思想等类别进行归类，做好不同类别的分类有助于设计针对性强的数学学习活动。第四，强调对数学内容诸要素相互关系与影响的认识，再结合学习者的特点，可以设置合理、科学的教学进程。

历史观。强调了解中国数学课程改革简史、基础教育改革发展简史和数学发展简史。正如庞加莱所说："如果我们希望预知数学的将来，适当的途径是研究这门学科的历史和现状。"

　　发展观。了解国家、社会对人才的需求，新世纪人才应具有的数学才能；"他山之石，可以攻玉"，了解其他发达国家（或地区）的数学改革经验，有助于把握数学改革的实践方向。

　　实践观。要求数学教师牢固树立数学教育为学习者服务的观念，坚持"理论在实践中检验"的原则，重视学习者在学习活动中的表现和反馈，既重视数据，又重视证据。

　　其次，注重以案例教学研讨的形式逐步提高教师对专业技能的认识和实践本领。在密云区教研室骆自华、朱峰、崔永学老师的精心组织和鼎力支持下，数学课题组发挥了团队核心骨干教师的作用，利用"立体优化数学课堂教学活动"模型（见图18），精心准备研究课，提高了教研活动实效性，将行动研究逐步引入到常规课堂教学中。

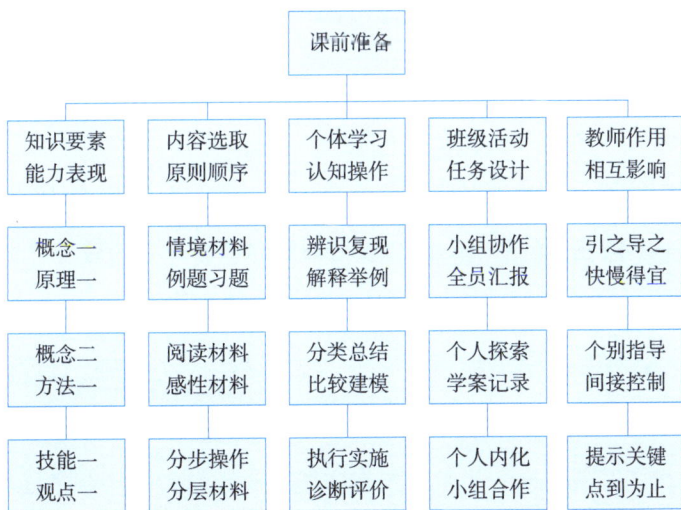

图18　"立体优化数学课堂教学活动"模型

　　教师的专业发展离不开同伴互助，也离不开专业导师的引领。打破农村教师所处的封闭学校教研组、年级备课组，建立学校与学校之间、区县与区县之间的专业交流，搭建更为广阔的区域性教研平台，是提高教师教学力的重要途径。

　　（3）以关注学生数学认知心理为方向，提高课堂教学的实效性。密云近半数以上的中学数学教师的教龄超过 10 年,处于成熟期,能够比较顺利地完成各种各样的教学任务;但教师的个人专业发展大都遇到瓶颈,不断积累的个人经验常常无法应付各不相同的学生和不断变化的教学改革。解决这类问题的关键是加强教师对现代心理认知理论的学习,使教师始终保持关爱学生、关注学生的职业素养。

首先,充分认识到研究学生的重要意义,开展数学学习表现研究,利用《数学分层测试卡》获得学生在数学基础知识要素、基本技能等方面的群体数据和典型表现,建立个人和班级的数学学习记录,加强课堂教学活动中提问、练习、讲解的针对性,使得教学活动以学生的认知发展水平和已有的经验为基础,合理优化教学设计和调整教学。

其次,将现代心理认知活动理论应用于数学学习活动,在数学学习中注意事实性、概念性、方法性、元认知等教育目标的分类,对不同的数学知识要素进行细致分析,依据概念、原理、公式、法则等知识要素的不同特点,分解数学基本技能的具体操作,解析数学方法和能力的具体表现,设计时间和空间充裕的"再发现"等学习活动。

2. 指导教师进行分层教学的设计和实践

在课题实施过程中,数学课题组特别注重要求教师及时将新学到的分层教学理念在实践中落地。因此,课题组组建了指导教师团队,设计并指导分层教学,并以《数学分层测试卡》在教学中的应用为载体,引导教师在教学中实践分层评价理念。

(1)深入一线学校开展分层教学调研。在课题组成立初期,课题组在某些实验学校已经开展了分层教学的调研工作。例如,2007 年 11 月 6 日,实验组深入密云四中、六中进行了调研活动,了解学校在实施初中数学教学干预方面存在的问题和困惑,就实验过程中教师采取的措施、取得的成效和遇到的问题与实验教师进行了沟通和交流,同时也对密云区初中数学的教学基本状况有了深入的了解。

(2)组织分层教学研究课展示与研讨活动。2008 年至 2010 年,项目组分别在密云、房山和门头沟地区召开了"关注农村、关爱学生,促进学生与教师共同发展"研讨会。研讨会充分展示了初中数学课题组指导的基于分层教学理念,使用《数学分层测试卡》进行教学设计的研究课(见表 7)。

表 7　密云区初中数学课题组指导的研究课统计

序号	时间	地点	研究课教师	研究课课题
1	2008-6-5	密云四中	密云四中　马俊霞	一元二次方程的解法
2			东邵渠中学　罗海亮	运用完全平方公式因式分解
3	2009-5-14	房山行宫园中学	河南寨中学　李晓菊	平行线的判定
4	2010-3-17	密云大城子中学	大城子中学　董学燕	三角形全等的复习（一）
5	2010-11-26	门头沟	东邵渠中学　刘霞	等腰三角形的性质（一）
6	2010-12-7	密云五中	密云五中　郑素玉	圆的切线
7			密云五中　梁帅	圆和圆的位置关系
8	2011-5-4	密云十里堡中学	密云十里堡中学　钱恒合	分层测试卡的使用
9	2012-3-30	密云十里堡中学	密云十里堡中学　王艳珍	二次函数复习
10	2012-12-27	密云水库中学	密云水库中学　郭喆	两条线段相等的证明
11	2013-4-17	密云七中	密云七中　居菊琴	一次函数的性质
12		密云七中	密云七中　彭丽娜	平方差公式
13	2013-11-20	密云十里堡中学	密云十里堡中学　钱恒合	列方程解应用题
14		太师庄中学	太师庄中学　刀振玖	点和圆的位置关系
15		密云十里堡中学	密云十里堡中学　付冬利	等边三角形的性质和判定
16	2013-12-11	河南寨中学	河南寨中学　李晓菊	角平分线的性质
17		河南寨中学	河南寨中学　牛晓娜	探究反比例函数中比例系数 k 的几何意义
18	2015-1-15	太师庄中学	太师庄中学　刀振玖	解直角三角形
19	2015-5-27	密云水库中学	密云水库中学　郭喆	圆的基本证明和计算

在各类研究课和研讨活动中，涌现出一批优秀初中数学教师，他们能更深入地理解分层思想，并能有效灵活地在教学实践中使用分层测试卡，逐渐形成了分层教学教师骨干团队。团队成员不仅成为研究课、展示课的主力，也成为其他实验区培训教师的骨干力量。

3. 举办分层教学札记、教学设计和论文的评比

为及时汇集课题研究成果，鼓励教师在分层教学实践的基础上不断反思、不

断提升，课题组每年都举办教学札记、教案（教学设计）、录像课例和论文的评
比，并将获得一等奖的成果编辑成册，在北京市各个实验地域进行推广和交流（见
表8）。

表8　初中数学分层教学研究成果评比统计表

时间	教学札记（篇）	教案（教学设计）（篇）	录像课（节）	教学论文（篇）
2008 年	23	25	18	/
2009 年	47	/	/	40
2010 年	/	6	/	6
共计	70	31	18	46

4. 在实践中形成了教师发展"六步法"模式

随着课题工作的开展，课题研究逐步形成了6个环节的教师发展模式：①理念
先行、指明方向（专题系列讲座）→②传授方法、工具支撑（分层测试卡等）→③
组织实施、课堂实践（使用中发生变化）→④反思实践、提炼经验（内化与修改）
→⑤搭建平台、交流表达（推广与强化）→⑥形成模式、持续发展（自适应与影响
他人）。"六步法"对于如何通过课题带动策略，提升初中数学教师能力，做出了具
有操作性和实践成效的尝试。参加课题的教师团队中涌现出罗海亮、郭喆等一批优
秀数学教师，他们不仅能够完成自己的教学任务，还能影响和帮助其他年轻教师，
成为教师中的"先行者"。

三、初中数学课题实施成效

初中数学课题组将《数学分层测试卡》作为教学干预的主要手段，以此为出发
点开展了相应的研修活动，从初一年级滚动实施至初三年级。8 年的实验，明显促
进了学生数学学习态度、成绩等方面的好转，也大大提高了教师专业能力，并基于

分层教学形成了一种教研新平台。

（一）《数学分层测试卡》使学生树立了学习自信心，使教师更新了教育教学理念

分层评价、分层教学在一定程度上解决了密云初中数学教学中的问题，激励学生喜欢数学、有信心学好数学。自然，学生的数学学习水平有了不同程度的提升。

密云区一名初中数学教师在使用《数学分层测试卡》几年后写道："现在我使用《数学分层测试卡》已有很长时间了，但我仍然清楚地记得最初尝试使用《数学分层测试卡》的情景。那是"二元一次方程组"第一节课，我首先开导、鼓励那些平时连书都懒得往外拿的同学认真听讲，随后跟着进行测试。最热闹的还是在判完测试卡之后，满教室都是同学们谈论测试卡得分的情景：'×××，你多少分？''我220分，你呢？''哎，就计算错了一道题，要不我A组和B组就得满分了，瞧着吧，明天我一定得240分！'同学们个个兴奋异常。对那些'学困生'，我给予了特别的关注。不管最初得多少分，我都及时鼓励、及时交流，耐心帮助他们反思并指导他们独立修改后，仍然奖励他们120分。就这样，在我的鼓励之下，他们变得有信心了，认为只要自己肯学，认真学，还是能学好的，也可以拿分，更可以拿120分，甚至更多。在他们看来，120分不再是优等生的专利。有一次，一个叫于洋的同学，学习成绩不算太好，他的测试卡有一道题被老师判错了，B组题目得了90分，他拿着测试卡找我，非要我把错减的30分再加上，还说：'90分多不好意思，怎么也得得120分呀，下回C组题我还想得分呢。'我听后不但没有埋怨他，反而特别高兴，改完分后拍着他的肩膀说：'你真棒！好样的！你比以前努力了！'他回报给我的是一种满足的会心的微笑。小小的测试卡激起了学生的斗志，调动了学生学习数学的积极性，激发了学生的兴趣，从未有过的成就感促使学生上课认真听讲，勤于思考，期待测试。"

同时，应用《数学分层测试卡》更新了教师的教育教学理念。一位教师在论文中写道："使用《数学分层测试卡》，让我深刻体会到了尊重学生，理解、爱护学生的力量。在每堂课的测试中我都要求自己做到：一是尊重学生人格，课上绝不做有损他们人格的事，抓住每一个机会鼓励、鞭策他们，让学生上完一节数学课，觉得

愉快、有收获，尽量帮他们每层测试都得到 120 分。二是尊重学生间的个体差异，不搞一刀切，课上为他们设计不同层次的问题、练习，布置不同层次的作业，课后进行不同层次的辅导及反馈。三是挖掘学生的数学非智力潜能，让他们在测试的过程中找到自我、找到自尊、找到自信。"

（二）《数学分层测试卡》促进了教师自主合作、共享交流，形成了骨干教师分层教学研究团队

自 2007 年 9 月成立课题组并开始工作以来，在密云区 19 所初中校全部进入分层评价研究的基础上，有 8 所重点实验校（山区学校 2 所、平原校 4 所、城镇校 2 所）组建了一个由 10 名青年教师组成的课题研究教师团队。密云区初中数学教师从此走出了密云进入市实验区乃至走向全国。

2008 年，数学课题组已推出市级展示课 7 节，其中有两节课分别在房山和门头沟地区为实验区教师做展示。

2009 年，先后有 3 人次分别去宁夏、甘肃、重庆、哈尔滨等地作展示课和课题实践经验介绍。有 7 位县级"骨干"和"学带"教师直接参与了第 13、14、15、16 册《数学分层测试卡》的修订工作，并于 2009 年春季开学用于北京市试验区县的课堂教学。有 7 篇论文在"应用《数学分层测试卡》，提高中小学教育教学质量"征文活动中获一等奖（全市实验区获一等奖的共 10 篇），10 篇论文获二等奖。河南寨中学李晓菊老师主讲的"平行线的判定"课例在第七届全国中小学信息技术创新与实践活动教学实践项目评优活动中获北京市一等奖、全国二等奖。

2010 年东邵渠中学罗海亮老师的教学设计在北京市优秀教学设计评选中获一等奖。课题组报送的 4 节录像课参加市青年教师录像课评优，全部获奖，其中，东邵渠中学刘霞老师的"三角函数"获市一等奖、全国二等奖。

2013 年在北京市教育委员会组织开展的全市初中教师基本功比赛中，密云区共派出三位选手，密云区巨各庄中学罗海亮老师和密云水库中学郭喆老师获得一等奖，密云区太师庄中学齐春平老师获得二等奖，他们都是密云项目中初中数学教师团队中的骨干成员。

（三）《数学分层测试卡》搭建了初中数学教学研究的新平台，激发了教学活力

经过 8 年的课题研究，《数学分层测试卡》逐渐成为数学教师的一把钥匙，成为数学教研员提升数学教学质量的一扇窗。分层评价、分层教学影响了教研文化的建设，密云区初中数学逐渐形成了分层教学的新局面：一方面，有骨干教师团队作为教研的核心力量；另一方面，有众多青年教师积极参与研修活动，成为提升教学质量的主力军；再一方面，中老年教师不甘落后，积极学习分层评价和教学的理论，结合自己丰富的教学经验进行不断改进和优化。

例如，密云十里堡中学经过多年的实践应用，在经历过多次培训和专家指导后，自身通过消化成长，探索出相应的教研制度、加分制度和学生学习形式，保障全校《数学分层测试卡》的顺利实施。首先，丰富教研组和备课组活动内容：《数学分层测试卡》工作作为一项特色，在教研组的教研活动中充分体现出来，在每周固定的备课组活动上，除了固定的备课标、备教材之外，老师们还认真分析分层测试卡的题目，为接下来的课堂使用做准备。其次，进一步细化学生加分制度：将学生对《数学分层测试卡》研究项目的完成情况纳入到学生的奖励机制上来，比如完成 C 层题之后可以获得相应的奖励分，最终的奖励分累计起来可以换取学校的奖励，比如一块香皂、一盒牙膏、一瓶花露水之类，虽然这些都是日常生活中的小物件，但是在一定程度上确实辅助提高了学生的积极性。最后，在数学课上让学生尝试新的学习形式：十里堡中学一改以往课堂上"老师在黑板前讲，学生被动地听"的局面，推出小组合作学习的形式，比如从 2014 年 3 月起，该校数学课开始推行师友互助的新形式，在课堂上，老师给学师订正，学师给学友订正，这不仅大大减轻了老师的上课负担，而且促进学生之间形成互帮互助的学习共同体，教室里的学习气氛更加浓厚了。

同时，课题组充分利用北京市优质数学教学资源，不断将经过实践检验的经验和现代教育理念引进到密云区、山区学校，让教师在开放的环境中获得更鲜活、更先进的教育教学体验和智慧。

四、反思与展望

初中数学课题的实施，形成了使用《数学分层测试卡》的教研工作模式、教学应用原则与策略等一系列经验和成果；但除了分层评价、分层教学和学习诊断外，初中数学课程实施还面临其他问题，如教师对课程理解不到位、对学生数学认知发展了解不足、对数学教学方式的有效性认识不清等，这些都有待进一步研究。

（一）完善教师团队建设，形成特色化分层评价培训资源

虽然密云区初中数学教师优秀团队初步形成，但由于初中校数量多、数学教师人数多并不断更新，仅凭课题组工作，参与的教师、学生范围有限。在课题实施第四阶段，即使课题组不再像以往四年一样给予系统的培训和支持，密云区同样具有高水平的培训资源，因为课题组已经组建成了一支 10 人左右的骨干教师团队。为了保证提高实验区的实验质量，这支团队的水平要不断提高，并且需要建立不同年龄段、不同地域和学校特点的团队，使培训更多样化、更具针对性。同时，这支团队还要更多地走出密云区，向其他使用《数学分层测试卡》的地区输出经验和智慧，为北京市甚至全国的初中数学教育教学质量提升做出贡献。

（二）全面、深入认识数学课程，提高数学教师专业水平

大量的教学实践表明，课程理解、学习心理、教学方式成为支撑学科课程实施的三个维度，而课程理解是其中的基础，因此，加强对数学课程的全面、深入理解是提高教师专业水平、课堂教学质量的根本之道。理解数学课程，既要关注当代课程标准中列出的内容，也要从历史发展的角度审视每个知识主题的教育教学价值，更要从数学科学的本体认识每个概念原理的产生和发展。

（三）探索多种教学方式，提高学生数学学习水平

除了应用《数学分层测试卡》外，密云区初中数学还需要尝试其他教学方式，如信息技术的应用、发现法学习方式等。这些教学方法与分层评价、教学理念并不矛盾，反而可以相得益彰、综合应用，针对学生特点和数学学习的需求采用更适宜的方式。总之，密云区教师可以用更开阔的思维、更多样的方式，促进学生数学学习水平的提升，并在教学研究和实践中不断提高教师教学能力。

□ 执笔人：康杰　朱峰

教师专业化成长路径
推动高中数学教学质量提升

"密云高中数学教育教学质量提升研究"是"高中绿色升学率"项目的一个课题，自2008年2月启动至2014年6月结束。7年多来，课题组努力落实项目组的指导理念、目标与规划，组建了由20多人参与的专家团队，并在密云区教研员的密切配合下，举办教师专题讲座、学生复习讲座，开展教学研究课、骨干教师研讨活动等100多次。课题研究取得了丰硕成果，促进了密云区高中数学教师教学能力和理论水平的提升，使数学教学质量普遍提高，高考成绩显著提升。课题研究还促进了学生学习方式的转变，提高了学生的学习兴趣，培养了学生的能力，为密云区培养出了一批优秀的青年骨干教师，推动了教师队伍的建设。课题研究与教研活动进一步融合，丰富了教研活动的形式，提高了教研活动的质量，受到了密云区教委领导和高中数学教师及学生们的广泛好评。

一．"高中数学教育教学质量提升"课题实施的主要思路和方法

针对密云区的教学实际，我们确定了课题研究的思路：立足教师专业化发展，从提高教师的素质、优化课堂教学过程下手，把改善课堂教学的长期目标与提高高考成绩的近期目标相结合，促进密云区高中数学教学质量的提高。

课题研究从新课程标准、高中数学教材、高中数学教学改革的方向和高考评价的要求出发，引导教师进一步更新教育观念，提高教学基本功和教学能力，促进教师教学素养的提升。为了从根本上改变高中数学教学的面貌，我们主要加强课堂教学的指导，在优化课堂教学的过程上下功夫；加强高考复习方法的指导，提高高考复习的效益；加强青年骨干教师队伍的建设，培养学科带头人；在教学的基本功上下功夫，提高数学教师的教学素养。采用"走出去，请进来"的方法，引进专家，加强信息交流，开阔教师的眼界，促进教学改革的深入开展；帮助教师深入掌握高中数学教学的重点、难点，并通过课题研究、撰写论文等方式，将教育科研与教学工作结合，提高教学研究的层次。

课题研究紧密结合密云区高中数学教育教学的需求，开展了一系列有计划、有

针对性的活动。研究活动主要有以下 6 个方面：组织数学高考专题讲座，指导全区高考复习；组织高三数学教学研究课，提高高考复习教学的质量；组织高三学生高考复习讲座，启迪学生思维，提高学生能力；组织新课程教材辅导讲座，改进各年级教学研究活动；组织教育教学讲座，促进数学教学的改革；成立青年教师教学研究组，培养青年骨干教师。

二、立足教师专业化发展，促进高中数学教育教学质量的不断提升

"高中数学教育教学质量提升"课题是一项持久的系统的活动，课题组专家将促进教师专业发展作为课题的核心，首先对密云区的师资情况开展了具体的调查和分析，并制订了具有针对性的课题实施方案和策略。

（一）认真分析教师专业化水平，制定有效的研究思路

在课题研究的开始阶段，我们认真调查、分析了密云区高中数学教师专业化的状况，看到密云区具有一支年轻化的高中数学教师队伍，他们朝气蓬勃，积极肯干，具有较高的工作热情，在工作中取得了可喜的成绩。同时，存在的一些问题制约了密云区高中数学教学质量的进一步提升，具体体现在如下几个方面。

一是高中数学教师教学工作压力比较大，教学环境比较封闭。新担任高中教学的教师比较多，对课程标准、教材理解的不够深入、准确，教学方式比较传统和单一，存在着需要进一步更新教育观念、改进教学方式、深化教学改革的问题。

二是高中数学教师教学基本功还不够扎实，对教学设计、教学实施各个环节处理不够到位，妨碍了课堂教学质量的提高。

三是高三年级数学教师对《考试说明》的钻研还不够深入，对高考信息了解较少，对于高中数学的核心内容了解还不够透彻，高考复习的教学交流显得不足，对怎样做好高考复习工作感到心里没底，在策划与实施上感到困难。

四是由于密云区高中学校只有 5 所，一个学校的同年级的班数也比较少，所以

多数学校教研组难以发挥群体力量，教研活动在内容和形式上实效性不强。

五是密云区高中数学教师中，学科的领军人物不够突出，骨干教师成长缓慢，迫切需要培养一支青年骨干教师队伍，以保证密云区数学教育的可持续发展。

（二）在提高教师专业化水平上进行的主要探索和体会

通过以上对教师专业现状的分析，根据教师发展需求，课题组开展了一系列探索，既有在专家引领下对课标和教材、知识点的深入解读，又关注到了教师在实践中的基本功提升，还致力于为培养骨干教师而搭建多样化平台，等等。具体总结如下。

1. 立足课程标准和教材，专家引领，更新教育观念，提高认知水平

为了从根本上提高教师的专业化水平，课题组立足对课程标准、高中教材、考试说明的理解和研究，根据密云区高中数学教学的实际情况和现实需求，有针对性地聘请北京市的特级教师或专家，为密云区高中教师开展教学讲座，努力做好专家引领，深入指导，帮助他们更新观念，提高专业化水平。

比如，为了加深教师对课程标准、《考试说明》的理解，课题组每年都聘请北京市的命题专家举办讲座和交流活动。2011年扈志明教授（北京数学高考命题组长）与高三数学备课组长和数学教师代表进行了深入的交流与探讨。他介绍了前一年高考命题的想法，接着结合任课教师提出的二十几个疑惑和问题，从课程标准、《考试说明》的高度，一一进行了解答，并提供了一些复习策略。2014年，课题组又聘请了扈志明教授做"《考试说明》解读"的讲座。他介绍了2014年高考改革的趋势，结合改革方向谈了数学考试说明变化的情况，然后对与会教师提出的一些困惑进行了解答。

再如，特级教师、命题专家马成瑞老师，课题组几乎每年都请她对前一年高考试卷进行分析，对下一年高考复习方向提出建议。她多次建议高考复习围绕"重视基础，突出稳定；渗透理念，与时俱进；强调本质，考查潜能；有效区分，文理有别"等要求进行，并提出具体指导意见，听课教师感到很解渴。马成瑞老师还做了"高考基本题型的解题策略"的讲座，讲授了基本题型的命题范围及意图，重点介绍了直接法、筛选法、特例法、图像法、近似法、极限法、构造模型法等基本方法，有效地提高了基础复习的针对性。

围绕高考复习的策略和方法组织了多次讲座，比如"高三数学教学中怎样落实基础，培养能力""高三数学教学中的学法指导""怎样提高高三复习课的实效性""从高等数学视角看中学数学教学""怎样提高第二轮高考复习的效益""高考说明解读""怎样解高考试题"等。

2. 立足重点与核心知识，反复组织研讨，重在落实

高中数学是一门主要学科，它具有基础性、应用性强的特点。把握高中数学的重点与核心知识，比如函数、数列、概率、算法、导数的应用、立体几何、解析几何等，是提高教师专业化的重要内容。尤其是那些教师感到教学有困难的专题，比如立体几何、解析几何等几个高考的重点内容，我们采用深入研究、反复落实的方法，几乎每一年都组织讲座和研讨。围绕怎样上好习题课、复习课等共性的问题，多次开展教学研究课和教学讲座，提高教师的教学水平。

比如，特级教师蒋佩锦老师，多次指导函数、数列内容的复习，且立足高考说明，结合分析全国高考数学试题的特点，指出：一要认真研究"两纲一题"（课纲和考纲，上一年的高考试题），准确把握总体要求；二要把握核心内容，打好基础，适当综合；三要把握基本的数学思想，开阔思路，提高思维能力；四要抓好落实，为综合复习打好坚实的基础。特级教师韩新生老师对于解析几何的复习，提出：一要重视教材的基础作用和示范作用，贯彻"源于课本，高于课本"的原则；二要突出"曲线与方程"的重点内容，强化解析几何的基本思想和方法；三要列出复习的主要内容；四要重视课堂教学的引导作用，例题选择主题清晰，教学重点突出，解题方法具有代表性，即通性通法，使学生做到"做一题，会一类"。这些都使听课教师深受启发。

同时，根据密云区高一、高二年级数学的教育教学需求，课题组给予了有针对性的指导。比如：围绕高二年级新内容"算法"教学中的困难，课题组请西城区教科研中心闻岩老师举办讲座；针对高一新课标下的教学设计，请北师大实验中学的马成瑞老师、北师大二附中金宝铮老师做教学讲座；请市基教研中心原数学教研室主任郭立昌老师做"从教学设计谈高一的教法改革""从教学设计谈高二的教法改革"等讲座。结合相应的研究课，课题组开展了多种教学研究活动。

3. 立足理论结合实际，开展多种形式的案例研讨活动，提高教师专业水平

提高广大教师的专业水平，需要引导他们认真学习教育理论，但这种学习应当以理论联系实际。我们认为开展以听课、评课为主要形式的案例研究活动，是更新教师教育观念，提高教师教育教学能力，促进教师成长的一种很好的形式。它既是学习，又是研究，也是培训，可以使教师在一个开放的环境中迅速成长。

比如，新课标中倡导主动、合作、探究的学习方式，重视让学生学会学习和形成正确的价值观，培养学生的创新精神与实践能力，等等，这些理论如果只凭学习是难以理解和领会的，但是结合教学课例，通过评课、研究评课的要点，教师就会在理论与实践的结合上加深认识。同时在今后的教学中，教师把评课要点作为自己的教学指导，有利于提高教学质量，推进教学改革的深入开展。

开展课例研究是一种行之有效的教研与科研的方法，是当前普遍提倡的研究方式，可以促进课题研究的开展。在评课过程中，每一个教师经历参与、学习、研究等几个阶段，一定会有很大的收获。引导教师评价一节数学课堂教学，可以从 8 个方面来进行，即教学目标、教学内容、教学方法和手段、教学过程（师生活动的情况）、教学氛围、专业素养、教学效果、教学特色。对于每一个问题，不仅要正面理解，还要注意容易出现的问题。

为了促进密云区数学教师的专业发展，促进理论联系实际，提高高考复习教学的质量，几年来课题组专家在密云二中、首师大密云附中、北师大密云实验中学、密云巨各庄中学、密云太师庄中学，组织高三复习研究课达几十次之多。研究课教学内容密切结合复习教学的需要和专家讲座的专题，课前授课教师认真备课，专家和教研员反复指导、修改教学设计，课后邀请北京市的特级教师或专家，结合密云区教学实践，进行评课，与听课教师互动开展教学研究等活动。

比如，2011 年在首都师范大学附属密云中学举办研究课与复习讲座活动，特聘北京市特级教师储瑞年老师指导教学工作。本次活动先由杨广军老师做了"直线与圆的位置关系"的教学研究课，课后储瑞年老师做了深入点评。储老师在"怎样优化思维策略"的讲座中，强调了要重视数学思想，优化思维策略，要关注热点问题，探索思维规律，注重学生思维能力的培养，并为我们展示了如何提高学生思维能力，

归纳了一些热点问题并提供了解决的策略。

4. 立足教学基本功，改进教学设计，优化教学过程

教师教学基本功相当于学生的基础知识与技能，二者一样重要，离开基本功谈教学的高质量就是建造空中楼阁。我们发现，有些教师没有打下良好的教学基本功，单纯追求教学改革，很难保证教学质量，也难于保持持续性发展。因此，我们在讲座、研究课、评比等各种形式的活动中都在强调教学基本功的重要性，引导教师明确教学基本功的内容，并且在各个教学环节上进行落实和改进。这主要体现在以下几方面。

（1）对教育教学的理解。包括依法治教基本知识、学科的课程标准、教育心理学、学科教学论相关内容。对《学科教育学》进行再学习，教师不仅要围绕新课标学习一些新的理念和知识，对于传统的教学功底也要充分重视。比如，定义、定理、公式的教学。对习题课教学的基本理论、基本要求、注意事项等要有一个再了解的过程，以便指导日常的教学。对《学科教学心理学》进行学习，认识到非智力因素在学生认知活动中起着动力系统的功能，还要充分重视它作为教学目标的地位。由于数学教学具有促进学生情感发展的价值，教学对于学生不仅是一个特殊的认识过程，而且是一个心理体验过程。

（2）对学科专业知识的把握。包括对学科本质的理解，对学科知识的背景、系统、结构的理解，对数学地位、作用、发展的理解，对知识的结构、重点、难点及各部分的联系的把握。

（3）对学科教学的基本技能的熟练运用。数学课堂教学的基本技能，即语言、板书、技术、教态等，要通过备课、教学设计、教学实施各个环节加以落实和提高。

5. 立足骨干教师的培养，成立青年教师教学研究组

立足于提高教师专业化水平，我们开展了一系列系统的、有针对性的专题指导活动，更新教师观念，促进教学改革。比如"高中数学教学改革中需要关注的几个问题""中学数学教学方法与模式的改革""高中数学教学的设计""高中数学教学的基本功""怎样开展教学研究，撰写中学数学教学论文"等讲座和专题研讨活动，大面积地提高了教师素质。

为了加强对密云区数学骨干教师的培养，保证密云数学教育的可持续性发展，

我们组织了高中青年数学教师教学研究小组，以便深入开展教学研究，充分发挥集体的优势，培养骨干教师队伍，带动广大教师的教改积极性，促进密云区高中数学教学的改革。教学研究小组以三项具体的任务为依托，推进研究活动的开展。

（1）设计、实施一节教学精品课，包括编写教学教案，并附教案说明，争取组织研究课或"说课"研讨活动。

（2）结合高中新课标的教学实际，完成一个教育教学研究的小课题，经历选题、设计、实施、总结、撰写实验报告的全过程。

（3）撰写一篇数学教育教学的论文，并投送给教育杂志，争取正式发表。

每个学期组织多次活动，并注意把青年教师推到教学研究的第一线，使其承担教学研究课的任务。参与过研究课的青年教师，都表示从准备到展示研究课的过程中，专家的评议使自己受益匪浅，希望能够得到更多机会。他们积极参加每次进行的课题活动，不少教师跨年级参加活动，他们认真听课，积极与专家互动交流，理论水平和教学能力不断提高。

6. 立足教师自身发展，开展课题研究工作，撰写教学论文

在教学改革中，我们也要注重教师自身的发展。教学研究是理论研究与教学实践的桥梁，开展好学科教研的活动，首先要调动广大教师从事教研的积极性，真正地体现教师的主体地位。只有教师自觉地开展教学研究，工作才能持久，效果才能落实，成果才能具有创造性。

把教学工作、教研工作和课题研究结合起来，在组织常规教研工作的同时，开展课题研究。经验表明，结合课程教材改革和教学实际，开展课题研究，就为教师的成长提供了又一个发展的平台，促进了教师由实践型、经验型向研究型的过渡。一线教师的课题研究需要结合教学实际，防止套理论、说空话，要立足案例研究，有的放矢，解决课程改革中的实际问题。教师在艰辛工作的同时，也要关心自身的发展。课题研究是体现成果的摇篮，我们提倡结合教学实际，开展微型研究、"微型调查""微型实验"等。比如,对某年级学生进行交流现状的调查、运算能力的调查等,要注意成果的提升。

三、在教师专业化发展上取得的主要成果

经过 7 年多的探索和尝试，高中数学课题的系统化开展，使密云区高中数学教师在专业化发展上取得了丰硕的成果。主要表现在以下 4 个方面。

1. 教师教学能力和水平有了较大提升，促进了教学质量的普遍提高

在课题研究的平台上，通过有针对性、有计划、逐步深入的研究指导活动，密云区教师的教学能力和理论水平有了较大提升。比如，结合高中数学的概念课、定理课、法则课、习题课、复习课等基本课型，配合高中教学的重点内容，分别研究怎样进行有效教学，提高教学的效益。又比如，围绕改进教学过程、引导学生主动参与的课改核心问题，多次组织教学研究课，开展深入反复的研究，使密云区课题实验教师在理论和实践方面都有了较大提升，促进了密云区高中数学教学质量的提高。

在活动中落实从大处着眼，从小处着手，既引导教师教学观念的更新，又立足课堂教学改革的具体思路，进一步发挥教学研究课的作用，结合每节教学研究课进行认真评议，从教师的教学基本功出发，从教学设计、写好教案抓起，在改进教学过程上下大功夫，切实提高密云区教师的素养和教学能力。

2. 学生学习方式发生较大的变化，高考成绩 7 年多来有了显著提升

通过 7 年多的实验研究，密云区广大教师的教育理念发生了改变，教学方式发生了较大的变化，学生的学习方式也随之发生了相应的变化。教师在课堂上更加注重学生的主体地位，激发了学生的学习兴趣，改进了学生学习的方法，培养了学生自主探究的精神，提高了学生的学习能力。

通过课题研究，高考复习课的效率有了极大提高，数学高考成绩显著提升。密云区在 2008 年之前，高考数学成绩平均分一直低于北京市的平均分，从 2008 年以后，密云区高中数学在成绩上取得了较大的突破（见表 9、表 10）。

其中文科成绩连续 7 年超过了市平均分，并有明显优势，理科连续 6 年超过了市平均分，比 2008 年前有了较大的进步。

表9　2008—2014年高考文科数学密云区平均分统计

年	2008	2009	2010	2011	2012	2013	2014
区平均分	77.07	93.73	97.42	98.71	90.46	92.94	108.01
市平均分	75.71	89.59	91.76	92.88	88.1	88.85	104.49
超市均分	1.36	4.14	5.66	5.83	2.36	4.09	3.52

表10　2008—2014年高考理科数学密云区平均分统计

年	2008	2009	2010	2011	2012	2013	2014
区平均分	87.16	102.45	95.31	101.80	97.73	101.80	99.09
市平均分	88.34	102.06	92.43	100.9	95.4	100.51	99.08
超市均分	−1.18	0.39	2.88	0.90	2.33	1.29	0.01

3. 关注教师队伍建设，培养出了一批优秀的骨干教师

密云区数学骨干教师队伍正在成长，保证了密云数学教育的可持续性发展，调动了广大教师的教改积极性，促进了高中数学教学质量的提高。我们立足教师队伍现状，开展了系统的、有针对性的教师专题指导活动。在郭立昌老师与教研员孙凤有老师的指导下，高中数学学科成立了青年教师新课程教学研究组，并有计划地开展了多种活动，加强了对区骨干教师的指导，培养出了一批教学业务骨干。

密云区太师庄中学张德广老师（原密云二中教师）积极参与课题研究，不断提升自己的业务水平。他撰写的论文《在新课程下对"问题引导探究"教学方式的再探索》在2009年北京市数学教学论文评比中获一等奖，同时获全国数学教学论文评比二等奖；论文《高中数学教学中实施数学文化教育的认识与实践》在2011年北京市数学教学论文评比中获一等奖，同时获全国数学教学论文评比二等奖；他撰写的教学设计在2009年获北京市数学教学设计一等奖。

首师大附属密云中学的张波老师，2006年大学毕业后教高中数学，2007年参与课题研究，在2009年高考中他所带的班级平均分超过市平均分13分，是学校历史上最好的成绩。2010至2013年他连续三年带高三毕业班，成绩均超过了市平均分。他在2012年高中数学评优课中获北京市一等奖、全国二等奖，现已成为区青年骨干

教师。巨各庄中学的王艳秋老师积极参与课题研究，主动承担研究课任务，经过专家的指导和自身的努力，其所带班级在 2010 年高考中平均分超过市平均分 8.12 分，这是巨各庄中学的最好成绩。她在北京市青年教师基本功竞赛中获得二等奖，在 2014 年青年教师录像课评比中获北京市一等奖，现在已成为区数学学科带头人，并担任巨各庄中学教务副主任。密云二中王金海老师积极参与课题研究，在北京市青年教师基本功大赛中，获得一等奖，现已成为区骨干教师，并担任密云二中教务副主任。密云二中王长友老师的录像课获北京市一等奖，论文获全国一等奖。

在课题组专家的指导下，密云区高中数学骨干教师的队伍逐渐壮大，现有 3 名特级教师、2 名市级骨干教师、6 名县级学科带头人、8 名县级骨干教师、4 名县级青年骨干教师，骨干教师占全体教师的 25%，形成了一支可持续发展的教师队伍，为高考取得好成绩奠定了坚实的基础。

4. 探索教研工作新形式，促进了教师的专业化发展

课题组在不断研究探索的基础上，初步形成了一套现场教学指导与专家教学讲座为主，研讨、总结与交流为辅的多样化的教师培训模型，为提高教研活动的质量，提升教师专业化水平摸索出一条途径。此培训模型主要采用"教学研究课及专家评课＋教学讲座及互动交流"的活动形式，即每次活动从教学的重要内容出发，确定一个专家讲座的主题，结合这个主题的内容，首先由一名青年教师上一节教学研究课，课后请专家点评，听课教师互动评议，然后再由北师大课题组聘请的专家做主题讲座，之后专家与实验教师互动交流。

研究实践证明，这种活动形式把观念的更新、理论的提高与改进教学过程的教学实践结合起来，做到了理论联系实际，有利于引导青年教师既从基础抓起，立足课堂，从根本上提高教学质量，又从理论高度对课堂教学进行认识，使课堂教学有了"魂"。这种活动形式把与会教师的观摩、听课与专家的交流互动结合起来，引导与会教师自主参与，提高了教研活动的实效性。而且，这一系列活动的开展，加强了密云区教师与市区教研员、重点学校教师的联系，逐步形成了梁威院长提出的构建新型、开放的教研文化和教研制度的目标，使教师们可以在一个更加开放的环境中发展，有利于骨干教师的长远培养和发展。

四、反思与建议

　　高中数学课题，经过 7 年多的探索和尝试，使密云区高中数学在教师专业化发展上取得了丰硕的成果。但是，我们看到许多探索还处于初步实践的阶段，需要进一步的反复试验和理论提升。尤其是随着课程改革的深入和高考改革的展开，密云区高中数学教学还有很大的改进和发展空间。比如，我们需要更加关注学生的自主发展，引导学生更加积极、创造性地进行学习。

　　根据密云区高中数学教育教学的现状和课题研究进展情况，我们提出以下建议。

（一）进一步调动广大教师参与研究的积极性，创造性地开展研究工作

　　为了进一步发挥课题研究的效益，使研究工作进入更高的层次，需要进一步调动广大教师参与研究的积极性，引导广大教师在学习专家教学经验的同时，自觉地加强观念的更新、方法思路的学习。比如，个别教师在听讲座时，往往更多地注意学习专家讲的具体数学题目，而忽视了对教学思想、思路方法的领会。为了调动广大教师参与研究的积极性，使他们在研究过程中更加注重反思，进行创造性的发展，希望进一步加大对研究成果突出的教师进行表彰、鼓励的力度。

（二）进一步加大对骨干教师、学科带头人的培养力度

　　为了密云区高中数学教育教学质量可持续性发展，在尽快提高高考复习质量的同时，更要注重提高广大教师的素质，加强骨干教师队伍建设，保障教学质量的可持续提高。进一步加大各个层次的学科带头人、骨干教师的工作力度，多组织一些研究活动，促进密云区核心骨干教师的形成，尤其要注意培养教学改革的领头羊，为他们将来的继续发展，为他们带动全区教学质量的提高打下基础。

　　　　　　　　　　　　　　　　　　　　　□ 执笔人：郭立昌　孙凤有

关注学生化学学习需求
促进高中生科学素养发展

　　高中化学教育教学质量提升课题是最早启动的一批学科，跟随 2007 年高中绿色升学率计划开始实施。到 2014 年上半年，化学课题组在北师大专家团队和密云区 5 所高中校所有化学教师的共同努力下，经历了 60 多次专题活动、40 余节研究课，一方面提高了教师的专业素质，另一方面更是使密云区高考成绩稳步走在了京郊前列，也逐步提升了化学学科成绩。

　　在课题实施过程中，高中化学课题组始终把握项目组提出的"以学生发展为中心"的教育教学理念，将学生化学认识发展和学业水平质量提升作为主要目标，多角度、多途径了解学生的学习特点和规律，关注学生主体作用发挥，使教师能够有效运用各种方法和策略。课题组专家与密云区高中化学教师共同商议，针对学生化学学习特点和薄弱之处制定年度工作方案。几年来，共有约 1600 名密云区高中学生受到了教育实验带来的影响，学生更喜爱化学，提高了学习兴趣、信心和成就感，激发了内驱动力，增强了学科学习能力，化学高考成绩的显著提升也使更多山区和农村的学生获得了接受高等教育的机会。在实验过程中，逐步总结形成了适合密云区的化学教学和复习的专题培训模型。

　　本文着重从学生发展的角度，回顾和反思该课题的设计和实践过程，总结其中的经验和策略，为今后的继续发展提供参考。

一、高中化学课题研究设计与实施

　　课题组对密云高中化学课程实施的现状进行了分析，并从教师教学和区域教研中寻求突破，制定了课题实施思路和目标，细化了研究内容与过程。

（一）分析高中学生化学学习中存在的问题

　　从整体来看，密云的高考成绩多次显著落后于北京市平均水平。课题组详细分析了密云学生在高考中的表现，主要问题表现在以下几个方面。

　　一是基础题的得分率不高，这表明学生在基础知识学习方面有较大提升空间。

二是学生在有机化学、化学实验等部分需要提升，这两部分也是化学教学中比较难的内容。

三是学生缺少化学学习的自信心，通过课堂观察及与学生座谈发现，部分学生对化学学习缺乏足够的信心，认为其难度较大。

四是学习方法方面，学生抓不住重点，采用的学习方式仍以死记硬背、盲目练题为主，不能对自己的化学学习做出客观、准确的判断。

（二）分析了化学教学中存在的问题

1. 大部分教师在教学中仍以传统讲授式教学方法为主，注重落实基础知识与基本技能

从学科知识水平上看，密云区 5 所高中的化学教师整体水平相对较高，但是，教学方法仍然为传统的讲授式教学。这种方法不利于新课程标准中强调的化学思想与方法的落实，也不利于学生对化学实验、有机化学、无机化学等知识模块的掌握。

2. 教师解读课标、研读教材和教学设计能力有待提升

通过观察发现，教师对课程标准和教材的理解能力还有待提升，这导致课堂教学以习题训练、教师讲解为主，学生学习兴趣不高、自主建构不足，影响了对难点内容的理解和有意义学习。

3. 开发与利用相关化学教学资源方面的意识和能力需要提升

观察发现，教师开发的课外教学资源有限，教师在激发学生学习兴趣，促使学生更深刻地理解所学化学与生活、生产之间的联系方面有待提高。

4. 教学研究和教师培训存在问题

以往的培训活动重在开阔教师的视野，教师了解了很多新思想、新方法，但落实在课堂中的较少。培训过程中虽然发现了教师和学生的薄弱点，但能有效攻克的较少。例如，从实验中学化学的方法更多的是落在了口头上，没能有效地落实在课堂中。尽管对如何转变教师的教学理念和方式，提升学生学习化学的兴趣，提高学生的学习成绩，密云区教研中心化学教研室及各校化学教研组也采取了一些措施和办法，但是总体来说，各级教研组织对教师的培训频率和指导质量与城区相比仍存

在一定的差距，教师也缺乏相应的学习交流和展示机会。更为突出的是，密云区5所高中的化学课程实施存在着较大的差异性，这也阻碍了密云区日常教研工作的有效开展。

（三）设计了高中化学课题研究的具体目标与基本思路

课题组针对密云高中化学教师队伍的情况，提出：加强有效的教学研究，重点攻克化学教学中的薄弱点，依托扎实有效的教研活动，不断促进教师的专业成长和发展。

1. 课题研究的目标

高中化学课题组的总目标是：提升学生化学学习水平，促进学生科学素养发展。针对密云区学生高中化学学习的情况，我们发现主要的影响因素是教师教学，而提升教学质量的关键之一是加强有效的教学研究。依据以上分析，为达成以上总目标，须从提高区域教学研究质量和教师课堂教学质量入手，具体如下：

（1）通过组织开展教学研究课等活动，促进高中化学教师的教学反思和相互交流，提升高中化学教师的综合素质和教学水平，从根本上提高高中化学课堂教学效果，促进化学学科教育的发展。

（2）引导高中化学教师自觉从教育教学实践中发现问题，进行教学研究，进一步将理论和实践相结合，促进高中化学教师的专业成长和发展。

（3）改进密云区化学教研工作。通过深入了解密云高中化学教育的实际情况，了解一线教师的需求，有针对性地开展化学教研工作，使密云教研工作能够紧跟教育发展的实际，解决实际问题，提高密云教研工作的针对性和实效性。

（4）改进校本研究水平。培养一批实验校骨干化学教师，使其进行研究工作，带动学校的校本研究，促进学校校本教研机制的建立。

2. 课题研究的基本思路

为此，课题组设计了以下方案（如图19所示）：针对学生化学学习的薄弱点，设立专题开展教学研究，每年重点解决一个最为薄弱的知识板块内容，通过专家讲座、专题研究课和研讨、学生专题培训和指导、教学资源开发与研制等形式"多管齐下"，既干预教师教学，又直接作用于学生。

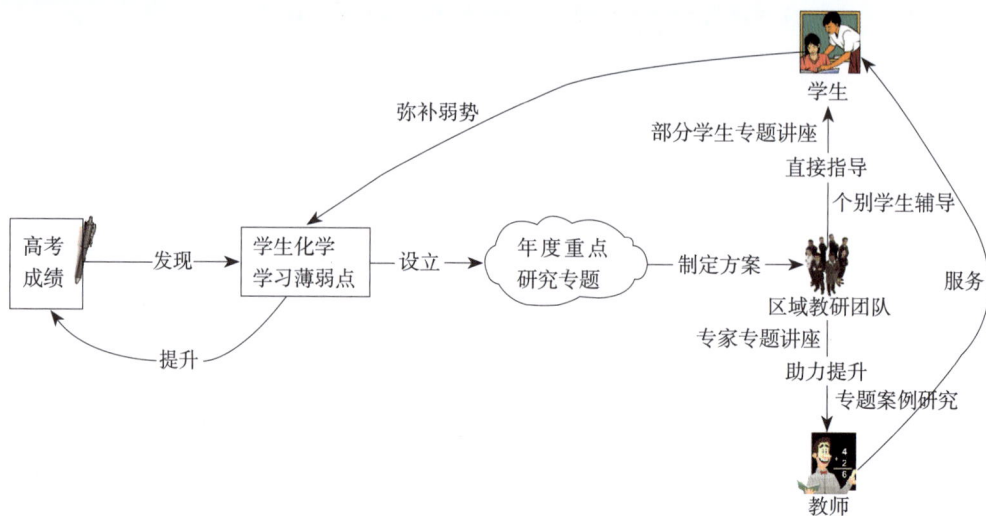

图 19　高中化学教育教学质量提升课题研究思路

　　根据以上总体思路，课题组按学年度制定了工作方案，每个学期都有明确的研究主题和主要的研究方式（见表 11）。

表 11　高中化学课题学年度研究主题

时间	研究主题	阶段性目标	主要方式
2008 年 2 月—2008 年 6 月	提高高三复习教学实效性 提升教师试卷评析能力 培养学生化学学科能力	帮助教师理解《北京卷高考说明》，提高复习教学实效性； 提高高三学生的备考能力	专家面向教师开展讲座 专家面向学生开展讲座 到实验校听课指导
2008 年 9 月—2009 年 6 月	开展高中化学新课程理念及重难点把握的培训 提高复习教学实效性 培养学生的化学学科能力	帮助教师加强对高中化学课程的整体认识和深入理解； 提升教师掌握科学、有计划地开展复习教学的基本策略和能力	专家讲座为主 在实验校开展复习研究课
2009 年 9 月—2010 年 6 月	开展复习教学有效性研究 培养学生的化学学科能力	提升教师开展复习教学研究的能力； 提高高三学生备考能力	以教研组为研究单位，开展复习教学有效性专题研究 开展复习教学听评课活动
2010 年 9 月—2011 年 6 月	继续开展复习教学有效性专题研究 探索提高复习教学实效性的策略 收集和总结研究成果	以高考重难点为复习专题，提升教师进行专题复习教学的设计和实施能力	课例研究与其他区一线教师经验传授相结合
2012 年 9 月—2013 年 6 月	提高高三复习教学实效性 培养学生化学学科能力 提升有机板块得分率	以高考重难点为复习专题，提升教师进行专题复习教学的设计和实施能力	以专家指导教师研究课为主，以专家讲座为辅

续表

时间	研究主题	阶段性目标	主要方式
2013年9月—2014年6月	开展高中化学重难点把握的培训 提高复习教学实效性 提升学生的实验探究能力	帮助教师加强对高中化学新课程的整体认识和深入理解；提升教师掌握科学、有计划地开展复习教学的策略和能力	以专家指导教师研究课为主，以专家讲座为辅

（四）高中化学课题实施的内容与过程

依据以上课题研究的目标和思路，按照年度工作主题，在听取各学校的需求后，课题组制订了详细的工作计划，每学期计划都落实到了具体时间、承办学校、主讲教师或专家。

1. 以示范课、研究课带动教学研究

高中化学课题组采用了指导学校开展以学科教研组为单位进行板块复习研究的基本策略，特别是对青年教师加强指导，将研究课、示范课与课后点评相结合，有力地促进了密云区高中化学教师的教学设计、实施能力的提高，促进了化学教师的专业发展（研究活动见表12）。

表12　高中化学课题组举办的示范课和研究课

序号	时间	承办学校	项目与教师
1	2012-10-16	首师大附中	一轮元素化合物专题　赵宁、张歌
2	2012-11-13	密云二中	一轮化学原理专题　张蕾、孙建勇
3	2013-3-5	北师大密云实验中学	二轮专题复习示范课　丁激扬
4	2013-4-15	北师大密云实验中学	试卷讲评课　王欣
5	2013-4-16	密云二中	优秀生辅导示范课　金丛武
6	2013-10-15	首师大附中	一轮化学原理专题　崔丽金　赵宁
7	2013-11-12	北师大密云实验中学	一轮有机化学专题　王春晖、姜艳慧
8	2013-12-17	密云二中	一轮化学实验专题　胡燕、陈婷婷
9	2014-3-19	密云二中	学优生辅导　柳世明
10	2014-5-16	北师大密云实验中学	考前指导　孙兆前
11	2014-5-31	密云二中	学优生辅导　支瑶

2. 课程专家、高考命题专家指导课程教学

课题组特聘北京市的课程研究专家、高考命题专家等来密云区指导，指导教师更新观念、研读教材，做到了理论联系实际，提高了教师的教学和研究能力，促进了教师的专业发展，进一步提高了教学的实效性（系列讲座见表13）。

表 13   高中化学课题组进行的系列讲座

序号	时间	讲座主题和内容
1	2008-3-20	理综化学 II 卷的解答——知己知彼、百战不殆
2	2008-3-20	如何学习、利用《考试大纲》及《北京卷考试说明》
3	2008-4-3	怎样答好化学选择题和非选择题
4	2008-4-24	怎样搞好一模后的复习
5	2008-9-11	高考化学试卷分析——密云存在问题及解决办法
6	2008-10-9	如何使用好《五年高考三年模拟》复习丛书，提高复习的实效性
7	2008-11-6	高中化学新课程反应原理选修模块的教学要求及重难点的把握
8	2009-4-16	化学基本理论复习课教学策略
9	2009-9-17	高中新课标解读
10	2009-9-17	谈化学新课程实施中如何进行初高中衔接
11	2009-9-24	2009 年高考北京试卷分析及 2010 年北京市考试说明征求意见稿解读
12	2009-10-15	高三基本概念、基本理论的复习方法及解题策略
13	2010-1-21	高三学生寒假复习策略
14	2010-3-11	常见有机物及其应用
15	2010-4-14	研究高考变化，科学有效备考
16	2010-5-13	二模试卷分析及备考策略
17	2010-5-19	选修 5 教材分析及教学建议
18	2010-10-22	结合《考试说明》谈 2011 年复习策略
19	2011-3-24	解读《考试说明》做好小专题复习
20	2011-4-14	一模试卷分析及复习策略
21	2011-4-21	化学教师基本功展示活动的实践与思考

续表

序号	时间	讲座主题和内容
22	2011-5-12	高考考前辅导
23	2012-11-20	有机复习专题讲座
24	2012-12-18	实验复习专题讲座
25	2013-2-22	《考试说明》解读及二轮专题复习指导
26	2013-3-9	如何提高课堂效率，增强课堂实效性
27	2013-9-22	概念、元素化合物复习及一轮课堂设计讲座
28	2013-10-15	化学反应原理专题讲座
29	2013-11-12	有机试题命题方向和解题策略
30	2013-11-26	选修5教材分析及会考复习指导
31	2014-3-4	《考试说明》解读及命题指导
32	2014-3-26	必修2教材分析
33	2014-4-15	上好试卷讲评的专题讲座

3. 为学生开展各类专题讲座，进行个别辅导

依据以上的思路和目标，高中化学课题组按着不同类型学校、不同学业水平学生及不同的知识模块组织了多次学生讲座。同时，针对高分段学生的个别辅导也逐年进行。每年，密云二中等学校提供这些学生的名单，以及需要辅导的具体内容等，课题组从外区邀请特级教师及具有丰富高三复习教学经验的教师进行辅导。通过一对一的指导，针对其薄弱之处，提升学生的化学学习能力和学业成绩。

二、课题实施促进了学生发展

课题的深入实施真正促进了学生化学学习信心和能力的提升，密云区高考化学学科连续多年取得了好成绩。

（一）高中学生发展的表现

课题研究的最大成效就是学生的发展变化。课题的开展使学生对化学学习的信心得到提升，学习成绩有了显著的进步。

1. 从"怕"到"不怕"——学生学化学有自信了

几年来，课题组引导教师从转变教学理念、改善师生关系、提高教学基本功等多个方面入手，激发学生学习化学的兴趣，提高学生的学习成绩。比如针对密云区相当一部分学生怕学有机化学、不敢做有机题、记不住化学反应方程式、写不全同分异构体的结构简式等问题，课题组要求实验校教师在帮助学生掌握有机化学基础知识和解决问题的基本方法上下功夫，特别是把解题方法提升到对科学思维方法感悟的高度上来，着力培养学生的思维能力，使学生的思路从"无序"到"有序"。慢慢地学生逐渐从害怕有机化学、不敢做有机题甚至考试时放弃回答有机题，转变为感觉渐入佳境，不怕有机化学，敢做有机题了，甚至计划在高考中要靠回答有机题多得几分。

在全体实验校教师的努力下，学生们学习化学的兴趣提高了，特别是掌握了一些学习化学的方法，"有学会的感觉"了，对学好化学有信心了，学习成绩也在原有基础上有了不同程度的提高。

2. 学生高考成绩有了显著提升

2010 年密云区化学高考成绩平均分达到了创纪录的 63.80 分，取得了历史上首次超过北京市平均分（63.75 分）的较好成绩。

2011 年密云区化学高考成绩平均分达到了 58.42 分，虽然低于北京市平均分（60.06 分），但超过郊区平均分（54.10 分）（见表 14）。

表 14　2011 年密云区化学高考平均成绩

2011 年	北京市		郊区		密云区	
科目	理综	化学	理综	化学	理综	化学
人数	42052		16641		1358	
平均分	172.31	60.06	155.00	54.10	166.44	58.42

且从表 15 看，2011 年密云区化学高考成绩占理综成绩的比例为 0.351，高于北京市的 0.349，这在一定程度上也说明了密云区化学成绩的提高。

表 15　2011 年密云区化学高考成绩占理综成绩

学校	均分（综）	均分（化）	占理综均分的比例
密云区	166.48	58.43	0.351
全市	172.31	60.06	0.349

另外，从化学 I 卷成绩统计来看，密云区 I 卷化学成绩比市均分低 0.71 分，但比郊区均分高 0.98 分（见表 16）。

表 16　2011 年密云区高考 I 卷化学平均成绩

题号	6	7	8	9	10	11	12	合计
全市均分	5.12	2.33	4.58	4.75	4.96	2.33	4.39	28.46
郊区均分	4.98	2.04	4.37	4.43	4.84	2.12	3.99	26.77
密云均分	4.98	2.20	4.53	4.77	5.03	2.24	4.00	27.75

从化学 II 卷各题成绩统计来看，密云区 II 卷化学成绩比市均分低 0.95 分，但比郊区均分高出 3.33 分（见表 17）。

表 17　2011 年密云区高考 II 卷化学平均成绩

题号	25	26	27	28	合计
赋分	12	14	15	17	58
全市均分	8.05	8.16	7.69	7.71	31.61
郊区均分	7.27	6.96	6.65	6.45	27.33
密云均分	7.69	7.75	7.58	7.64	30.66

2012—2014 年，课题组引导教师从转变教学理念、改善师生关系、提高教学基本功等多个方面入手，激发学生学习化学的兴趣，提高学生的学习成绩。

2013 年密云区化学高考成绩平均分达到了 71.47 分，超过了北京市的平均分（70.78 分）（见表 18）。

表 18　2013 年密云区化学学科高考成绩

科目	分类	人数	满分值	最大值	最小值	平均值
化学	市整体	42450	100.0	100.0	0.0	70.78
	示范校一	2705	100.0	100.0	19.0	87.46
	示范校二	2304	100.0	100.0	22.0	83.12
	城区	24655	100.0	100.0	0.0	75.26
	郊区	17795	100.0	100.0	0.0	64.57
	区整体	1675	100.0	99.0	10.0	70.81
	分类整体	1552	100.0	99.0	13.0	71.47
	一类校	555	100.0	99.0	18.0	81.73
	二类校	432	100.0	98.0	21.0	70.43
	三类校	423	100.0	96.0	13.0	62.49
	四类校	142	100.0	91.0	21.0	61.33

2014 年密云区化学高考成绩平均分达到了 70.84 分，和北京市平均分 70.89 基本持平（见表 19）。

表 19　2014 年密云区化学学科高考成绩

科目	分类	人数	满分值	最大值	最小值	平均值
化学	市整体	40516	100.0	100.0	0.0	70.89
	示范校一	2487	100.0	100.0	18.0	85.79
	示范校二	2242	100.0	100.0	0.0	80.66
	城区	23962	100.0	100.0	0.0	74.20
	郊区	16554	100.0	100.0	0.0	66.11
	区整体	1648	100.0	98.0	8.0	70.64
	分类整体	1519	100.0	98.0	8.0	70.84
	一类校	568	100.0	98.0	8.0	77.85
	二类校	441	100.0	97.0	31.0	71.70
	三类校	362	100.0	92.0	20.0	63.90
	四类校	148	100.0	92.0	29.0	58.36

（二）促进高中学生发展的经验

课题实施促进了密云高中化学教学质量整体提升。能取得这样的成绩，主要源于课题组对密云高中化学课堂教学、专业素质、教研水平的全面分析，抓住了学生化学学习中的薄弱环节，探索出适合密云高中化学教育教学质量提升的有效模式。

1. 探索出适合密云区的高考化学复习教研模型

几年来的课题研究中，课题组针对高中化学学科的特点，通过与密云教研员研究、与教师座谈、深入课堂、分析答卷等方式，在充分了解密云区学生的学习特点的基础上，初步形成了探索高考复习备考规律的专题培训模型（见图 20、图 21）。

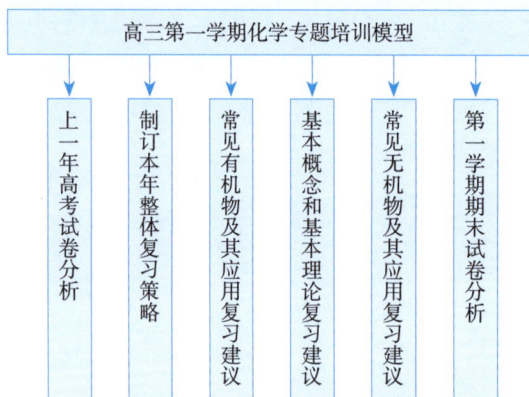

图 20　高三第一学期化学专题培训模型

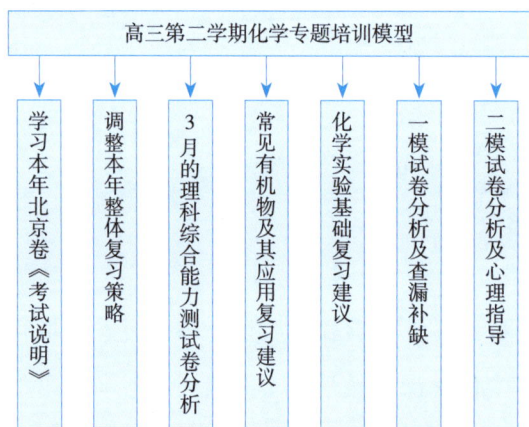

图 21　高三第二学期化学专题培训模型

　　该培训模型的优点是在全面把握高考考查重点的基础上，根据学生的认知规律和密云区学生的学习特点，适时、适度地开展培训活动，既注重整体引导，又有各专题复习的重点、难点、关联点、生长点及复习深广度的剖析和具体方法的指导，深受密云区师生欢迎。有关基本概念、基本理论、无机、有机和实验复习的先后顺序，各校则根据学生状况做必要的调整。

　　2. 探索了以学生为主体的教育教学模式

　　（1）更新观念，注重学科能力培养。新课程强调在重视基础知识考查的基础上，以基础知识为载体，考查学生的学科思想和学习能力。我们在培训时，引导教师转变教学观念，引导教师转换课堂角色——由"主演"变为"主导"，放手发动学生、发展学生。例如，密云二中化学教研组，为了使教学活动更有效地落到实处，深入细致地研究学习目标，把握好每节课的重点难点，并预想好知识的联系拓展。通过对作业和试卷的精选、精讲、精练、全批全改，找到学生难以理解的问题，在认真研究课标、教材、《考试说明》的基础上，通过设计不同类型的课堂教学内容，设计不同的提问方式，使不同层次的学生都能充分参与课堂学习。

（2）分析题型，化解题方法为解题习惯。为了消除学生害怕生题、难题的心理，教师引领学生总结各类题目的解决方法，分析每类题目必备的知识点及需要注意的问题，引导学生按照解题步骤，逐层分析，从而快速解题。例如，有机化学是理综高考中相对独立的板块，占总成绩的四分之一左右，学生特别畏惧，为此，密云二中给学生以下具体的方法。

①审题，获取信息。要关注名称、特性、组成，从而判断物质种类和分子式；要关注框图结构，从而大胆推测反应物的结构；要关注反应条件和典型性质，从而判断官能团；特别关注新信息（断键处、结合点），要现学现用，模仿新信息进行有效推断；找到推断起点。

②"前挖后挖、顺藤摸瓜"，推出各个物质的分子结构（加减、逆推）。

学生对这种形象的说法有很深的印象。

同时，还必须让学生明白了解有机题必备的知识点：有机反应类型、各类有机物的性质及相互转化、同分异构体的判断及书写、有机简单计算。解有机题需要注意的问题：提醒自己准确、规范作答，包括看清题目要求（名称、化学式、结构简式），结构简式表达规范，化学方程式里不丢小分子，条件（典型性质），等等。简言之，"有机化学很简单，反应条件记心间，重要变化官能团，顺推逆推就做完！"

（3）关爱学生，创设良好的学习心理环境。由于受高考一试定终身的影响，高三的学生心理压力是非常大的，尤其在每次考试后，失望、焦虑、畏惧是最易出现的。如何适时适度地调节好学生心理就成为每一名高三教师的重要任务。密云二中的做法是，引导学生在每次重要考试后，依据东城、西城、海淀三城区试题，自己独立完成一式两份的知识清单的填写：试卷考查了哪些知识点？三套试卷共同考查了哪些知识点？自己哪些知识点已经掌握得很好？哪些知识点存在问题？自己如何补救？希望老师为你做些什么？……学生将清单一份上交，一份粘贴在教材或笔记本首页，根据清单上的内容加强对自己知识最薄弱环节的复习。教师根据学生反映的问题，精心设计专题复习的内容，提高了针对性；学生学习目标明确，学习的积极性和主动性提高了，每天一点点地进步，增强了信心，慢慢发现自己对主干重点知识了然于心，掌握的知识越来越多，存在的问题越来越少，再加上教师的及时鼓励，焦虑和畏惧心理没有了，渴求成功的愿望慢慢得到满足……

3. 课题研究从学生知识的薄弱环节抓起，达到了立竿见影的效果

在课题工作中，我们特别关注对学生学习情况的分析，抓住薄弱环节，开展专题研究和有针对性的指导。例如，在 2013 年备考复习中，我们特别注重了有机板块的基础落实和答题策略的指导，在高考的有机板块取得了突破性进展（有机题高考成绩见表 20）。

表 20　2014 年密云区化学学科有机题高考成绩

题号	市平均值	密云平均值
25	10.68	11.08

再如，在 2014 年的备考复习中，在项目组指导下，我们围绕实验和实验探究复习开展了系列性的活动，取得了优异成绩（见表 21）。

表 21　2014 年密云区化学学科 28 题高考成绩

题号	满分值	最大值	平均值
28	市整体	15.0	8.99
	城区	15.0	9.65
	郊区	15.0	8.04
	区整体	15.0	8.97
	分类整体	15.0	9.04

　　高中化学教育教学质量提升课题走过了 7 年的探索与实践路程，从开始以关注高考成绩为主要目标，发展成以促进密云学生科学素养发展、提升学科学习信心和能力为教育目的。同时，针对密云区高中化学教学的实际需求，课题组逐渐探索出一系列行之有效的教学策略，形成了"初高中化学教学衔接""高考化学专题复习""有机化学学习困难解决"等专题成果。这些经验和成果已成为指导北京市其他区和学校高中化学教学的重要参考和教研资源。

　　　　　　　　　　　　　　　　□ 执笔人：冬镜寰　李爱林　黄冬芳

创新初中物理课堂实验
促进师生共同发展

　　"初中物理教育教学质量提升"课题，是密云区人民政府与北京师范大学共建"农村基础教育现代化实验区"之"初中阶段学生全面发展综合诊断研究"项目中的一个子课题。提升初中物理教学质量，涉及的内容很广，可采用的方法很多。本课题组认为，抓住物理教学中的关键问题和密云区初中物理教学中最薄弱环节，将两者结合起来，能收到事半功倍的效果。在充分调研、分析和论证的基础上，课题组认为物理实验既体现了物理学科的基本特征和鲜明特色，同时又是密云初中物理教学中最薄弱的环节，从而决定从物理实验、实验教学、实验探究入手，提升密云初中物理教学质量。

　　课题自 2008 年 2 月启动以来，密云区初中校的 90 名教师全部参加了课题研究，共开展了 66 次研究活动。初中物理课堂发生了明显变化，学生动手实验的机会明显增加，实验的内容不断丰富。学生在实验探究中获得直接经验，提出疑问，获得成功感。课题研究调动了学生的学习积极性，学生思维活跃了，创新意识增强了。物理教师专业素养显著提升，一大批优秀的"种子"教师涌现出来。教研员的研究、指导和服务的意识进一步增强，研究、指导和服务的能力进一步提高。课题组探索了课题研究与日常教研工作有机结合的密云物理教研新方式。

一、课题研究的基础

　　密云区有初中物理教师近百名，其中 20—30 岁的教师约占 30%，30—50 岁的教师约占 60%。密云区初中物理教师的专业水平有待提高，迄今还没有在课程改革实践中能够在全市范围产生较大影响的学科带头人和特级教师。

　　密云区初中物理教师比较朴实，有进取心，有一定的事业心，有奉献精神，他们爱岗敬业，能够积极参加教研部门组织的各项教研活动，能够积极地投入到课题研究中来，愿意接受专家、学者、特级教师等对他们的培训，能够承担学习和研究任务，有着很大的发展潜能。

二、课题研究的思路

《义务教育物理课程标准》（以下简称《课标》）在课程性质中明确提出：义务教育物理课程是一门注重实验的自然科学基础课程。此阶段的物理课程应注意让学生经历实验探究过程，学习科学知识和科学探究方法，提高分析问题和解决问题的能力。通过参与科学探究活动，学习拟订简单的科学探究计划和实验方案，有控制实验条件的意识，能通过实验收集数据。在培养目标中提出：学生要有将科学技术应用于日常生活、社会实践的意识，乐于探究日常用品或新产品中的物理学原理，乐于参加观察、实验、制作、调查等科学实践活动。

物理学是一门以实验为基础的科学，物理学是一门理论与实验高度精密结合的科学。实验是物理教学的重要基础，实验是物理教学的重要内容，实验是物理教学的重要方法，实验是物理教学的重要手段，实验是认知的重要工具，实验是探究的重要手段，实验是创设情景的有效方法，实验是获得直接经验的重要途径，实验是培养科学态度、感悟科学方法、形成科学观念的重要过程，实验是检验理论的重要方法，实验是培养合作意识、合作能力的重要途径，实验是培养创新精神和实践能力的基础。

实验探究是认识的基础、兴趣的源泉、减负的好方法，实验探究是形成思想意识不可替代的过程。

课题研究伊始，根据项目组的总体目标，以课程标准为依据，根据密云区初中物理教师的实际情况，确定了初中课题研究的基本思路，即以加强教师队伍建设、提高教师教学基本功为主线，以实验、实验教学、实验探究、实验创新为突破口，以"物理教学的基本特征"教学理论模型为抓手，以提升初中物理教学质量为目的。

三、课题研究的特点

物理学科在进行课题研究过程中，根据物理学的特点，根据物理课程的特点，行之有效地开展研究，具有如下特点。

（一）从研究主体来看，全体教师参与，任务驱动

课题研究过程中，课程组负责人陶昌宏与密云区教研中心物理室负责人王志林统一了思想认识：要将课题研究作为一项事业来对待，作为一项攻坚任务去完成。要在课题研究中真正使教师得到锻炼和培养，使教师的实验操作能力、实验教学能力、实验研究能力得到提高，使教师的学科素养得到提升。要让全体物理教师共同参与，并采用任务驱动的研究方式，使每一位初中物理教师都有研究的内容，都有研究的具体任务，都能获得成功的体验。

（二）从研究内容来看，以实验、实验教学、实验探究、实验创新为突破口

物理学的研究方法，特别是实验方法和科学思维方法，体现了科学探究的本质特征。

要激发学生的学习兴趣，调动学生学习物理课程的积极性，提高物理教学的质量，就要充分利用和体现物理学科的特点，就要从实验、实验教学、实验探究进行突破，让实验改变课堂。

要让实验改变课堂，就要提高全区物理教师的实验能力。课题研究中制定了系列实验研究的内容和方法，如，从教师的实验技能研究开始，逐步对实验教学、实验探究、实验创新等内容进行研究。

1. 实验技能研究

本课题重点研究如何提升初中物理教师的实验技能，尤其是《课标》中规定的

实验操作技能。教师实验技能的提升，是实验教学质量提升的基础。对于密云初中物理教师来说，更是如此。初中物理教师中不少教师并没有完全掌握这些技能，因此，课题组将这一研究作为首要的内容。

2. 实验教学研究

实验教学研究，重点研究实验教学的操作策略，主要解决如何创设问题情景，如何组织实验教学，如何指导学生进行实验观察、思考、分析、归纳，如何提高学生实验技能等问题。

3. 实验创新研究

实验创新研究，重点研究实验创新作品的研发策略，解决支持学生实验探究所必需的实验器材短缺问题，进行低成本实验开发，在这个过程中提高初中物理教师的实验设计、实验创新能力。

4. 实验探究教学技能研究

实验探究教学技能研究，重点研究中学物理教师的实验探究教学技能方面的内容，解决《课标》中规定的实验探究的教学问题。其目的是提高教师的实验探究教学能力。

在研究过程中，课题组请实验方面的专家、学者以及在实验方面有特长的特级教师给全区物理教师做报告，进行有针对性的辅导，进行实验示范，请有实验经验的一线青年教师现场示范实验教学。北京教育科学研究院基础教育教学研究中心物理室的秦晓文老师，多次为初中教师讲解低成本实验开发策略。

在北京教科院基教研中心的支持下，市基教研中心物理室免费向全区物理教师配发了《实验改变课堂》《初中物理实验探究操作指南》等书籍。实验研究从学校物理组开始，利用教研组规定的活动时间进行实验研究。区教研室定期组织实验研究交流活动。

课题研究过程中，密云区教研中心的王志林老师亲自设计实验，动手做实验教具，为一线教师做示范，并鼓励教师人人动手用身边的生活用品制作实验教具。系列实验研究在全区营造了研究实验、研究实验教学、研究实验探究、研究实验创新的良好氛围。一些实验作品很快用于课堂教学之中，发挥了积极的作用。

通过课题研究，实验改变课堂的实践取得整体性的进展。课堂上教师不做实验，不进行实验探究成为有些难为情的事情了，实验改变了密云区初中物理课堂。实验研究对教师的思想形成一定的冲击，广大教师真切看到和体验到实验教学的作用，看到实验探究的价值，看到自己同其他教师的差距。教师的实验教学、实验探究能力提高了。课堂上，过去学生不曾做的实验现在亲手做了，过去学生不曾探究的内容现在亲身探究了。学生的学习兴趣提高了，思维活跃了，体验增多了，实验探究能力提高了。

（三）从研究路径来看，体现"理论"与"实践"相结合

课程改革实践中，北京市物理学科建构了中学物理教学理论模型，体现了现代物理教学的基本概念体系。教学理论模型的核心内容是：以创设问题情景为切入点，以观察实验（事实）为基础，以培养学生思维能力为核心，以提升学生探究能力为重点。这正体现了物理教学的基本特征。

近些年，体现了"物理教学的基本特征"的教学理论模型影响了全市的中学物理教学。该理论模型已逐步成为北京市中学物理教师进行教学设计、课堂教学、听课、评课、撰写教学案例和教学论文、编制各类试题以及进行课题研究，等等活动的重要理论依据，有效地解决了教学中存在的一些问题，有力地促进了广大教师的专业成长，为探索新的课堂教学方式、深化物理教学改革做出了应有的贡献，对提高学生的科学素养、有效实施素质教育具有重要意义。教学理论模型卓有成效地推进了北京市物理课程改革，使全市物理教学呈现出勃勃生机，使北京市物理学科新课程的实施向整体优化和有特色发展。

课题研究中，为使密云区的物理教师更好地理解体现了"物理教学的基本特征"的教学理论模型，陶昌宏老师结合个人的实践案例多次为教师解读理论模型，并就实验教学中的重要问题与教师进行交流。多位在全国课堂教学比赛中获奖的中青年教师，到密云分享自己实践教学理论模型的体会，让一线教师看到如何创设问题情景，如何做好实验，如何设计实验，如何培养学生的思维能力，如何有效地组织学生的实验探究活动。一系列有针对性的活动，使一线教师受到很大启发，并有可操

作性的案例做支撑。例如，利用区物理教研时间，课题组特邀北京市著名特级教师杨雄生同志到密云为全体初中教师做系列实验报告，杨老师几十年的物理教学研究，使其在实验方面积累了大量的实验案例，杨老师的系列报告使老师们收获颇多。又如，请北京市东城区兼职教研员、二十二中学物理教师马金辉老师做"电学复习中的情景再现"讲座，马老师结合具体案例介绍了电学中几个重要的实验，对提高教师教学设计能力有很大帮助和启发。

老师们结合自己的教学设计和教学实践，逐渐感悟和理解教学理论模型的重要意义，并将其作为自己进行教学设计、教学实施的有力抓手，提升专业能力。

（四）从研究方法来看，以"研究课、点评、教学反思"相结合为主要途径

为提高课题研究的实效性，课题组开展了系列"研究课"实践活动，并发挥研究课的最大功能。物理学科，从课的类型来看，包括了物理概念课、规律课、规律应用课、实验课、单元复习课、问题解决课、实验探究课、试卷讲评课等课型。课题组开展了系列的研究课活动。活动中，多名特级教师、学科带头人、大学物理学教授等针对如何进行教学设计为全县物理教师做指导。王志林老师组织全体初中物理教师就某一课型进行教学设计，并组织教师进行交流，在这个基础上，由中青年教师上现场课，现场课后组织全体物理教师进行讨论，然后请课题组聘请的学科专家做点评，之后教师将上课、听课感想写成文章上传到区教师研修网。这种"研究课＋点评＋教学反思"的形式使老师们受到了锻炼，丰富了案例，为老师们积累了经验，老师们的教学设计能力、评课能力、反思能力都有了很大的提高。北庄中学徐卓老师，上了一节现场课，课题为"同一直线上二力的合成"，经专家指导，写出了如下的感想。

西城区教研员黎红老师和我县教研员带领周边几个学校的物理老师来我校指导我的课。课后，专家对我的这节课给出了中肯的评价，对课堂教学设计、课件和探究实验过程给予了肯定，同时也给我提出了一些宝贵意见：在安排上最好有与本节课有关的复习；对于探究实验的设计没有必要用滑轮，在初二阶段要尽量使实验简单、易懂；注意弹簧测力计和橡皮绳的选择，以减小实验误差；在课堂教学过程中

教师讲得过多，学生参与较少，对学生的调动不够，提问较少，学生不够活跃，希望在日常的教学过程中也能精心地准备课件和实验，注重学生科学习惯的培养。

通过本次教研活动，我认真去研究每一节课，在接下来的教学过程中有意识地培养学生良好的学习习惯，在书写、画图、实验过程中对学生严格要求，以身作则，注重方法。一个学期下来，学生学习物理的良好习惯逐步形成。在课堂教学过程中，逐步改变过去一言堂、满堂灌的教学方式，采用引导学生、让学生思考、让学生提问、让学生提出探究问题的方式。一段时间下来，学生反映更喜欢物理课了，因为觉得上物理课很有趣，能有很多新的发现，而且这些发现都是经过自己的思考和实验得来的，很有成就感。学生的学习成绩也有所提高。

四、课题研究的效果

课题研究取得了很好的实践效果，教师的精神面貌发生了很大变化，他们热爱家乡，热爱物理教育，热爱学生，他们的教育教学能力和水平得到明显提高。

（一）学生的变化

课题的深入开展，不仅促进了密云区初中物理教师专业素养的提升，而且激发了学生学习物理的热情，使学生的学习能力不断增强。

1. 学习积极性普遍提高

教师教育思想的转变、实验教学能力的提高、教学设计能力的提升，使课堂教学生动了、更有实效性了。课堂上教师注意调动学生的学习积极性，组织学生进行有效的探究活动。在探究活动中，学生获得直接经验，获得成就感，学生的学习积极性普遍提高。

2. 学习能力得到提高

初中物理教师的学科能力提高，特别是实验能力提高了，教学设计能力也随之提高，这带来的是学生学习能力的提高。例如，大部分学生能够比较熟练地完成《课标》中规定的探究实验并归纳出比较准确的结论的要求。有的学生能将自己复习总结的知识、方法在全班展示，与全班同学分享。

3. 科学素养得到提升

课堂教学中，教师以体现"物理教学的基本特征"的教学理论模型为依据进行教学设计，使课堂教学发生较大的变化。过去学生在课堂上不曾看见的内容现在看见了，过去学生在课堂上不曾做过的实验现在亲自动手做了，过去学生在课堂上不曾想的问题现在积极思考了，过去学生在课堂上不曾探究的问题现在探究了……这样的教学设计丰富了课堂，丰富了学生的认知，丰富了学生的体验，有效落实了新课程的培养目标，一些学生完成的实验作品很有创意，学生的科学素养普遍得以提升。

（二）教师的变化

通过开展课题研究，教师的教育理念得到进一步更新，教师专业素养得到提升，一大批优秀的"种子"教师涌现出来。

1. 转变教育理念

课题研究中，通过对教学理论模型的解读和实践、对教学设计的解读和实践、研究课的交流和讨论、课后反思等系列活动，教师受到触动，教育思想发生转变，教书育人的教育思想逐步深入人心。

一位青年教师说道："通过专家的评课指导，我的收获很大。其中，印象最深刻的是这段话：学生在课堂上有了思考和实践，是一节好课的重要标志。如果学生独立思考少，这节课的效率会很低。我在下节课讲'学习规范使用托盘天平'的时候，就特意设计了很多让学生独立思考的问题。在课后，学生主动跟我说：'老师，这节课我都学会了，你提出的问题都是我自己想出来的。'听到学生的话，我触动很大，我觉得学生不仅能从这节课学到相应的知识，而且他对学习有兴趣了，有满足感。从此以后，在每节课上我都会设计更多的学生活动，设计学生能独立完成的探究实验，以学生发展为本的理念在我头脑中扎了根。通过一段时间的努力，我的教学成绩有了明显的提高，学生更加喜欢物理课了。"

2. 促进教师专业成长

在课题研究中，通过系列实验研究，开阔了教师的视野，激发了教师进行实验创作的热情，有效地促进了密云初中物理教师的专业成长。仅在 2014 学年，初中物理教师就连续获得北京市实验比赛的各种奖项，如：密云五中的景建英老师获得了"北京市第二届初中教师教学基本功展示活动一等奖"，贾艳蕊老师获得"北京市第二届初中教师教学基本功展示活动二等奖"，密云北庄中学的郑云山老师、密云三中的胡宗仁老师均荣获了北京市初中教师实验技能展示活动教师组一等奖，密云五中的白海宇老师，获得北京市初中教师实验技能展示活动实验员组一等奖；密云新农村中学的肖瑞玲老师获得了北京市初中教师实验技能展示活动实验员组二等奖；密云六中的张景环老师，获得北京市初中教师实验技能展示活动教师组三等奖。这在全市各区县来说都是骄人的成绩（见表 22）。这些教师在课题研究过程中努力着，在努力中付出，在付出中收获，在收获中成长。他们的成长将为密云区物理教育教学质量的进一步提升打下坚实的基础，并为全区基础教育的进一步发展积蓄了力量。

全区的物理课堂发生了真切的变化，原来教师讲给学生的内容，现在让学生动手做了，如学习凸透镜成像规律时，教师组织学生自制简易照相机。原来，初三年级学生基本上不做实验，现在情况发生了明显的改变，学生做实验的机会明显增加了，课堂教学变得生动有趣了，实验改变了课堂。

表 22　2014 年初中物理教师获得北京市实验比赛奖项

姓名	单位	证书内容
景建英	密云五中	北京市第二届初中教师教学基本功展示活动一等奖
贾艳蕊	密云五中	北京市第二届初中教师教学基本功展示活动二等奖
郑云山	密云北庄中学	北京市初中教师实验技能展示活动教师组一等奖
胡宗仁	密云三中	北京市初中教师实验技能展示活动教师组一等奖
白海宇	密云五中	北京市初中教师实验技能展示活动实验员组一等奖
肖瑞玲	密云新农村中学	北京市初中教师实验技能展示活动实验员组二等奖
张景环	密云六中	北京市初中教师实验技能展示活动教师组三等奖

续表

姓名	单位	证书内容
石剑南	密云五中	北京市第二届中学物理教师实验教学比赛一等奖
袁春红	密云水库中学	北京市第二届中学物理教师实验教学比赛二等奖
赵铁林	密云十里堡中学	北京市第三届中学物理教师实验创新比赛二等奖
姚丽君	密云河南寨中学	北京市第三届中学物理教师实验创新比赛二等奖
王玉红	密云水库中学	北京市优秀教学设计三等奖
廖秀平	密云四中	北京市优秀教学设计三等奖
郝金凤	密云六中	北京市物理学科教学录像课评比一等奖
于海宝	密云河南寨中学	北京市物理学科教学录像课评比二等奖
徐卓	密云四中	北京市物理学科教学录像课评比二等奖
于冬生	密云十里堡中学	北京市物理学科教学录像课评比二等奖
张井环	密云六中	北京市物理学科教学录像课评比二等奖
郭大术	密云不老屯中学	北京市物理学科教学录像课评比二等奖
段容民	密云三中	北京市物理学科教学录像课评比二等奖
赵凯	密云三中	北京市物理学科教学录像课评比二等奖
金春霞	巨各庄中学	北京市物理学科教学录像课评比二等奖
孙立君	密云五中	北京市物理学科教学录像课评比二等奖

（三）教研员的变化

课题研究之前，教研工作比较突出管理的职能，如严格规范教研活动的考勤制度、教师考核制度等，而对一线教师的实际需求关注得不够，指导的力度也显得不够。课题实施使教研员转变了教研理念。

1. 教研员能够关注教师的需求，并根据教师的需求开展有效的教研活动

基于课题开展的教研活动，活动内容直接指向课堂教学，针对教师的薄弱环节，加大专业指导的力度。教研工作中关注教师的实际需求，组织有效的教研活动，并将教研活动系列化，如完成物理概念教学的教学设计、规律教学的教学设计、实验教学的教学设计等，发挥教研员的专业引领和专业服务作用。

2. 教研工作科学有序

课题研究之初，教研员是在课题专家的指导下完成课题计划，随着课题的推进，教研员能够根据教师的实际需求，根据学生的实际需要，独立设计丰富的教研计划。课题研究中，密云区物理教研员与课题组专家进行各种方式的沟通和交流，统一认识，确定目标，开展扎实有效的课题活动。每一次活动都有组织，有秩序，有反馈，有小结，有过程性资料，使教研工作变得更加科学有序。

3. 课题研究与日常教研工作有机结合

课题研究不是"推倒重建"，而是在已有基础上的进一步完善。课题实施初期，课题负责人陶昌宏老师就与当地教研员王志林老师统一认识，统一思想，即无论是教研还是课题研究，都立足于密云区初中物理教学的质量提升，都是为教师的发展提供支持，为教师的发展提供更有效的服务。因此，要将课题研究与常规的教研工作进行整合，实现二者的有机结合，发挥课题组的资源优势，精心设计系列研究活动，每次活动有目的，有主题，有任务。几年的课题研究不仅取得了丰硕成果，并且形成了具有密云特色的课题研究模式。

□ 执笔人：陶昌宏　王志林

科研教研合力
提升高中历史教师专业素养

随着课程与教学改革的推进，如何实现教育的均衡化，切实提升农村地区教师的专业发展水平，成了全面提升教育质量的瓶颈。2009 年 10 月，"高中历史教育教学质量提升"作为密云区人民政府与北京师范大学共建"农村基础教育现代化实验区"之"高中绿色升学率"项目中的一个课题正式启动。6 年来，我们聚集在北师大梁威院长主持的"高中绿色升学率"的项目下，开展系统调研和需求分析，从存在的问题和教师的需求出发，抓住提升教育质量的关键——提升教师的教学素养与专业水平。课题在实施策略上，重视整合现有系统的力量，充分调动了高校、市区两级教研部门和城区优秀学校的专家力量，组成了阵容强大、贴合需求的研究和指导团队。在以北京市历史教研员张静老师为核心的专家团队引领下，在密云区历史教研员李文胜老师的密切配合下，课题启动以来共组织来自北京市名校、高校和教研部门等专家 18 人，开展了 49 次卓有成效的教研和学习指导活动，密云高中教师约有 1617 人次参与了课题活动。课题组的活动形式包括专题讲座、深入学校、走进课堂、名师讲座、史学论坛、同伴互评、学生复习讲座、骨干教师研讨活动等，仅研究课就多达 15 节（见表 23），专家讲座 34 次（见表 24）。课题的实施让密云区高中历史教师接受到最新的课程理念解读、最深入的案例分析、最实用的教学设计和实施策略，汲取到最新的学科教育教学信息。这一研究的开展，对提高密云区高中历史教师的专业素质，提高密云区历史教学的整体水平，起到了很大的作用，并收到了可喜的成效，如多名教师的优秀课例在全国获奖，有四年的高考文综历史平均分超过全市。下面将几年来的探索轨迹进行梳理，期望得到专家与同行的指导。

表 23　2009—2014 年专家指导研究课统计表

排序	时间	学校	讲课教师	课题	指导专家和教研员
1	2009-11-27	密云区二中	赵利剑 （北京四中）	欧洲启蒙运动	张静、赵利剑、李文胜
2	2009-12-4	北京师范大学 密云实验中学	王锐	工业革命	张静、李文胜
3	2010-4-21	密云区二中	骆建花	高三试卷讲评	张汉林、李文胜

续表

排序	时间	学校	讲课教师	课题	指导专家和教研员
4	2011-1-25	密云区巨各庄中学	王华 单浩山	社会主义建设的思想指南、戊戌变法	张静、李文胜
5	2011-3-30	首都师范大学附属密云中学	郑红艳 高凤芝	中国近代化历程民生问题复习	张静、李文胜
6	2011-12-11	北京师范大学密云实验中学	关荣 王锐	第二次工业革命、1861年俄国农奴制改革	张静、郭井生、李文胜
7	2012-3-22	首都师范大学附属密云中学	张小彬	中国古代经济	张静、郭井生 李文胜
8	2012-10-18	密云区巨各庄中学	王华	过渡时期的经济建设	张静、郭井生、李文胜
9	2012-11-16	北京师范大学密云实验中学	赵永恒 李红侠	轴心时代的文明新航路开辟	张静、郭井生、李文胜
10	2012-12-26	北京师范大学密云实验中学	王宏伟（北京师范大学附属中学）	大萧条与罗斯福新政	张静、李文胜
11	2013-5-9	密云区太师庄中学	高丽萍 吴明月	高三试题讲评中国古代史复习	张静、郭井生、李文胜
12	2013-6-6	密云区巨各庄中学	许均涛	古罗马的政制与法律	张静、郭井生、李文胜
13	2013-11-20	首都师范大学附属密云中学	李洪晶	社会主义现代化建设新时期	冉峰、李文胜
14	2013-12-26	北京师范大学密云实验中学	关荣	资本主义世界市场的形成与发展	张静、郭井生、李文胜
15	2014-4-12	密云区巨各庄中学	王华	海淀一模试题分析	张静、郭井生、王耘、李文胜

表24　2009—2014年专家讲座统计表

序号	时间	单位	姓名	活动名称	参加人员
1	2009-10-30	北京教科院基础教育教学研究中心	张静	2009年密云区历史高考情况分析及新高考展望	全区高三历史教师
2	2009-11-11	朝阳区教研中心	姚岚	对2010年北京市高考文综历史学科复习的思考	全区高三历史教师

续表

序号	时间	单位	姓名	活动名称	参加人员
3	2009-12-23	北京师范大学附属中学	白幼蒂	高三世界历史复习专题讲座	全区高三历史教师
4	2010-2-24	石景山教育分院	成学江	2010 年北京市历史高考说明解读	全区高二历史教师
5	2010-3-12	北京教育学院丰台分院	孙楠	高二选修教材的教学策略与建议	全区高三历史教师
6	2010-4-13	中国人民大学附属中学	李晓风	高考复习及解题方略	全区高三历史教师
7	2010-4-13	中国人民大学附属中学	李晓风	高考专题复习	全区高三历史教师
8	2010-4-21	西城区教研中心	张汉林	结合一模试题谈高三历史复习	全区高三历史教师
9	2010-5-5	北京十一学校	贺千红	历史解题策略	全区高三历史教师和部分高三学生
10	2010-9-29	东城区教研中心	冉峰	高中历史教材整合	全区高二、高三历史教师
11	2010-10-13	首都师范大学	董增刚	新高考中体现的史学问题	全区高一、高三历史教师
12	2010-10-20	西城区教研中心	张汉林	我看 2010 年高考试题	全区高中历史教师
13	2010-12-15	北京教科院基础教育教学研究中心	张静	提高历史教学基本功的有关问题	全区高一、高二历史教师
14	2011-3-4	北京师范大学附属中学	王宏伟	2011 年高考说明解读及高三学习指导	全区高二、高三历史教师
15	2011-3-16	朝阳区教研中心	曹卫东	高考热点问题及高三复习建议	全区高二、高三历史教师
16	2011-3-23	北京教科院基础教育教学研究中心	张静	提高教师教学素养讲座	全区高一、高二历史教师
17	2011-4-13	西城区教研中心	张汉林	西城区高三一模试题分析和复习指导	全区高三历史教师
18	2011-4-27	北京十一学校	贺千红	面向学生专题讲座如何提高复习效率	高中历史教师及部分高三学生

续表

序号	时间	单位	姓名	活动名称	参加人员
19	2011-11-15	朝阳区教研中心	曹卫东	对中国经济的几个问题的理解	全区高二、高三历史教师
20	2012-2-22	海淀区教研中心	赵文龙	2012 年高考说明解读	全区高二、高三历史教师
21	2012-3-23	北京四中	赵利剑	提高复习效率，提高审题能力和解题方法	全区高一、高二历史教师
22	2012-3-28	中国人民大学附属中学	李晓风	历史材料题的审题、解题方法专题讲座	全区高三历史教师
23	2012-4-11	海淀区教研中心	张威	海淀区高三一模试题分析	高中历史教师及部分高三学生
24	2012-4-19	西城区教研中心	张汉林	高考热点备考策略	全区高三历史教师
25	2012-12-26	石景山教育分院	成学江	传统与前沿——中国近代史若干重大问题概述	全区高中历史教师
26	2013-2-22	北京教科院基础教育教学研究中心	郭井生	二轮复习专题指导	全区高三历史教师
27	2013-4-3	朝阳区教研中心	曹卫东	新阶段新变化——与中国现代史相关问题	全区高三历史教师
28	2013-4-17	西城区教研中心	张汉林	2013 年西城区一模考试试题分析	全区高三历史教师
29	2013-4-24	北京十一学校	贺千红	高三历史解题策略	高中历史教师及部分高三学生
30	2013-10-16	首都师范大学	董增刚	高考历史试题与中学素质教育	全区高三历史教师
31	2013-11-18	中国人民大学附属中学	李晓风	西方人文精神的兴起和发展	高中历史教师
32	2014-3-19	首都师范大学	董增刚	中国近代史研究热点与趋势	高中历史教师
33	2014-3-31	北京八十中学	张韬	高考历史非选择题试题分析	高中历史教师
34	2014-4-23	朝阳区教研中心	曹卫东	2013—2014 年典型试题分析训练	高中历史教师及部分高三学生

一、研究设计

对于任何一个研究而言，一个完善的研究设计是研究取得成功的重要条件。因此，为了保障课题的有效性，真正促进密云区历史教师的专业成长，我们首先采用调查研究的方式，了解密云历史教师的专业发展现状和需求，并在此基础上提出有针对性的研究目标和计划。

（一）从调查入手

2007年北京市进入高中新课改的行列，新课程改革使高中历史教学无论在教师的教学方式还是学生的学习方式上都发生了重大变化。特别是更加重视学生的历史思维能力，重视学生的学科基本素养。面对课改的要求，城区与郊区之间的成绩不仅没有缩小，反而在不断加大。如何适应新课改的要求，提升密云区整体历史教学质量成为我们面临的课题。问题出在哪里？解决问题的关键点在哪里？我们冷静地对影响教学质量的几个主要因素进行了调查和分析。

1. 对教师现状进行分析

密云区共有高中历史教师33人，其中中学高级教师8人，一级教师5人，其他为二级或未评级教师。其中35岁以上教师13人。其他都为近几年参加工作的教师。从教师的工作态度和精神面貌来讲，绝大多数教师工作积极、努力、认真，态度端正。但从教师结构来讲，缺乏中坚骨干力量，真正能撑起学校教学大梁的教师为数不多。他们教学工作压力大、任务重，存在着对更新教育观念、改进教学方式重视不够的问题。特别是与城区优秀教师比起来，他们在适应新要求，提升教学素养上有着明显的差距。此外，很多教师把主要精力投入到钻研教材上，对学生在学法指导、学习能力的培养上能力比较欠缺。加之高三教师工作任务重、压力大，参加城区教研活动的机会相对较少，在高考信息获取上远不如城区教师便捷，校与校之间教师交流的机会也很少。从教师心理上看，有一些教师觉得身处远郊区，认为优秀学生自然流向其他城区，所以感到教起来没有意思；还有的教师没有将目光放在如何提升自身教学素养上，反而嫌学生水平低……这些都从客观上制约了教师专业水平的提高。

2. 对学生情况进行分析

密云区绝大多数学生都来自农村，他们朴实，能吃苦耐劳，在学习上也大都踏实、努力，积极向上。但学生的视野、知识面相对较窄，获取知识的渠道也比较单一。在学习过程中，学生普遍存在思维方式比较刻板、发散思维比较差和缺少独立思考等问题。特别是近年高考，明显加大了对学生创新精神和实践能力的考查，开放性、探究性增强，而这正是郊区学生的薄弱方面。

3. 对课堂教学现状进行分析

相对于城区的课堂教学，教师在备课中很注重对教材内容的分析。因此在课堂上，教师想尽一切办法力图把知识讲明白，让学生掌握好。结果学生的确掌握了很多的历史知识，但在如何运用所学知识分析历史问题，有条理、多角度、合理地展示对历史问题的认识方面仍存在诸多问题，特别是在如何有效解读历史信息、合理运用历史信息上更是显得薄弱。这一点在高三历史教学中体现得尤为明显。然而，面对今天的新课程与新高考，这样的教学模式显然已经不能适应新的要求了。

由于以上影响因素的制约，前几年密云区历史高考成绩不太理想，在全市历史高考平均值之下徘徊。这样的结果进一步对历史教学产生负面影响，教师觉得没有奔头，学优生盼望到条件好的其他城区上学。

在调查中，我们也了解了教师的一些需求：

第一，期望有名师来密云讲述他们的成长经历，从中获取专业发展的动力和方向；

第二，希望城区优秀老师直接在密云上现场课，学生还是密云的学生，以便清晰地观察其教学过程与效果，反思自己的教学，找出差距；

第三，针对新课程学术性大大增强的现状，希望大学教师或者名师等来校进行学术性的讲座，实现知识的更新；

第四，研究新课程新高考的教学与考试策略，加强考试研究，力争密云区历史高考成绩再上新台阶；

第五，加强对课堂教学模式的研究与指导，在提高课堂教学效率和效果上下功夫。

（二）确定研究目标

依据以上对影响因素的分析，在征询历史教师需求的基础上，课题组确定的课题开展思路是：在新课程改革大背景下，通过课题研究，努力提高密云区历史教师的整体素质、教学能力和水平，转变课堂教学模式，提高课堂教学效率和效果，提高学生的解题能力，提高高考成绩，走可持续性发展之路，力争使密云区的高中历史教学走在北京市郊区的前列。

在确定思路的基础上，我们的课题活动首先从提高教师的整体素质上入手，开展一系列有针对性的活动。从提高课堂教学的实效性上入手，加强对课堂教学模式的指导和监控。采用"走出去，请进来"的办法，引进专家资源、加强信息交流，开阔教师的眼界和知识面；引导广大教师认识到教学与教研要紧密结合，提高教学研究的水平。

具体目标确定如下。

一是利用专家资源，提高密云区高中历史教师队伍的专业水平和素养。

二是深化新课程改革，落实新课改理念，促进密云区高中历史教育向纵深发展。

三是研究新课程新高考的教学与考试策略，加强对学生高中复习策略和学习策略的研究；加强对当年高中考试趋势、命题特点及应对策略的研究，力争使密云区历史高考成绩再上新台阶。

四是加强课堂教学模式的研究与指导，努力提高教师课堂教学效率和效果。为密云历史教学走可持续发展之路打下良好基础。

五是关注青年教师，为他们的成长提供条件和平台。例如，举荐青年教师参加区级、市级，乃至全国的展示和比赛，激发他们对历史教学事业奋进、追求的热情和动力。

为保证课题研究的质量和水平，我们集合资源，力争发挥北京优质教师资源的作用，诚请北京市高层次的历史教师和专家来密云，为教师进行针对性的辅导和指导。课题的最大特点就是重视每一次活动的实效性。在制订计划时，我们把重点放在高三历史教学上，用高三的活动带动高一和高二的历史教学，从而实现对高中历史教学的全面覆盖。

二、研究过程

《中国教育改革和发展纲要》强调指出："振兴民族的希望在教育，振兴教育的希望在教师。建立一支具有良好政治业务素质、结构合理、相对稳定的教师队伍，是教育改革和发展的根本大计。"因此，提高教师业务素质，培养一支高素质的教师队伍，是深化教育改革，全面提高教育质量，深入实施素质教育的根本保证。针对调查研究了解到的影响教师专业发展的问题，以及教师的需求，我们立足于从问题出发，重视教师在干中发展、在干中提高，有针对性地设计与展开教研活动。我们开展的49项活动（见表23、24）主要着力于以下几个方面的研究。

（一）提升历史教师的史学素养

从密云区历史教师队伍看，教师的历史专业知识都不欠缺，但有一部分教师在教学技能、教学理念以及如何将当今史学研究的新成果应用于教学方面尚有不小差距。为改变这一状况，课题组专门请到了这些方面的专家给教师作专题讲座，包括首都师范大学的董增刚教授，中国人民大学附属中学的历史特级教师李晓风老师，石景山教育分院的历史特级教师成学江老师，北京教科院基础教育教学研究中心历史教研室的张静主任和郭井生老师，等等。他们从新课标解读、《考试说明》解读、史学研究动态、新教材教学内容辅导、课堂教学方式改革等方面作专题讲座，达到了很好的效果。

例如，中国近代史研究热点与趋势这一专题，在高中历史教学中具有很重要的地位，对整个中国近代历史的发展和影响，特别是对于教师的教学有很大的指导作用。只有教师对这些内容有一个准确的、前沿的认识，在教学过程中，才能准确理解和把握。为此我们请首都师范大学的董增刚老师作了专题讲座。

董老师讲座的主要内容有：

①关于中国近现代史的发展线索；

②关于中国近代的社会性质；

③关于帝国主义的侵略与中国人民的反侵略；

④关于革命与改良；

⑤关于社会思想文化的变迁问题；

⑥关于义和团运动的评价；

⑦关于清末新政的研究。

对每一个问题，董老师都从史学研究新的动态上给教师们做了详细的说明，让我们的教师们眼界洞开。为使教师们了解史学前沿动态，董老师还为教师们推荐了大量史学研究的书目。

讲座中，董老师还就教学中比较困惑的问题与教师们进行了互动交流。教师们踊跃提出了各种相关的问题与困惑，包括对中国传统文化的认识；对太平天国运动、义和团运动如何评价；关于中学历史教学的主干知识问题、历史学科特点问题；等等。董老师及时对教师们的问题和困惑作了解答，对教师们的帮助很大。

（二）走进课堂，发现和解决问题，在行动中提升教学素养

教学的主阵地在课堂，教师课堂教学水平的高低直接影响着学生的学习。长期以来，我们的教师在教学中存在着重知识教学，轻能力培养；重教师如何教，轻学生如何学的问题。其结果是教师一节课下来很累，但效果并不明显。为解决这一问题，课题组主要采取了以下两个方面的措施。

1. 专家进课堂，发现和解决问题

北京教科院基础教育教学研究中心专家张静老师、郭井生老师多次来密云，走遍了密云区的五所高中校，听了十余节高三历史教师的课，课后结合存在的问题，提出改进的措施。通过听课活动，很多老师都有了明显的进步。如首都师范大学附

属密云中学的张晓彬、李洪晶老师，密云二中的李慧君、戴芳老师，北京师范大学密云实验中学的李红侠、赵永恒老师，密云区巨各庄中学的王华、许均涛老师，密云区太师庄中学的吴明月、高丽萍老师，等等，先后成为各自学校高三教学的中坚力量，在区级教研活动中也发挥了积极作用。

例如，首都师范大学附属密云中学的张晓彬老师是一名青年教师，2005年参加工作，工作伊始，就把全部的热情投入到教育教学工作中。在她的个人工作总结中特别有感于各级专家对她的指导和帮助，她写道："'水尝无华，相荡乃成涟漪；石本无火，相击乃成灵光'，市历史教研员、专家的听评课、专题讲座为我们青年教师的成长开拓了更广阔的天地。张静老师对教学设计三维目标的把握，对青年教师不断学习新的教育教学理论的殷切期望让我印象深刻。郭井生老师对世界史线索的梳理，重要历史理论、概念的讲解，对我的教学给予极大的帮助。首师大董增刚老师对高考命题思路的综合分析，历史教法的深刻剖析，为我备战高考明确方向。中国人民大学附属中学历史特级教师李晓风老师对中国古代史知识的梳理，使我深刻地体会到历史课堂的博大精深。风趣、幽默的朝阳区历史教研员曹卫东老师让我感受到女历史教师、女教研员的风采，她对中国古代、近代思想史的讲解，让我体会到历史课堂的精彩。"

2. 名师上课，呈现精彩课堂

为满足教师的要求，几年中课题组多次直接请来全市优秀的历史教师为我们的学生上课，近距离地感受名师的风采，揣摩名师对学生的循循善诱，直接感受名师的教学风格。如北京四中的赵利剑老师、北京师范大学附属中学的王宏伟老师、海淀十一学校的贺千红老师、朝阳区教研中心的曹卫东老师等或直接上课或给学生作讲座。在上课的内容上，既有对教材内容的辅导，也有对学生解题思路和方法的指导，还有现场课的亲自执教。每次活动高中老师都积极参加，并尽可能地采取同步课堂的形式，让全体高三学生都能有机会共享名师精彩的课堂。广大师生都感到获益很大，特别是我们的学生成为最大的受益者。活动中广大师生一方面为这些优秀教师渊博的知识、精彩的课堂教学所折服；另一方面，活动对密云区历史教师的专业发展也起到了积极的引领作用。

　　例如，2013 年第一学期高三历史一轮复习已经过半，通过半年来的视导听课，课题组越来越感觉到第一轮复习课堂教学的重要性。如何在课堂复习中提升复习的最大效率，体现对学生思维过程的引导，落实高考的基本要求。这是高三历史教学的基本要求，也是教研活动的主要任务。为此，2013 年 12 月 26 日上午，课题组特别邀请了北京师范大学附属中学历史高级教师王宏伟老师来北京师范大学密云实验中学直接面对学生上了两节高三复习展示课"大萧条与罗斯福新政"。

　　王宏伟老师在导入中从汉字"梦"导入，对人类的梦想进行解读，人类的梦想在一个一个地实现。然而，在 20 世纪 30 年代，美国人的一场梦随着一场危机的出现而破灭，那就是 1929—1933 年经济危机。由此开始进入复习课的学习。

　　在教学中，王老师从经济危机发生的原因、危害，危机后美国采取的一系列摆脱危机的措施，以及影响，等等几个方面给学生进行了深入的分析。在分析每一部分时，王老师采取"分栏式"做法，即把复习内容与近几年各地相关高考试题紧密结合进行深入分析，让学生能够针对问题对号入座。把问题与教材内容结合起来。这种分析对有效加强学生对复习内容的深刻理解有很大帮助。

　　课后，参加听课活动的教师分别谈了自己的感受，普遍认为听课收获很大：一是王老师和蔼可亲的教学态度感染了每一名同学，其渊博的知识、敬业的精神值得每一位老师学习。二是王老师在教学中讲练结合，把教学内容与典型试题结合起来进行深入分析，让学生有一个充分的理解过程，这一点对我们高三复习教学启示很大。三是王老师特别注重历史材料的使用和分析，创设新情境、提出新问题，指导学生对历史材料进行分析和概括。四是王老师注意问题的设计，以问题为引领，加强学生对教学内容的掌握和理解。问题的设计有梯度、有深度，并能层层推进。

　　最后张静老师对活动进行了点评，特别对为什么要开展这种形式的教研活动进行了说明，即目的在于在第一轮复习中学习先进经验，提高学生的获益面。教师们要思考的是：同样的复习课，同样的学生，为什么课堂效果有很大的不同？名师在循循善诱、如沐春风的气场中把历史课上"活"了。轻松的气氛有助于历史思维的提升力度，积极的鼓励给予学生希望和愉悦的心态。这说明在复习课中关注学生的心理、增强学生自信心的重要和必要；也应从中反思教学，通过有效方法和思维引导，进一步提高教学质量。

（三）聚焦试题分析，教学更加有的放矢

　　每年的期中、期末和一模考试后，课题组都要对试题情况、考试情况和学生的答题情况做深入的分析，及时找出存在的问题，提出解决的措施和办法，为下一阶段的教学制定切实可行的措施和对策，做到有的放矢，这对高三的教学具有很强的指导性。海淀区教研中心的张威老师、西城区教研中心的张汉林老师、东城区教研中心的冉峰老师，以及朝阳区教研中心的曹卫东老师，等等，都结合本区的试卷做了试题分析和教学建议的专题讲座，从试题形式，考查意图，试题本身带给教学的启示等方面进行了交流，获得教师们的好评。北京教科院基础教育教学研究中心的张静老师还结合我们的高考数据多次给我们进行分析，找出密云区历史高考自身的薄弱环节。比如在知识板块上世界史、中外综合偏弱，在能力上史料研习、阐释论证等高端能力有待加强等，使教师们明确了进一步努力的方向。

　　例如，2014 年 4 月，朝阳区教研中心历史教研员曹卫东老师在首都师范大学附属密云中学做了题为《2013—2014 年典型试题分析训练》的讲座，全区高三历史教师和首都师范大学附属密云中学全体文科班学生参加了活动。

　　曹老师对近几年以来北京市高考卷 II 部分的试题特点进行了归纳，主要包括概括归纳、划分阶段、解读材料、论证阐释等几种类型，强调识记性、程序性和发展性。

　　曹老师对近几年来的考题进行了分类并逐一进行了解读说明。大致包括四类：第一是划分阶段、提炼主题类。曹老师从近年北京市高考中选取了张一元企业发展历史阶段等有代表性的试题进行了说明。第二是对历史材料的解读类。重点对 2012 年北京市文综历史试题 37 题（3）、2013 年北京市文综历史试题 37 题（3）两个试题进行了说明，并给学生归纳了这类题的解题思路和方法。第三是漫画、表格、地图类试题。重点对东汉后期和唐朝前期黄河流域、长江流域县城数量的变化进行了说明。第四是历史学习与研究方法类。这样的讲座解决了教师的困惑，特别是信息量大，使老师获益颇多。

（四）教研与科研并重，在行动中发展

为提高学校教研组活动的实效性，课题组深入学校教研组，参加学校教研组活动，特别是对北京师范大学密云实验中学和首都师范大学附属密云中学两所学校的教研组进行了深入指导。这两个教研组青年教师多，教学质量的高低对全县的影响很大。在指导教研组活动中，课题组参与了集体备课、说课，检查教研专题的落实情况、科研课题的实施情况等，对学校教研组教研活动的规范、活动质量的提高有很大帮助。

例如，北京师范大学密云实验中学历史教研组的教研工作组织得有声有色，他们在教师队伍培养、落实各项教学常规、制订教研组长远发展规划、科研课题的实践与总结、加强青年教师培养等方面都有很大进步。许多教师在不同层面上获得表彰。

关荣老师获区级骨干教师录像课评比二等奖；王海梅老师参加县级非骨干教师评优课，并获三等奖。关荣老师的《浅谈运用情境教学提高历史课堂的有效性》获市级三等奖，赵永恒的《浅谈小组制在高中历史教学中的应用》获市级二等奖。

科研与教研是教师专业发展的双翼，不可偏废。为加强教师的科研意识，吸引更多的教师参与到科研中，李文胜等历史教研员在 2013 年和 2014 年都申报了区级科研课题。2013 年开展的课题为"高三历史材料解析题策略研究"，2014 年开展的课题为"高三教学历史材料解析题教学方法研究"。可以看出，这些课题选题与高三历史教学结合紧密，为教师在高中历史教学实践的层面上从科研的高度探索高中历史教学的规律和特点，特别是为高中学生历史核心素养的形成提供了广阔的平台与条件。

（五）创造条件，为青年教师发展搭设平台

密云区青年历史教师占全部历史教师的一半以上，他们工作热情高，是历史教学的主力军。但是由于教学时间不长，存在着经验不足、所教学生学业成绩不是很理想的问题。针对这一状况，我们在各项活动中一方面要求青年教师要积极参加，

用心学习；另一方面给他们压担子，在干中学，如，让他们承担研究课，提供让他们迅速提高教学能力和水平的机会。在此过程中，历史教研员悉心指导，与他们一起研磨，一起商讨。既注意保护他们的热情和创造性，又在教学的基本功与教学的深度与广度上加以引导。经过这几年的历练，密云区青年历史教师迅速成长起来，专业水平获得可喜的进步。

例如，密云区太师庄中学的高丽萍老师作为青年教师，曾为全区高三老师做试卷讲评课。在前期备课时，她感到有很大压力，但在课后交流中，她坦诚地说这样的研究课对其自身的成长帮助很大。此后，高老师多次承担起区级研究课的任务，现在她已经成为密云区青年骨干教师。

密云区巨各庄中学的许均涛老师是这几年中成长较快的青年教师。他在自己的工作总结中写道："在一次市区教研员一起听课的活动中，我对《古罗马的政制与法律》一课大胆设计，加入中西法律观念比较。学生在我设计的一个又一个问题和材料的引导下，最终得出结论：法律最重要的是"公平、正义"。当我看着黑板上自己写下的这四个字，我想，也许再过 10 年，学生们忘了今天学的历史知识，忘了年代，忘了内容，但他们要明白法律的真正意义，记住这四个字，我这个课也就不算白上了。"许均涛老师近年参加了区、市以至全国的录像课评比，参加了北京市高中教师基本功大赛，都取得了好成绩，还参与了北京数字学校的课程录制，也收获颇丰。

这些年的研究过程、历次教研活动都由密云区历史教研员李文胜老师撰写纪要、负责人张静老师审阅和修改，并以简报的形式，进行及时发布，上传北师大，下达历史教师，成为课题组反思研究、积累成果的重要途径。

三、研究成果

在与北师大合作的几年来，在各级专家的帮助和引领之下，在全区历史教师的共同努力下，密云区高中的历史教学不断发展、进步，朝着良性循环的轨道前进。

（一）教育教学观念有了转变

观念的更新不是一蹴而就的。经过六年的不懈努力，密云区高中历史教师在教育教学观念上正在发生着深刻的改变，特别是在课堂教学中，重知识、轻能力培养，重教轻学的现象得到根本性改变。在教学设计上，注重教学目标的完整性，注意对学生活动环节的设计。在课堂教学中，注意历史情境的创设，注重历史材料的使用和分析，注意对学生的引导和帮助，发挥学生主观能动性，注意对学生学习方法的指导和帮助。在评价方式上，注意以多元评价方式评价学生的学习，特别是注意对学生学习过程的评价。同时，教师通过读书活动，不断给自己充电，一方面充实了自己的专业知识，另一方面，通过读书让自己的课堂更加充满活力。

（二）历史教师整体素质有了提高

课题实施 6 年来，教师感觉收获非常大。在与教师座谈中，他们提及的最大感受是：教师整体素质得到了很大的提高。特别是李晓风老师、赵利剑老师、张汉林老师、贺千红老师的讲座，给教师留下了深刻的印象。广大教师为这些专家渊博的知识、高超的教学技能、潜心的研究精神所折服。教师用"震撼"来形容他们当时的心情。张静老师对课堂教学的点评，给教师的教学带来了很多新的启示，新的要求，促成了教师课堂教学的面貌发生了根本的变化。

例如，密云二中李慧君老师一直积极参加课题活动，她认为这一课题对教师来讲，为郊区教师带来新的高考信息，有助于复习方向的把握。张静老师的讲座有助于教师教学观念、教学方式的更新。李晓风老师、赵利剑老师的讲课所提供的教学模式和教学资源，有助于教师教学质量的提高。贺千红老师的讲座让教师体会到了什么是研究高考，学习了研究高考的方法。从精神层面上来说，张汉林老师的绿色升学活动讲座激发了教师们向名师学习的积极进取精神。这是一种"从优"的效应。

（三）教育教学成绩有了提升

课题实施以来，经过共同努力，密云区历史教学水平得到了很大提高，高考成绩也在不断提高。自 2009 年课题开展以来，密云区历史高考成绩有了较大的提升，由原来成绩不理想，即区高考文综历史得分低于全市平均分，学生高端能力得分较低，实现跨越性发展，6 年间高考成绩发生了与市平均分差距缩小到 4 年均超过了全市平均分的显著变化，在全市远郊区表现突出，其中 2011 年和 2014 年进步幅度最大（见表 25、图 22）。这对于郊区来说，实属不易，说明有耕耘一定会有收获，也说明我们教师们历史专业素养的提高有利于促进教学质量的提升。

表 25　2009—2014 年密云区与北京市的高考文综历史平均分比较

项目	2009 年	2010 年	2011 年	2012 年	2013 年	2014 年
密云区平均分	52.20	50.07	55.58	45.66	53.20	57.99
北京市平均分	52.57	50.36	54.87	45.19	53.08	56.98
密云区与全市比值	−0.37	−0.29	0.71	0.47	0.12	1.01

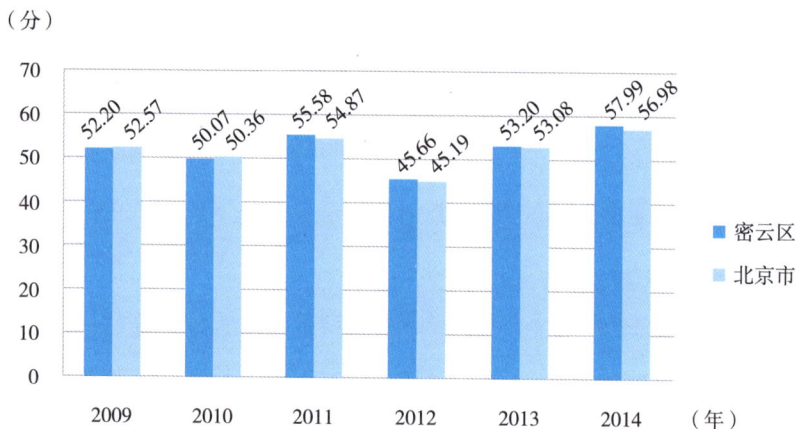

图 22　2009—2014 年密云区与北京市历史高考平均分比较

（四）一批青年教师迅速成长

通过课题的研究，青年教师队伍得到迅速锻炼，成为密云区历史教学队伍的骨干力量。如首都师范大学附属密云中学的张晓彬老师，密云二中的李慧君老师，北京师范大学密云实验中学的赵永恒老师、王瑞老师，密云巨各庄中学的王华老师、许均涛老师，等等，他们的教育教学理念发生变化，水平和成绩都得到不同程度的提高。同时，首都师范大学附属密云中学的张晓彬老师、李洪晶老师在北京市高中历史教学设计评比中获得二等奖，密云二中的李慧君老师在北京市历史教学论文评比中获得一等奖。同时，在2013年区骨干教师的评选中，历史教师中有一名晋升为县级学科带头人，三名晋升为骨干教师，两名晋升为青年骨干教师，在所有学科中名列前茅。这些成绩的取得，是与课题扎扎实实地开展密不可分的。

例如，首都师范大学附属密云中学张晓彬老师特别谈到：在专家、老师的帮助和自身的努力下，我取得了一些成绩。连续五年荣获首都师范大学附属密云中学自主—互助式课堂教学改革评优课一等奖；连续五年荣获首都师范大学附属密云中学自主—互助式课堂教学改革论文一等奖。2009年荣获密云区中学青年教师教学设计评比一等奖。2011年《祖国统一的历史潮流》一课在北京市历史教学评比中荣获二等奖；《挑战教皇的权威》一课在中国教育学会基础教育评价中评为优秀课。2012年在密云区高中教师基本功培训与展示活动中荣获一等奖。2013年在"祥云行动"骨干高中校长高研班培训现场学习中作公开课一节；撰写的《祖国统一的历史潮流》荣获北京市中小学第六届《京美杯》征文二等奖；撰写的《自主—互助式教学在高中历史课堂中的运用》在北京市历史教学论文评选中荣获二等奖。《两极对峙格局的形成》教学设计及课例，在北京市优秀课堂教学设计评选中荣获三等奖。

（五）学校历史教研工作上了新台阶

以前，各校教研组在建设方面、教研活动质量方面确实有一定差距。通过课题活动的开展，我们强调教研活动要形成合力，发挥集体智慧，形成各校教研活动的特色。加强集体备课、说课，加强同头备课，这样就改变了过去单打独斗的状况，让教研组发挥了最大的效率。同伴互助，智慧共享。在这一方面，首都师范大学附属密云中学、密云区巨各庄中学做得都很到位，效果也很明显，教学成绩连年进步。在区级教研活动中，密云区教研中心的李文胜老师针对高三状况也开展了很多有成效的教研活动，还申请了区级立项课题"高三学生历史审题、解题能力的提高"，让教研与科研紧密结合起来，有效地推动了学生能力水平的提高。

　　首都师范大学附属密云中学郑红艳老师表述学生的变化：学生的历史学习能力和态度有了明显的变化，尤其是学生接受了专家新的理念，对历史高考有了新的认识，用新的理念指导自己的学习，不用家长和教师指导，意识到学习的终生性、长期性，在新的自主学习的教学模式下乐于接受教师的指导，提高自己各方面的能力，历史课上学生积极参与，用历史的知识解决现实的问题，分析现实问题，学生能力得到提高。

（六）在教师专业发展研究上形成了密云特色

　　6年来，本研究在行动中推进，在反思中提升，在如何促进农村高中历史教师专业素养上逐渐形成了自己的特色。密云特色概括起来有以下4个方面。

　　1.研究学生学习心理，加强有效学习指导

　　以往，高中历史教师无论是上常态课还是研究课，更多的是在如何处理好教材上下功夫，而对于学生的活动设计、教学方法的使用、如何精选历史材料等方面思考的不够。通过课题开展，专家的引领、指导，广大教师的思维从自己如何才能讲明白转向如何让学生学得明白上来，真正地把学生的主体地位体现出来。同时，每设计一节课，教师都要全面思考，重点突破，同教师共同说课。对不同类型的课，也能选择不同的侧重点。这种观念的转变，是与专家的细心指导，高标准的要求分不开的，对今后的历史教学有着深远的影响。

　　2.课题研究与传统教研相结合，使教研活动发挥更大功能，为一线教师服务

　　从一定意义上讲，课题研究的开展为密云区的高中历史教研工作注入了新思想、新思维、新观念和新形式。如每次活动都保留活动纪要，这就使活动一方面具有延续性，另一方面也为今后的教研活动的内容提供素材和依据。这种有计划、有重点、有目标、有存档的教研活动，从长远来说，对密云区的历史教研是宝贵的经验。

　　3.教研活动更具专业性、发展性，质量更上一层楼

　　在课题实施过程中，课题组都是请北京市最好的专家进行的专题讲座。这种讲座使广大历史教师受益匪浅，专业素养得到全面提升。如果没有这些专家资源，仅靠密云区自身资源难以做到。专家们的学识，思考的深度、广度、高度，以及他们

对事业的态度和敬业的精神更是对教师起到了潜移默化的影响。

4. 将在课堂上有效提高学生学习能力视为教师专业能力的关键

经过专家的课堂评课、指导，广大教师已经认识到课堂教学中要求学生掌握一定的历史知识是必要的；但更重要的是，学生如何利用掌握的知识解决问题。提高学生的审题能力和解题能力，并且在课堂教学中，有意识去落实，这是非常重要的。正如中国古语所言"授之以鱼，不如授之以渔"。

四、反思

在紧张而有序地提升教师专业素养的实践活动中，6 年时间如白驹过隙，"弹指一挥间"。尽管取得了可喜的成绩，但仍然存在一些问题，仍有很多事情要做。我们感到：第一，密云区教师在"走出去"方面还要再加强，特别是要与自身的发展结合起来；第二，骨干教师的队伍建设上还要制订详细的计划，加大培养力度；第三，在历史教师专业素养的培养中，还需要在前期成果的基础上，总结经验与不足，制定更加系统化的实施方案，将长远计划与近期目标结合起来。第四，这 6 年历史学科的研究主要集中在高中阶段，在初、高中衔接、整体化推进上尚有较大的研究空间。新一轮高中课改的大幕即将拉开，面对新课程倡导的历史核心素养，历史教师专业发展也要迎头赶上，更上一层楼。

□ 执笔人：张　静 李文胜

探索"三走近"模式
提升高中英语教学质量

"高中英语教育教学质量提升"是"高中绿色升学率"项目的一个课题，自2008 年 2 月启动，至 2014 年 6 月结束。课题启动以来，课题组努力落实项目研究的指导理念、目标与规划，为提高密云高中英语教师的整体专业素质和教学水平，重点采用了"三走近"的工作模式，即走近教师、走近课堂、走近学生。课题组借助高校和市教研组在组织管理上的优势，整合富有针对性的优质资源，通过直接有效的方式，让教师和学生快速见到了课题的实施成效。在此过程中，高度重视培养学生的英语学习兴趣和逻辑思维能力，改变和拓宽了密云区英语教师对英语学习的传统认知和教学方式，切实提高了密云区高中英语教学质量，也显著促进了高中英语教师队伍的专业发展。

一、密云高中英语教师教育教学现状分析

密云区地处北京市东北部偏远山区。全区共有 5 所高中校，其中密云二中为北京市普通高中示范校，首都师范大学附属密云中学属区级重点中学，北京师范大学密云实验中学属普通校，和前两所中学同处在密云城区。以上 3 所学校大约各有 3000 名学生。密云太师庄中学和巨各庄中学属山区校，这两所学校大约各有学生600 人。密云区的 5 所高中学校按成绩高低依次录取，因而 5 所高中学校的学生层次差异也很大。

密云区高中英语教师队伍与北京市城区高中英语教师队伍相比较有着明显差距。密云区高中英语青年教师（40 岁以下）的比例高达 61%；原始本科学历教师只有 47%（无研究生学历教师）；具有高级教师职称的教师仅 23%。师资力量与北京市城区高中英语教师比是比较薄弱的。北京市城区高中英语教师全部为本科学历起步，并有一定的研究生学历比例，尤其是市级示范高中校英语教师，研究生学历比例较高。由于密云地处北京市边远山区，信息相对闭塞，随着教育改革的迅速发展，北京市英语课程改革全面普及，密云区高中英语教师的观念更新速度、新课程实施能力和学校升学率等亟待提高。

二、高中英语教育教学质量提升课题研究设计

通过以上对密云区师资和教育教学现状的了解与分析，课题组设计了"走近教师、走近课堂、走近学生"（"三走近"）的研究思路并确定了具体研究内容。

（一）研究思路

根据密云区高中英语教师队伍现状、教学环境特点，将课题研究思路定为聚焦课堂，只有提高每一节课的教学质量，才能保证整体教学质量的提高。上好课是教师的"看家本事"，教师不仅能上讲台，还要站稳讲台，更要站好讲台。课题组有计划、有步骤地设计了"走近教师、走近课堂、走近学生"的"三走近"研究模式，围绕提高教师上课的能力开展活动。

"走近教师"重点聚焦教学设计研究，包括教学理论学习、课程标准研读、教材分析、教材整合研讨交流、学案撰写修改等。

"走近课堂"重点聚焦各种课型的规范性，听课、议课交流研讨。"走近课堂"活动形式有：外请观摩示范课交流学习、区内校内研究课交流研讨、同课异构交流研讨等。

"走近学生"重点聚焦"学有余力学生"的培养。外请专家和优秀教师开讲座、进班授课等。

（二）研究内容

《普通高中英语课程标准》对高中英语教学提出了明确的任务：重视提高学生用英语获取信息、处理信息、分析和解决问题的能力；逐步培养学生用英语进行思维和表达的能力。在信息社会，学会获取信息和处理信息、分析和解决问题是每个公民必须具备的能力，高中阶段应该特别重视对这一能力的培养，使学生终身受益。

为完成课程标准目标要求，教师必须具备用好教材、上好课的能力。因此，课题研究主要内容如下。

1. 聚焦教材，落实课程理念

课题组前期听课发现，教师对教材依赖程度比较高，照本宣科现象严重。课程

目标提出：教师可以根据教学环境、学生情况对教材进行适当调整、补充、删减等处理。一线教师在理解教材方面困难不大，但是在整合教材方面存在问题。因此，课题组"课标与教材"专题研究的内容主要包括教材与学生、教材与课堂、教材与练习、教材与测试，旨在帮助密云区高中英语教师树立"用教材教，而不是教教材"的新课程理念，提高活用教材的能力。

2. 聚焦课堂，落实课程实施

把课上好是教师职业的"看家"本领，密云区高中英语水平的提高依赖于优质课的增加。密云区高中英语教师整体情况与北京市城区英语教师有差距，但是教师们的敬业精神，对学生的理解，对教材的熟悉程度，经验的积累等还是有一定的优势。只是由于地处偏远，信息的沟通、观念更新有别于市区，造成课堂教学相对传统，缺乏新课程改革力度。因此，打造优质高效课堂有助于提高密云区整体英语课堂教学的质量。课题组"课标与课堂"专题研究内容主要包括课堂分层教学活动设计研究，听说课模式研究，阅读课能力培养研究，文本文化挖掘研究，阅读与语法、阅读与词汇研究，读写课模式研究，等等，旨在帮助密云区高中英语教师提高会上课、上好课的能力。

3. 聚焦高考，理解课程内容

密云区高考英语成绩在北京市高考英语成绩排名中比较靠后。原因有多方面：密云的英语教学环境（社会、学校）不如北京市城区；学生英语基础相对薄弱；教师队伍的学历、资历、能力不如北京市城区高中英语教师。因此，课题组研究的"课标与高考"的主要内容包括专项复习课研究、综合复习课研究、试卷讲评课研究等，旨在加强高三英语教学的针对性，提高复习的实效性。

三、高中英语教育教学质量提升课题的实施

课题的实施紧紧围绕研究思路开展，课题组组建了专业、系统的专家队伍，为密云区高中英语教师提供从理论到实践的各层面的指导。

（一）理论学习，课标解读，教材分析，教法指导

课题组特聘大学教授、北京市特级教师、城区教研员等理论与实践专家，平均每学年进行 2 至 3 次专家讲座，讲座专题设计全面，包括教学理论、课标解读、高考辅导、教材分析、教法指导（见图 23），旨在有效指导密云区高中英语教师提高教学理论水平，从经验型教师向学习型、研究型教师转变。

北京市特级教师孟雁君:《高中英语复习策略》(2008、2009、2010 年);
北京理工大学教授刘宁:《高考命题研究》(2012 年);
北京教科院基教研中心教研员陈新忠:《听说课教学设计》(2013 年)，《说课指导》(2014 年);
北京市海淀区教师进修学校教研员刘晓波:《高三模拟试卷分析指导》(2013 年);
课题组专家胡小力:《课标与高考》(2010 年)，《北京市高考英语试卷评价》(2011 年)，《高中英语阅读教学》(2012 年)，《课标与教材》(2013 年)。

图 23　课题组设计的专家讲座专题

根据密云区高中英语教师的需求，在高考前的一模、二模期间，课题组还专门组织北京市城区经验丰富的高三英语教研组长、备课组长为密云区高三英语教师进行考前备考的经验交流分享。清华附中特级教师程惠云、立新学校教研组组长陈红老师、北航附中教研组组长王冬云老师、八一中学高三备课组组长李佳、育英中学何军老师等都为密云高三英语教师进行过指导。这些教研活动由于非常"接地气"，深受一线教师欢迎，活动拓展了教师的备考思路，提供了鲜活的备考素材以及备考方法，加强了密云区英语教师高三备考的针对性和实效性，使密云区的高考英语成绩不断提升。

（二）专家引领，课堂实践，反思交流，成长成才

课题组开题以来特别重视听课、备课、议课的教研交流活动，每学期安排 3 至 4 次听课评课活动，涉及的课堂教学内容有青年教师基本功课、不同课型的规范模式、高三专项复习课以及试卷讲评课等。每次课后的专家点评，包括交流环节，都让教师们不仅在把握课型规范性上受到启发，更是在教学环节细节的处理方面得到了指导。课后的专家点评让老师们深受启发，受益匪浅。例如，听说课与阅读课的三段式规范安排、写作课的读写结合模式、语法课的"体验探究——归纳总结——实践

应用"模式等。

课题组探索的"走近教师"备课、"走进课堂"听课的研究模式如下。

1. 备课研讨——反复打磨——展示交流

课题组安排的每次听课、评课活动都是按照"校内组内备课研讨——课题专家交流指导——校内组内听课交流——区内展示交流——课题专家评议指导"的流程进行，重视教研的过程，促进教师的成长。7 年来，课题组研究的课堂教学包括以下两个方面。

（1）"打磨"规范青年教师教学基本功。2012 年课题组在首都师范大学附属密云中学开展的青年教师高一英语课堂教学的研究，对青年教师的课进行了两学期的跟踪，重点打磨他们的教学基本功，如教学语言、教学过程、板书等的规范性。在专家跟踪听课过程中，青年教师与专家交流，青年教师规范了自身的教学行为，加快了成长的步伐，以前上课的教学语言、板书的随意性减少了，教学过程的安排开始关注学生的学习，以往的照本宣科有所改变。这些青年教师通过打磨，明确要上好每节课就要先练好基本功。课题组的引领，不仅促进了青年教师的成长，也提高了该校英语教研组的教研活动质量。

（2）研究、实践高效的高三专项复习课。课题组安排的高三专题研究课活动，每年在不同学校开展，旨在做好分层分类的指导。例如，在密云太师庄中学和巨各庄中学开展的高三写作课的研磨交流、北京师范大学密云实验中学的阅读专项复习课的打磨程序：校内组内讨论——课堂实践——反思修改——再实践——课题组听评课——再交流、展示及专家点评指导。这样的课堂研究模式老师们非常认可，并且感觉通过研磨有很大收获。几年来，通过高三复习课的打磨研讨、课题组专家的指导，密云区的高三英语教师基本上明确了复习课的思路：回忆——巩固——提升，改变了教师在复习课上"一讲到底，一练到底，一问到底"的模式，形成了"帮助学生回忆已学知识——组织学生操练巩固已学知识——提供机会让学生运用所学知识"的复习课模式，加大了复习课的密度，提高了学生在复习课上参与活动的主动性和积极性。

2. 搭建学习平台，引进优质课

随着课题研究的深入，听课活动不仅仅局限于区内校际之间的交流，课题组还特聘北京市获奖优秀教师以及示范高中的优秀英语教师借班上示范课，为密云区高中英语教师提供了观摩学习的机会（每学年 4 至 6 节）；安排了城区优质教师在密云区借班上课（详见图 24），为密云区教师搭建了观摩学习、交流分享的平台，拓展了教师的教学思路，丰富了教研活动的模式。课题组还开展了几次密云区高中英语教师与海淀区高中英语教师"同课异构"的课堂交流活动，取得了非常好的效果。课题组还开展了对高三"学有余力学生"的辅导活动，课题组特聘清华附中、人大附中、北航附中等为高三把关的英语教师为"学有余力学生"上课，拓展了学生的视野，使得密云区高分考生人数有了历史性的突破。

北京市育英中学何军——有效训练完形填空试题的方法；
北航附中陈瑞霞——阅读理解专项训练；
十一学校刘英——提高写作丰富性的训练方法；
玉渊潭中学孙婧 ——情景写作专题训练；
首师大育新实验学校毛金玲——开放性作文写作训练；
清华附中陈彦竹——阅读理解专项复习；
北京市第四十七中学焦晶——应用文写作。

图 24　课题组组织的城区优秀教师在密云区借班上课课例

引进课的安排全部根据密云区高三英语教师的需求，引进课也是进入高三复习后，教师们最困惑的复习课模式。

课题组引进的优质课不仅打开了教师们上复习课的思路，还使教师们进一步明确了试题的考查功能，即重视学生分析语篇能力和逻辑思维能力的培养。例如，北京市育英中学何军老师的两节完形填空试题训练课，对教师们启发很大。课堂上教师引导学生分组进行阅读语篇设空练习，学生从被动做题变主动命题，角色的转变使学生异常兴奋。课堂上每组学生所设置的试题填空有所不同，教师参与讨论。一组完形填空试题的命制是通过组内设空讨论，组间分析答案来完成的。这样的课型让教师们感觉何军老师的教学思路新颖、独特。课堂上学生通过自主命题，明确试题的考查意图，明确自身该如何加强思维训练，如何解答试题。高考专项复习中如何提升完形填空试题训练的实效性一直以来让教师们倍感困惑，通常的做法是做题、讲题。何军老师采用"换位思考"方法进行课堂活动的设计，这种方法巧妙地引导学生吃透命题思路，在探讨解题方法的同时，训练学生的阅读思维能力，这样的复习模式有创新，让学生在课堂上真正"动"起来了，打破了传统复习课学生被动听的模式。

引导学生在课堂上进行命题是高三复习课比较少见的活动，具有一定的挑战性、开放性。学生们的积极性得以调动，课堂气氛热烈，学生在讨论中明确了解题思路。再例如，北京市第四十七中学焦晶老师的两节应用文写作课（见以下教学设计）。

授课教师：焦晶
北京市第四十七中学
班级：(借班) 北京师范大学密云实验中学高三
课时：80 分钟

教学指导思想与理论依据

《普通高中英语课程标准》对高中英语教学提出"高中英语教学应该着重培养学生以下几方面的能力：在人际交往中得体地使用英语的能力；用英语获取和处理信息的能力；用英语分析问题和解决问题的能力以及批判性思维的能力"。

高中八级目标要求，对于写的技能有如下描述：

1. 能根据所读文章进行转述或写摘要。
2. 能根据文字及图表提供的信息写短文或报告。
3. 能写出语义连贯且结构完整的短文，叙述事情或表达观点和态度。
4. 能在写作中做到文体规范、语句通顺（《课标》表 3.3）。

2014 年《考试说明》对写的考试内容和要求陈述如下。

主要考查考生根据写作任务的要求用英语进行书面表达的能力。考生应能：

a. 根据不同文体，运用恰当的句式、词汇和语法完成书面任务。

b. 做到内容完整、语意连贯、交际得体。

对一档文的要求是：完全完成了试题规定的任务。内容完整，条理清楚；交际得体，表达时充分考虑到了交际对象的需求；体现出较强的语言运用能力。完全达到了预期的写作目的。

学情分析

2014 年北京市的英语高考考题形式有了调整，其中最明显的是写作的调整，把开放性写作换成了第一节的应用文写作，更加侧重于语言的应用性。高三的学生，在以前的英语学习中很少涉猎应用文的写作，对应用文的格式、措辞，语言的交际性等不够了解。

续表

教学目标
在两课时结束时，学生能够达到的目标如下： 1.掌握一些关于中国节日的词汇短语。 2.使用相关词汇造句，并使用适当的连接词。 3.在写作之前明确写作题目的要求。 4.尝试在写作中使用一些交际性语言，有一定读者意识。 5.按照题目要求写一篇关于春节的文章。
教学重点和难点
教学重点： 掌握节日词汇句型的表达方法，了解应用文的特点以及交际性的表达方法。 教学难点： 根据应用文特点，用所学的句子修改自己的作品。
教学流程图

教学流程图：

写前 → 词汇 → { 新语境中提取词汇 / 动词短语搭配 }
写前 → 句子 → { 完成句子 / 使用连接词造句 }

写中 → 读题目看要求 → { 读题，回答5个问题 / 给例文评分 / 评分原则 }
写中 → 口头造句
写中 → 按要求写作文

写后 → { 自评 / 互评 }

该节课亮点一是教师引导学生阅读两篇短文，对比短文内容，讨论评分。传统的写作复习课，教师进行分析，学生被动地听。本节课教师引导学生自己进行阅读分析，有体验、思考过程，尤其是学生在评分的过程中，明确了写作的要求和标准。亮点二是教师设计的阅读写作范文，根据范文内容进行命题。

引进的优质课不仅为密云区英语教师传递了课改信息，更重要的是展示了先进的教学方法，示范性和可操作性非常强，有助于提高高三英语备考的实效性。课题组特聘专家胡小力老师、密云区英语学科教研员曹小菊老师的每一次课后点评和指导也使广大英语教师深受启发，有效地引领了英语教师们教学行为的转变，引领他们积极尝试和实践新的复习备考方法。教师们在研究中学习，在实践中进步，在交流中成长。教师队伍的建设与发展，必然带来教学水平与教学质量的提高，也必然带来密云区的高考英语成绩的逐年提高。

四、高中英语教育教学质量提升课题研究成效

经过 7 年来项目的实践，密云区高中英语教师的专业能力得到了明显的发展，教师更新了教学观念，提升了英语教学专业能力，增强了课堂教学实效性。

（一）教师教学观念不断更新

课题研究中，通过教学理论的学习、教学设计的解读和课堂教学的实践，公开课、示范课的交流和讨论，课程改革的理念深入人心，教师的教育思想和教学行为发生着转变。通过课题研究的培训，教师们说："我们要'变态'，改变我们的心态，改变我们的教态，改变我们的状态。"教师的观念更新，必然带来了教学内容和教学手段的更新。一位教师在研究课打磨后感言："你所站立的地方，正是你的课堂。你怎么样，你的课堂便怎么样。你是什么，你的课堂便是什么。你有光明，你的课堂便不黑暗。你所站立的前方，正是你的学生。你怎么样，你的学生便怎么样。你是什么，你的学生便是什么。你有光明，你的学生便不黑暗。"

（二）教师整合教材的能力持续提高

通过几年来的课题研究与课堂实践，密云区英语教师从比较依赖教材到大胆整合教材、丰富教材，在使用教材方面加强了灵活性。

1. 活化教材，调整教学内容的顺序

教材本身具有一定的灵活性、伸缩性和选择性。任何教材在实际使用中，都面临着学生差异、环境差异、时间差异和教师差异等不同境况。教师没有必要机械地按照教材顺序使用教材，而应该根据教学的实际需要，灵活地、创造性地使用教材，对教学内容的次序大胆地进行重组，也就是纵向使用教材，让教材内容更加丰富，更加贴近学生的实际、满足教学的需要。

2. 立足话题，找准新课导入点

课堂导入的质量如何，直接影响课堂教学效果。教师应该根据话题内容进行有效导入，如果一味照本宣科，很难立足教材内容，体现导入应有的功能。课堂导入具有 4 个方面的功能：激发兴趣；集中注意；调适心态；营造氛围。

3. 基于课堂，定位重组"交接区"

建构主义理论强调，学习不是教师向学生传递知识，而是学生自己建构知识的过程，学生要主动建构信息的意义。教师备课要根据学生的实际，有效地整合教材，找准"交接区"。

4. 立足实际，重新分配课时

教材中有单元的课时分配建议，但是这些建议比较粗略，不可能细化到每一课时，这就需要教师在把握教材整体的基础上，根据实际需要进行分割细化，对主干知识做必要的补充，有时在课时安排上需要调整次序，以更好地突出教学重点，分散难点。

通过研究实践，密云区高中英语教师树立了新的教材观，整体驾驭教材的能力有所提高。并且，教师们已经达成共识：教材因为受篇幅的限制，知识生成过程常被"隐藏"，教师的工作或责任是善于对教材进行加工，让教材更丰盈、更鲜活、更灵动。通过对教材进行创造性的组织与设计，真正使学生经历问题的提出过程，感受知识的形成过程，暴露解题的思维过程，体验成功的喜悦过程，从而达到认知与情意的和谐统一。

（三）课堂教学实效性得到加强

在课题研究中，对系列课型的研究、实践、交流，开阔了教师的视野，激发了教师进行课改的热情，有效地促进了密云区高中英语教师的专业成长，大大加强了课堂教学的针对性、实效性。

例如，2014年北师大密云实验学校高迎红老师的完形填空专题试卷讲评公开课的教学设计，大胆尝试了引导学生进行"自查互议"的模式，改变了传统教学的试卷讲评课核对答案、讲答案的缺乏针对性和实效性的模式。试卷讲评课起着帮助学生进一步理解知识、熟练技能、弥补缺漏、纠正错误、总结经验、拓展思路、揭示规律、提高能力的重要作用。表现出的特色，一是低起点，活动设计能从容易之处入手，有助于增强学生的学习兴趣和自信心。教学环节设计层次清晰，将讲评课设计为读前、读中、读后，学生始终处在理解作者、揣摩作者的思维活动中，在提高语篇阅读能力的同时，反思解题中的问题。二是有过程，关注学生观察、理解、分析的思维过程，学生通过自我反思、相互交流，明确自身问题。三是重能力，学生通过小组互助合作，不仅分享了学习成果，还在巩固词汇知识中提升阅读理解能力、分析问题能力以及共同探究、合作分享的能力。

课题组开展的教学研究活动取得了丰硕的成果，受到了密云区教委领导、高中英语教师、广大学生的高度称赞和广泛好评。课题实施也促进了学校、教师、教研、课堂和学生发生了变化，例如，密云区高中英语教师的教学理念的变化，驾驭教材能力的提高，教学技能的加强。密云区高中英语教师有进步，成长快，通过课题组研究的推动，密云区的更多教师积极要求参与教学研究，在校内、区内承担公开课、研究课，大胆尝试以学生为主体的复习课模式，研究实践合作学习、探究学习的试卷讲评课模式等，教学研究氛围浓厚。密云区的一些高中英语骨干教师的教学设计、教学论文等在北京市的教学评比中获奖。例如：密云巨各庄中学李跃老师、密云二中张君义老师获得北京市教学设计评比一等奖；首都师范大学密云附属中学赵琳、胡亚娟、兰春燕，北师大密云实验学校张桂红、鲁丹获得北京市教学设计评比二等奖。

□ 执笔人：胡小力　曹小菊　孟雁君

提升教研质量 篇

TISHENG JIAOYAN ZHILIANG PIAN

在我国，教研机构和教研员是研究课堂教学问题、指导教师改进教学、促进教师专业成长的重要力量，同时也是组织、引领教师进行教育教学改革的重要力量。改变教研、创新教研，是改变一个区域课堂教学的前提和提升该地区整体教育教学质量水平的关键。实践证明，基层教科研系统的机制创新和教科研人员的理念转变与能力提升，是UDS合作有效实施的核心路径，是基础教育可持续发展的重要保障。在8年的合作研究中，我们以与大学、市级教研部门和区级教研部门合作为途径，基于密云教研的实际现状，以"借他山之石""请进来"的开放性教研与"自给自足"挖掘本土资源的教研相结合为思路，建设学校教研共同体，创新区域教研文化，总结探索出了有效教研的多种模式，尤其是在借鉴传统的学科教研模式的基础上，创造性地构建与实践了基于学生发展的多学科教师合作的校本教研模式，为各地深入贯彻落实《教育部关于进一步加强和改进基础教育教学研究工作的意见》，创新教研机制，提升教研质量提供了借鉴和启发。

密云县领导、部分教研员与北师大项目专家合影留念
2011年11月29日

创新教研模式
建立和完善教师群体合作的校本研究机制

2007 年，北京师范大学与密云区政府签署合作研究的协议，启动了"农村基础教育现代化试验区"总项目，共同提高密云区的教育质量。其间，成立了初高中十多个学科研究组，基于学生发展的多学科教师合作的校本研究是其中一个。本研究的一个突出特点，是将学生作为一个个整体发展的人来看待，整合一个班级的多学科教师为整体性的实验团队，以对学生的综合调查和综合分析为基础，结合多学科的学习活动，对学生实施有效干预。

通过实验，有效提升了参与实验"学困生"的全面发展，提升了不同学科的教师从更全面、更立体的视角来读懂学生、开展教育实验的能力，同时也创新了以往的基于学科的单一的教科研方式，形成了较为成熟的基于学生发展的多学科教师合作的校本研究模式，也为一线教师开展个性化教育教学、协同性教育实验提供了具有操作性的示范。

一、研究背景

提升密云区教育质量的关键在于促进全体学生的发展，尤其是促进有特殊需求学生的发展。分析有特殊需求的学生这个群体的问题，多聚焦于学习困难学生"学不会"的问题，而现实的学校教育中，还有一部分学生不愿意学习、学习动力不足、缺乏学习兴趣。分析其因素，多是教育中教师过分重视知识技能的传授，而忽略了对学生情感和态度的培养，致使一部分学生产生厌学、行为习惯不良、情绪障碍等问题，有的学生寻求其他刺激，突出表现为上网、打游戏等网瘾问题，"不想学"问题非常严重。这些问题的产生有着多方面的原因，而且累积的时间也较久，仅依靠班主任或者某一位教师的力量帮助学生解决学习困难问题成效不尽如人意。

我们在对密云区学生情况进行调查研究中发现，影响密云教育教学质量的因素中有一些非学科教学的问题。如，有的学生在多数学科课堂教学中都表现欠佳，这绝对不是纯粹的学科教学的问题，而需要对学生个案进行专门研究。但从当前中小学研究的具体实施情况中不难发现，学科教研往往是最主要的组织形式。无论是以"课例"为载体的"教学型教研"，以"课题"为载体的"研究型教研"，还是强调教师反思的"学习型教研"，基本上都是教同一学科的教师组成教研单位，就本学科的教学进行研讨。虽然在研讨中也涉及学生的情况，但由于所教学生不同，因此只能研究学科、学生的共性问题。就某一个学生而言，同一教研组中只有少数教师对他有所了解。显而易见，学校并没有给教授同一班级的各学科教师提供在一起研讨他们共同执教的某一个班级、某一类或一个学生的时间和空间。虽然也有一些优秀班主任总结出一些针对个案学生的管理经验，但大多是临时性、应急性、非常规的个人行为，缺少规范性、常规性的集体干预。为了完善校本研究的功能，弥补学科校本教研的不足，项目组由梁威教授提出和牵头，成立了"基于学生发展的校本研究"课题组，开展基于学生发展的多学科教师参与的校本研究，针对有特殊需求的学生，其中包括对学习困难学生进行了研究和有效的干预。

8 年来，课题组与 10 所中学、21 所小学共同开展基于学生发展的校本研究模式的探索，引领实验学校教师关注学生发展的复杂性和差异性，形成研究共同体，共同关注有特殊需求的学生。在 2007—2014 年间共开展研究活动百余次，通过群体干预帮助有特殊需求的学生，特别是在帮助学习困难学生走出学习的困境，促进学生的健康发展方面，取得了显著成效。

二、基于学生发展的多学科教师合作的校本研究新模式的探索

针对学习困难学生的身心发展特点，依靠单个教师或者传统的干预模式，很难真正解决学习困难学生心理、思想、学习方法等多方面问题，必须要创新校本研究模式，建立起以学生发展问题为核心的全面研究新模式。

（一）校本研究的概念

所谓"校本研究"是在全面推进素质教育和深化基础教育课程改革的背景下，

以促进教师、学生和学校发展为目的，以学校面临的教育教学问题为研究对象，以学校为研究基地，以学校教师为研究主体，由学校主要管理者组织领导、教科研人员和教育理论工作者共同参与的融学习、教学、教研于一体的群体性研究活动。

（二）当前校本研究的局限

在以往的校本研究中，基本上是以学科教研组为主体的校本研究。这种校本研究，为中小学教师针对自身所教学科的教学研究提供了时间上的保证。在固定的教研活动时间里，教授同一学科的教师坐在一起，就熟悉或感到困惑的学科教学问题进行研究，通过教师个人思考、集体研讨，汇集教师的集体智慧，有效地解决了学科教学中的许多问题。实践证明：学科教研的校本研究模式是十分成功的。在探讨、解决学生学科学习中的共性问题时，学科教研模式起到了重要的作用。

但是，学生实际上是作为完整的人一点点成长的，在课堂上，如果学科教师只从学科学习角度入手，不利于教师全面了解学生，也不利于深入解决学科学习中的问题，特别是对学生的学习态度、动力来源及其对未来生活的期盼与设想等的改进都需要集中所有与学生相关的任课教师的集体智慧，对学生个体或影响学生发展的班级进行有组织的、定期的共同研究和集体干预，才能收到事半功倍的效果。

（三）基于学生发展的多学科教师合作的校本研究模式的建立

学科教研的校本研究模式已经为我们提供了教师有组织地集体定期学习、研讨、解决问题的做法。因此在借鉴其有效的做法和成功经验的基础上，我们提出了基于学生发展的多学科教师合作的校本研究模式。

所谓基于学生发展的多学科教师合作的校本研究模式是以大学研究者、区县教科研人员为专业引领，以区县教科研部门为组织管理单位，以中小学校长为第一责任人，以中层管理干部为直接负责人，以年级组长为召集人，以班主任为主持人，由教授同一个班级的所有任课教师组成一个研究团队，各相关人员共同参与，把班级／学生发展基础、存在问题、发展需求和潜能作为研究对象，通过促进学科教师对个体学生的全面了解与集体干预，以有效促进每一个班级／学生的发展，特别是有特殊需要的学生的发展为目的的，有组织地、定期开展研究活动的一种全新的校本研究模式。通过这一过程，基于学生发展的多学科教师合作的校本研究模式得到了完善，形成了较为成熟的基于学生发展的多学科教师合作的校本研究模式（见图25）。

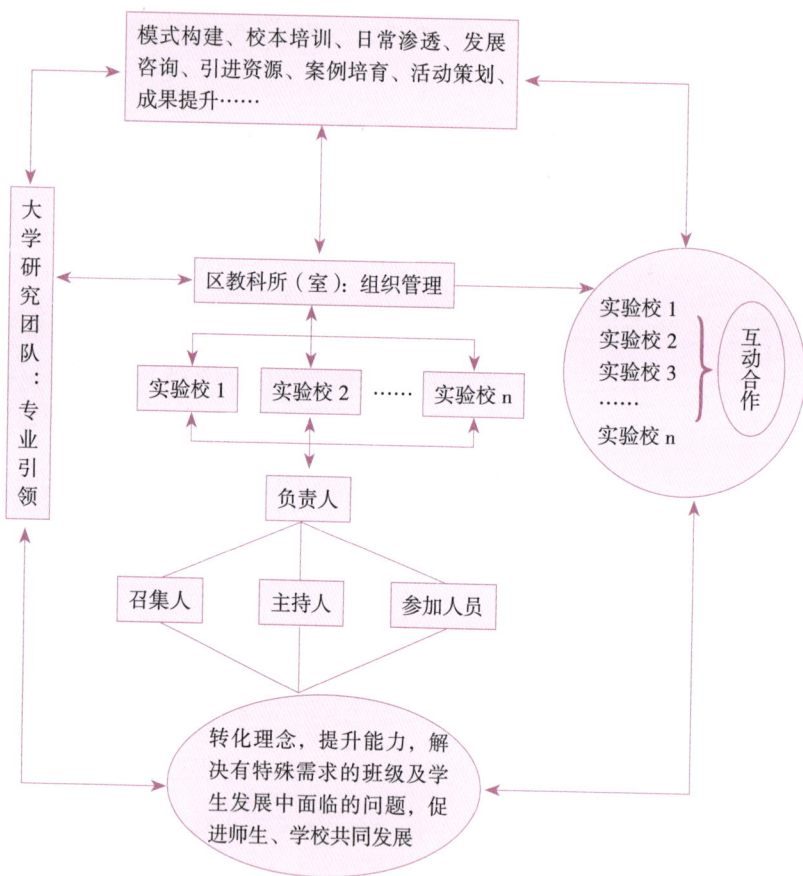

图25　基于学生发展的多学科教师合作的校本研究模式

　　课题组提出的基于学生发展的多学科教师合作的校本研究模式与传统的学科教研的校本研究模式进行比较，既有相同点又有不同点，如表26所示。

表 26　基于学生发展的多学科教师合作的校本研究模式与传统的学科教研的校本研究模式比较

	学科教研的校本研究模式	基于学生发展的校本研究模式
管理组织	区县学科教研室	区县教科所或德育中心
第一负责人	学校校长	学校校长
具体负责人	教学副校长 / 主任	德育副校长 / 主任
召集人	学科教研组长	年级组长
主持人	学科教研组长（备课组长）	年级组长（班主任）
参加人员	同一学科的教师	教授同一班级的各学科教师
研究内容及对象	学科教学中的问题	班级共性问题及有特殊需求的学生
时间	比较固定	相对固定
主要目的	研讨并解决学科教学中的共性问题，促进学生的学业发展	全面了解班级、学生，特别是有特殊需求的学生的情况，制定干预策略，促进学生的全面发展

三、基于学生发展的多学科教师合作的校本研究的实施及特点

基于学生发展的多学科教师合作的校本研究是梁威教授提出并带领卢立涛博士、何光峰研究员、胡进研究员等专家团队，在解决密云区有特殊需求的中小学生，特别是学习困难学生的问题中探索出的一种新的教师合作研究模式。2007 年 9 月开始在密云区实验学校启动了这项研究，通过北师大课题组的培训、引领和指导，密云区实验学校领导和教师对这一研究的理念有了进一步的认识，他们结合学校自身的问题，进行了深入的探索，总结出很多经验，取得了可喜的成效。

（一）研究模式的实施

基于学生发展的多学科教师合作的校本研究模式首先在北京市密云区的 9 所实验校实施。具体流程如下：对实验教师进行培训——组成研究团队——确定"不想学"的研究对象及其问题——教师集体结合需求确定干预策略——集体进行干预活

动——集体评价干预效果——集体反思成效和问题——集体改进干预方案或制定新的干预方案。在北京师范大学专家组的引领下，在密云区教科所的具体指导下，9所实验学校教授同一个班的教师定期（如每两周一次）开展基于学生发展的多学科教师合作的校本研究研讨活动。

例如，密云四小五（A）班的学生小曹，上课总是随意说话、小动作不断，或是故意找茬，扰乱课堂秩序，经常让老师下不了台，大家都对他失去了信心。基于学生发展的校本研究团队在了解这一情况后，组织各学科的老师一起进行研讨分析，寻找小曹身上的闪光点。体育老师反映小曹的体育成绩较好，代表学校参加比赛并获得了密云区第六名的好成绩。根据小曹的这一优点，研究团队在班主任的主持下一起制定了对小曹的干预措施，从他的体育长处入手，及时抓住他的闪光点进行表扬，树立他在同学中的新形象，鼓励他在其他学科上取得进步。渐渐地，在教师们的共同努力下，小曹对学习不再有抵触情绪，自信心逐渐增强，取得了可喜的变化，由此五（A）班的纪律也有所好转。

又如，十里堡中学地处密云区城乡接合部，很多学生网瘾比较严重，2008年的一项调研发现：仅"一次上网时间"在4小时以上者，初一年级205份问卷中就有9人，而初二年级182份问卷中有19人。针对这种状况，研究团队选择网瘾学生作为重点干预对象。根据这些学生计算机操作能力比较强的特点，组建了学校电脑美术小组，通过小组活动，将这些网瘾学生的兴趣逐步迁移到电脑美术制作方面，让他们逐步淡化、戒掉网瘾，促使其良好行为习惯逐渐形成，进而在所有学科教师的共同努力下，培养他们的学习兴趣，提高他们的学习成绩。

在基于学生发展的多学科教师合作的校本研究模式的探索中，学生的进步是十分显著的。这主要是由于基于学生发展的多学科教师合作的校本研究机制为教师集体研究学生、关注学生、挖掘学生的潜能提供了有效的机制保障和合作与研讨平台。在教师们的协作努力下，学生的学习行为发生了变化。他们在老师的引导下主动合作、积极探究，共同发现、分享学习的乐趣；他们变得敢于提问，乐于表达，乐于与教师和同学沟通，愿意接受家长的管理，与家长谈论他们的想法，逐渐摒弃原有的不良行为习惯，成为一个个快乐、健康发展的中小学生。

（二）研究模式的特点

基于学生发展的多学科教师合作的校本研究与传统校本研究相比，更具有针对性、协作性和实践性。

1. 借鉴多元智能理论，强调从学生的长处入手

在《心智的结构：多元智能理论》一书中，加德纳首次提出并着重论述了多元智能理论的基本结构。加德纳认为，支撑多元智能理论的是个体身上相对独立存在着的、与特定的认知领域或知识范畴相联系的 8 种智能，分别为：言语—语言智能、逻辑—数理智能、音乐—节奏智能、视觉—空间智能、身体—动觉智能、自知—自省智能、交往—交流智能和自然观察智能。加德纳认为学生与生俱来就各有不同，他们没有完全相同的心理倾向，也没有完全相同的智力，但学生都具有自己的智力强项，有自己的学习风格。教学如果考虑这些差异，考虑学生个人的强项而不是否定或忽视这些强项，并以最大程度的个别化方式进行，那么教育就会产生最大功效。

多元智能理论与我国所提倡的素质教育和新课程改革的要求有着密切的内在联系。近年来，我国基础教育改革非常强调关注学生差异，而学生差异的重要理论基础之一就是多元智能理论。它从多元的智能结构出发，提出了学生在智能结构上的差异性。这就要求教育工作者开展针对多元智能的教学，开发符合多元智能的课程，进行利于多元智能的评价，从而真正促进学生的个性发展。

基于学生发展的多学科教师合作的校本研究模式则借鉴多元智能理论，强调基于学生的发展差异，实施个性教育，充分借助学生的优势智能，促进其积极迁移，实现学生的个性差异发展。而个性是个体在与有意义的环境相互作用的基础上习得的，在现实环境中"个体之间相互影响，每一个体的关系与性质都牵涉到别的个体的关系与性质"。尤其是面对学习有困难的学生，其不愿意学习、不会学习的原因是千差万别的。该研究模式强调从学生的长处出发，以长处作为激励的基础，促使学生扬长避短，培养学生的自信，从而促进学生的健康发展。

参加这个模式研究的教师，都是同一个班的任课教师，所以大家对这个班的学生都有所了解，但未必全面。在研究某一个学生特别是缺点较多的学生时，教师应

从发现学生的长处和优势做起，借鉴多元智能理论，关注差异，利用差异，进行激励，从而促进学生增强自信、扬长补短，增添自主发展的内驱力。这样教师看学生不但更加全面和客观，也由于这种认知的转变带来师生关系的转变，从而提升了教育活动的有效性。

2. 在研究过程中形成学习共同体，共同解决问题

学习共同体，是一个由教师、学生、管理人员以及其他人员组成的组织。在学习共同体中，成员有清晰的奋斗目标，可以面对面地沟通与互动。教师在学习共同体中是为完成真实任务、解决实际问题而与其他人相互交流和协作。在学习共同体中，各相关人员是平等的、在融洽的学习关系中形成的教师之间的精神共同体，通过强化和共享价值观念实现情感的沟通和分享，教师学习共同体促进了知识和理解的获得，促进了知识和情感的分享。

基于学生发展的多学科教师合作的校本研究模式强调以中小学校长为第一责任人，以中层管理干部为直接负责人，以年级组长为召集人，以班主任为主持人，以教授同一个班的所有任课教师为一个研究团队来共同研究学生，这实际上就形成了一个教师协作学习共同体，大家有着共同的愿景——促进学生的发展，定期开展活动，共享经验和资源，并最终实现互促共进的目标。这一共同体的建立强调在研究过程中，各相关人员要积极协作。大家在碰撞中从各自不同的角度出发提出促进学生发展的好方法，共同解决问题，并实现教师集体的专业成长。

3. 营造了良好的学校文化

基于学生发展的多学科教师合作的校本研究模式，促成学习共同体的建立，有利于基于学生发展的学校文化的形成。这一文化，体现在教师、学生和学校管理者的认识和行为变化上，通过有形的学习制度和研究方式，促使无形的观念、文化的形成。

由此可见，这种模式是一种更综合的模式。首先，它既对学生的认知、行为进行干预，也对学生的情感、态度、价值观进行干预，干预的因素及其影响是综合的；其次，它是与学习活动结合在一起的，在学科学习中的干预；最后，它是以教师团队为干预主体的。可见综合性、融合性、协同性，是这种干预模式的显著特点。

四、基于学生发展的多学科教师合作的校本研究的成效

随着基于学生发展的多学科教师合作的校本研究不断深入推进，研究最大的成效在于通过模式的创新，汲取了教师的集体智慧，发挥了教师的群体合力，特别是在帮助学习困难学生建立自信，养成良好习惯，提高学习成绩方面，取得了显著成效。

（一）帮助学习困难学生建立了自信

当基于学生发展的校本研究团队中的每一个教师，都开始关注一个学生，并集中合力对其进行表扬和鼓励时，学习困难学生的自我认知会转变，学生的认知会从"我是一个差生"，转变为"我是一个不那么差的学生，我也有很多优点"。这些优点，因为得到了教师的认可，进而促进或增强了学生的自我认可。下面以东邵渠中心小学的多学科教师对一个学生的干预为例，说明对学习困难学生自信心的培养的效果。

本学期初，该校基于学生发展的中年级课题组将鲁某某定为本学期的重点干预对象，在首次例会时全体成员针对她的情况，进行了详细分析：

数学教师介绍：她性格内向，在人前不苟言笑，学习习惯不是很好，数学课上听讲不太认真，容易走神，老师课后布置的预习和复习，不能有序进行，课外作业也不能及时、认真地完成。学习成绩越来越不理想，每一次考试都很紧张，很焦虑。她一次比一次害怕面对考试，一次比一次考得差。经历的挫折多了，失败也就多了，便产生了严重的自卑感。过重的心理负担使她不能正确评价自己的能力，她一直怀疑自己的优点。

美术教师介绍：鲁某某在美术课上的注意力比较集中，很喜欢画画，画得也很有创造力，就是不愿意将自己的作品展示给同学。

前任班主任介绍：鲁某某的父母由于文化程度较低，对她的学习不能有力地指导，然而对孩子的期望又很高。孩子成绩在未能达到父母期望时，便使孩子形成自

卑心理，怀疑自己，否定自己，不安、孤独、离群等情感障碍也随之而来。同时孩子内向，不善与人沟通，长期的住宿生活使她与集体越来越疏远。（案例来源：密云区东邵渠中心小学张文华、刘金莲《撑起折翼天使的天空》）

众多的表现分析，表明这是一个极度缺乏自信的小女孩，即使在成功面前也很难体验到成功的喜悦，从而陷入失败的恶性循环之中。这严重影响她的身心健康发展。

为此，研究团队成立集体干预小组，班主任与所有学科教师一起，共同制定了干预政策，从该生美术学科的长处入手，培养她的自信心，让她参与板报的制作，跟随美术老师学习电脑绘画，这样她不但与美术老师关系融洽，其作品还代表学校参加了区比赛，获得了优胜奖，大大增强了她的信心。现在鲁某某有了很大的变化，她的各科学习成绩也在提高，她上课能专心听讲，敢于举手发言且声音洪亮，下课能主动与同学交往、做游戏，愿意参加各种活动，与班级、同学融为一体。家长也反映她在家学习主动，喜欢把班级的事讲给父母听，主动帮家长做些家务。

（二）促进学习困难学生养成良好的行为习惯

学习困难学生，在行为习惯上也令人担忧。例如，密云十里堡中心小学的菲菲，是个很特殊的女孩子。她的班主任这样描述她：

她经常我行我素，没有对错观念，经常因为一点儿小事与同学发生口角。上课时想学就学，不想学就闭目养神，或东张西望。高兴的时候按时上课，不高兴时或藏在角落里，或躲在厕所里，让老师同学到处寻找。学习成绩一塌糊涂。有时趁同学不在教室，翻开同学书包，带走一两件自己喜爱的东西，对老师的批评教育全然不予理睬，甚至还强词夺理。更有甚者，还会夜不归宿，在大街上流浪，被警察送回家；不和老师、家长打招呼就去外地找亲戚，一个礼拜不见踪影……（案例来源：十里堡镇中心小学钱小会《更多关爱，更快成长》）

菲菲的班主任和任课教师在一起，仔细研究菲菲的情况，明确其优点和不足，共同商讨干预方案。在学校领导的大力支持下，定期开展活动。在活动中，班主任和科任教师一起交流干预对象的点滴变化，及时调整干预方案。菲菲爱画画，美术老师就把她的画展示在墙上；她爱看书，语文老师就经常让她读自己喜欢的精彩文段给大家听；她不爱跑步，体育老师就经常组织一些小型比赛激发她参与的热情……她的点滴进步都牵动着每一位老师的心，大家都在为她的健康成长出谋划策。通过两年的努力，菲菲的变化令人欣慰：她违反纪律的现象越来越少，而更多的是进步的惊喜。她不再逃课，上课越来越认真，也能经常主动举手回答问题了，学习成绩也有了大幅度的提升。打扫清洁区需要纸箱，她主动从几里地外的家里找来盛酒的大纸箱。同学有困难，她还能主动伸出援助之手。她已经打开了心扉，开始融入这个集体了。更可喜的是，在参加社会实践大课堂时，她主动请缨，在全校学生面前参加《二小放牛郎》的演出。

由此可见，多学科教师合作，集体对学习困难学生进行干预，每一位教师都给予关注、鼓励，每一位教师都给予机会和表扬，让学生置身在一个被关爱的环境，激发了学生的自信、自尊和自爱，从而逐渐改变不良的行为。

（三）帮助学习困难学生提高学习成绩

学习困难学生成绩的提升是一个缓慢的过程。这一方面因为学习困难学生的认知发展存在困难，这种认知上的困难，不可能一下子克服；另一方面，学习困难的养成，也是一个长期积累的结果，不可能在短时间内解决。例如，东邵渠中学的田同学。

田同学，初二（2）班学生，长得人高马大，在同龄男生中特别显眼。课上，总是似听非听，装模作样地提出各种各样的怪问题，以彰显他的独特之处；课下，搞些恶作剧，还想瞒天过海；喜欢留长发，尽显他的与众不同；学习成绩除了物理几乎是门门不及格，是老师教学与管理过程中一块难啃的"烫手山芋"。（案例来源：东邵渠中学王燕红《你是老师手心里的宝》）

课题组采取了多项措施：首先是班主任与他谈话，帮助他建立个人成长计划；其次，班主任组织召开了"关于转化田同学"的班级研讨会，请所有任课教师参加，最后达成共识。从他比较喜欢的物理学科入手，指派他为课代表，多给他一些任务和机会。英语是他最讨厌的薄弱学科，英语教师每天单独为其辅导20分钟。学校的基于学生发展的校本研究团队，每月召开一次例会，对群体干预进展情况进行分析，制定下一步干预方案，这一研究持续了一个学年。

通过一年的努力，田同学对学习逐渐有了热情，上课专心听讲的时间由 10 分钟变成 20 分钟，20 分钟变成 25 分钟……作业也能自己独立完成了，期中考试 4 门功课都及格了，是全年级学生当中进步最大的一个。更可喜的是他代表学校还参加初二年级物理学科素养展示，获得了县级二等奖。他变得能够正视自己的过去与现在，并开始认真思考自己的未来，成为进步显著的案例。

总之，经过 8 年的研究，课题组已经构建起了基于学生发展的多学科教师合作的校本研究模式，在实践层面上打破了以往教研的学科限制，教师由"单打独斗"转变为"团队作战"，定期就所教班级的发展或有特殊需求学生的发展开展集体研讨活动，为有效建立教师研究学生的协同合作机制提供了平台。与此同时开发了一系列操作性强的工具，针对中小学生网瘾问题、学习困难问题以及单亲家庭子女教育问题等进行研究，充分发挥教师群体智慧，不仅提升了学生的学习成绩，使师生关系得到改善，而且让学生的自信心和学习兴趣大大加强，精神面貌发生了变化。新的校本研究模式为中小学教师开展研究提供了平台，有效提升了他们的专业素养和技能。在研究学生中一大批骨干教师成长起来，他们不仅在本校发挥着重要作用，而且已经走出学校、走出本区县，甚至走出北京市，传播他们个人和所在学校的先进经验，为推广基于学生发展的校本研究模式做出巨大的贡献。可以说，基于学生发展的多学科教师合作的校本研究是关注差异、整合资源、促进师生共同发展的合作性行动研究的有效模式。通过研究，我们不仅关注了学习困难学生等有特殊需求的学生，而且使得这种关注在制度上得到了保障，有助于促进所有学生全面而富有个性地发展，有助于促进义务教育均衡优质发展从理想到现实的转变。在团队的共同努力下，本项研究于 2013 年荣获第四届北京市基础教育教学成果二等奖，并于 2014 年获得全国首届基础教育教学优秀成果二等奖。

基于学生发展的多学科教师合作的校本研究模式的顺利开展，关键在于大学研究者、区域教科研人员、学校干部及教师同心协力形成了一个"实践共同体"，构建了一种合作共生的新文化，在互相尊重、合作共生的平等关系中，发挥各自的优势和作用,共同促进学生和教师的主体性发展。当然,由于学生个体之间存在着差异,对他们的教育也是十分复杂的,所以不能仅靠学校教育、仅靠一种研究模式来解决,还需要与家庭教育、社会教育中的更多的模式相结合,共同为学生的发展营造良好的育人环境。

□ 执笔人：梁威　卢立涛　何光峰　胡进　项启江

科学规划
提升高中思想政治"复习课"教研设计能力

2009 年 10 月，由北京师范大学与密云区教委合作开展的"绿色升学率"项目"密云高中思想政治教育教学质量提升"课题正式启动。6 年来，依据密云区高中思想政治学科发展中的困惑，以"提升教研设计能力"为主题，5 所高中学校的 30 多位思想政治学科教师，从本学科的教师队伍和教学实际情况出发，开展了 40 多次高质量的研究实践与学习指导活动。课题组参照项目管理团队的方式，充分利用市级教研资源和城区优秀专家资源，转变教研方式，建立三级教研联动机制，以活动内容规范活动程序，创设教研工作平等交流的氛围，充分调动教研部门、学校和教师的积极性，切实提高了教研活动实效性。教研部门的区级教研设计能力，教师们的专业成长热情和教学都发生了可喜的变化，也取得了较好的成绩。

一、问题提出

密云区高中思想政治学科教师均为思想政治教育专业大学本科毕业，从学历和专业上均为学科教学改革提供了良好的基础；但由于密云区地处山区，教学信息和人员交流机会少，高中思想政治学科的教学、教研和教师后续的培训等方面与城区逐步拉开了一定的差距，主要表现如下。

（一）教学的精细化与精确性不够

从密云区近几年思想政治学科高考试题分析情况看，学生对基础知识夯实不够，尤其是对概念、原理的下位知识的掌握不精准；教学中对必修 4 个模块与选修两个模块的结合点把握不够，尤其是《经济生活》与经济学常识之间的打通问题；教学中对学生视野拓展不够，影响了知识在新情境中的运用和解决问题的效果。

（二）合作研究与团队研究的意识待提高

通过调研发现，密云区思想政治学科的教师们都勤勤恳恳地努力于自己所负责的学科教学，想着努力把书教好，把学生分数提高，但在教学实践中他们多是独立奋战，缺少团队的合作和研究的氛围，即使是参与区里组织的学科研究活动，也多以听课者、旁观者的角色参与，因此多数教师的教学是在"吃老本"。

（三）对教研工作的实效性重视不够

密云区高中思想政治学科教研员非常重视学期的教研活动规划和教研活动的组织，也力图通过教研活动带动教师们研究问题，提高教学质量。但在教研活动中，教研员更多关注活动的组织和活动的有序开展，而在"如何提出有效研讨问题，如何调动教师们参与的积极性，如何将教研活动与教师具体的教学问题结合，如何利用本次活动有效改进教师们在教学中的问题"等指导性教研工作方面关注不够，因此教研活动需要在问题的研讨和改进上加强研究。

针对密云区高中思想政治学科教研与教学的现状，课题组以"提升教研设计能力"为解决问题的突破口，通过高质量的教研设计和实施，提升全区思想政治学科的教育教学质量。

二、研究策略

在课题研究中，思想政治学科组建立了"以教师面临的问题为导向，以教研质量促学科教学质量提升为目标"的研究思路，一方面提升学科教研活动质量，另一方面提升骨干教师教学能力，如图 26 所示。

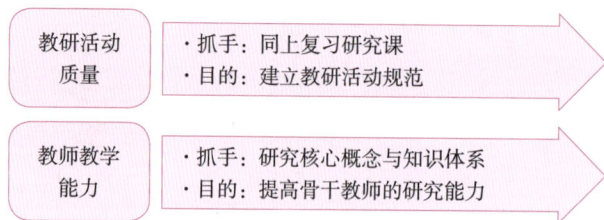

教研活动质量	·抓手：同上复习研究课 ·目的：建立教研活动规范
教师教学能力	·抓手：研究核心概念与知识体系 ·目的：提高骨干教师的研究能力

图 26 高中思想政治学科课题实施策略

（一）教研活动重设计，重规范

高中思想政治学科课题组，以市区同上一节"复习研究课"的活动为抓手，协助教研员，建立教研活动规范，拓宽思路，提高教研活动的质量。

（二）提升教学能力，抓骨干，抓课堂

高中思想政治学科课题组，以"提炼核心概念，梳理知识体系"为研究内容，通过具体细致的活动，解决教师们教学中的困难，打破教师们"平静"的心态，使其逐步树立"只要努力付出就不比城里老师差"的信心，提升了教师们的专业成长热情和信心，也逐步地提高了密云区骨干教师的研究能力。

三、实施过程

实验启动后，课题组分阶段开展活动，不断夯实基础，深入推进课题研究工作。在此过程中，课题组注重转变教研方式，建立三级教研联动机制，调动教研部门、学校和教师的积极性，不断提高教研活动的质量和水平。

（一）研究的步骤

高中思想政治学科在课题的实施过程中紧紧围绕研究思路，从教研活动和教学能力两个方面同步开展工作，并将两者有机结合起来。6 年的研究主要包括如下两个阶段。

第一阶段：起步阶段，夯实基础。在课题研究的开始，主要是采取专家讲座的方式：一方面针对教师，从教学内容、考试说明、高考试题分析等几个方面帮助教师们发现问题，梳理教学和复习思路；另一方面针对学优生，从解题技巧、应试心理等方面帮助学生们调整心理，提高应试能力。

第二阶段：推进阶段，质量提升。依据课题研究的整体思路，从教研活动和教师队伍建设两方面推进研究：一方面以"核心概念、知识体系、复习研究课"等与

成绩检测紧密相关的内容为抓手；另一方面以"教学设计、教学基本功"等与教师教学技能紧密相连的内容为突破口，推动研究。

（二）研究的内容

实验基于预期目标，着重从教研方式的转变入手，以三级教研联动为突破口，深化教研协作水平，打破障碍，分享资源，形成合力，共同提升教研水平。

1. 实现教研方式的转变

高中思想政治学科的课题组在研究中认为，"遵循规律，建立规范，形成规矩"才能真正达到总项目组提出的"从输血到造血"的转变目标。因此我们依据项目组的规划，确定了课题组研究目标：在研究中总结归纳"两个程序"，即"教研活动——研究课的活动程序"和"复习课——提炼核心概念，建立知识体系的教学程序"。

第一，规范教研活动之研究课的活动程序。复习研究课是开展本项课题研究的重要内容和形式，有助于形成研讨交流、互助提高的研究氛围，因此必须精心设计，而不是仅仅注重听课过程。我们通过研究，将复习研究课的基本程序设定为：依据研究主题选择复习课的内容——主讲教师与教研员集体备课——上课前通过网络提出本次研究课要解决的问题及尚留存的问题——请全体教师带着问题听课——由主讲教师说本课的设计思路、问题和反思——教研员依据研究主题提出研讨问题——组织教师分组研讨交流——全体教师畅所欲言分享观点——主讲教师谈修改设想——教研员依据研究主题总结本次活动。

第二，规范教研活动之复习课的教学程序。对于思想政治学科来说，核心概念是理解基本观点的前提，是解决现实问题的基础。因此明确核心概念，并依此建立知识串是高三复习课的重要过程。我们通过研究，将一轮复习课定位为"梳理"，基本程序为：找核心概念（词）——划与核心词相关的主干知识（包括观点、原理、方法等）——创设复习情境，建立主干知识与情境间的联系——依据不同题型分析同类知识——找新材料中的核心词——明确答题思路。

总之，通过活动内容规范教研活动程序，实现了教研方式的转变，使教研活动不仅重组织，更重策划、设计与指导；不仅重活动的形式，更注重学科专业的引领；

不仅给教师以专业知识的指导，更从学科研究的高度予以分析和研究；不仅是单个独立的介绍，更重要的是分享、交流和自我剖析。教研活动的质量不断提升。研究中总结的复习模式与研究策略，对科学规划复习内容、有效规范复习过程、建立复习——指导——改进的程序具有重要意义。

2.实现市、区、校三级教研的联动

研究中发现，单纯的专家讲座必须与活动过程有机结合，因此有效开展研究课活动成为本学科研究的特色。课题组推出的"手拉手"式合作备课的做法，不仅有本区的骨干教师做研究课，而且有区里的教师点名，课题组邀请城区优秀的高三教师来区上课的方式。在几轮课的对比中分析学生、梳理知识、分析审题与解题技巧。

第一，从内容复习到解题指导的衔接性研究课。市区同上一节课研究活动，主要分为两个环节：第一环节，由密云区的教师做一节关于二轮知识复习的研究课；结合复习内容，市区高三优秀教师做一节关于主观题解题方法的示范课。第二个环节，两位老师分别介绍自己的设计思路，在分享中明确高三复习中应注意的问题。

通过活动后的交流反思，教师们提炼了最值得学习的内容：帮助学生构建合理清晰的知识体系；帮助学生总结答题思路和解题方法，让学生学会归纳总结答题要点。

第二，关注内容设计的对比性研究课。课题组邀请市级骨干教师做了一轮复习的研究课，同时观摩了由该教师指导的，由密云区教师上的同一复习内容不同班级的研究课。课后，由密云区教师介绍自己的教学设计思路和前期备课中与市级骨干教师交流中的问题，分享自己在市级骨干教师指导下的课例变化与生成的过程以及课后反思。

通过两节研究课的对比研究，让密云区的教师们更清楚地发现自己教学中的不足，找准改进的发力点。

随着研究课活动的推进，形式越来越丰富，既有市级优秀教师直接做课，也有市级骨干教师指导密云区年轻教师做课，还有市区和密云的教师同课异构。通过这种方式不仅让市里优秀教师直接面对密云区的优秀学生，使学生直接受益，而且让密云的教师们在集体备课中找到了自身的不足，找到了努力的方向，在共同上课的过程中相互借鉴，增强了自信。

3. 提升教研合作水平

密云教研非常重视教研组建设，教研组为教师提供了交流与合作的渠道，为教师成长创造条件和环境。但教师之间似乎缺少一种平等交流的氛围，资历、职称、业务能力等处于不同水平的教师之间的交流往往呈现"上对下"的关系，"一言堂"现象普遍。加上教研活动前期准备不足等原因，探讨的问题难以引发大家的共鸣，造成冷场或走过场。教研合作只体现出表面上的和谐，某些教师或把责任归咎于外因，产生无为情绪，或在意见分歧时，只做折中性结论。针对此现象，课题组从合作入手解决问题。

一方面，与城区教研部门合作，提升教研质量。西城、海淀、东城等区教研部门有着丰富的教研和教学经验，有着全北京市最优秀的教师队伍，密云区的教研部门与城区教研部门合作，将城区的先进教研和教学经验学习过来，与密云实际相结合，提升密云整体教学水平。市里的专家给教师们做知识的梳理、高考说明的解读、提出复习建议、分析社会热点等，将他们的经验和做法毫无保留地教给大家，拓宽了教师们的信息渠道，带动教师们研究问题，提高教学质量。

另一方面，打破学校界限，将全区高三教师组成一个教研组，形成全区教研合力，提升教研质量。高三政治教师每年基本保持在8—9人，组成一个教研组开展活动是非常方便的。在课题研究中，应使每位教师都充分发挥积极性，让大家都成为研究活动的主力，分享自己的复习课心得，大胆与专家进行沟通，改进和提高自己的复习质量。团队成员整体搭配，发挥集体智慧，促进自我意识的觉醒，同时，组员之间资源共同使用。

四、研究成效

项目启动以来，课题组按照既定的研究方案，扎实开展各项研究活动，不断总结提升，使得密云区教师参与教研活动积极性增强，教研活动实效性得到不断提升。

（一）有设计的教研活动，助力全区学科教学质量的提升

在课题组 6 年的持续研究和跟进指导中，区教研组重视学年、学期、学段的不同阶段的教研设计，基于教师问题和需求开展教研工作，提升了教研活动质量。教研活动不仅重组织，更重策划、设计与指导；不仅重活动的形式，更注重学科专业的引领；不仅给教师以专业知识的指导，更从学科研究的高度予以分析和研究；不仅是单个独立的介绍，更重要的是分享、交流和自我剖析。教研资源与经验的不断积累，使密云区教研员的教研水平逐年提高。在研究过程中，区教研员承担了活动总结的重要任务，随着研究的深化，教研员撰写的活动纪要内容丰实，语言表达流畅，写作格式规范，为教研工作和课题研究提供了宝贵的素材。

【案例 1】坚持撰写活动纪要

整个课题实施过程中，密云区思想政治学科教研员每一次都精心总结研究活动，从开始只是简单地记录活动情况到规范地记录活动过程、描述活动中教师们的收获与困惑、认真地分析活动效果并为下次活动提出改进建议。大家说，开始做活动记录只是为了完成课题的研究工作，慢慢地依照课题组提供的写作要求和范例，发现撰写活动纪要不仅仅是一个总结过程，也是一个很好的梳理提出问题的过程，为此我把每一次活动纪要撰写都当作与老师们、与课题组专家们交流的一个过程。

（二）有教师直接全程参与的改革，助力教学质量的提升

在课题研究推进的 6 年中，密云区的全体高中思想政治学科教师全程参与了所有的研究工作，课题"不是对教师的培训，而是让教师真正参与改革过程"即"参与式研究"的意识深深扎根在每一个参与研究的教师心中。

"参与式研究"让骨干教师的作用得到充分发挥。在课题研究中，区内的骨干教师成为研究活动的主力军，积极承担研究课，分享自己的复习课心得；大胆地与专家进行沟通，改进和提高自己的复习课质量，为全区的教师提供了可以借鉴的复习课模式。

　　"参与式研究"让教师们的视野得到了拓展。在聆听专家讲座和请外区骨干教师上示范课的过程中，高三的一线教师扩大了视野，沟通了信息，明确了高三复习的思路。

【案例2】我们的学生也不差

　　在课题实施过程中，密云区教师们开始有一个思维定式——我们区里学生不能与城区的学生比，所以我们再努力成绩也不会有多大变化。这个思维定式影响了他们的研究热情和效果。为了改变这个植根于教师心中的观念，课题组与区教研员商量，从教师们普遍认可的研究课入手，改变以往听外区研究课的方式，采用"请进来"的方式，面对我们自己的学生做研究课。

五、研究推进的设想

　　依据密云区高中思想政治学科的教学实际，建议进一步明确"以课例为抓手"的研究思路，继续采取复习研究课的方式，不仅要"请进来"，还要"走出去"，多听听其他区优秀教师的高三复习课，及时总结经验。

（一）队伍建设是进一步研究的关键点

　　推进研究中，一是要确立"人人都参与"的研究方式。密云区共有高中校5所，4所学校的高三组负责4个必修模块内容的复习，一个学校的高三组负责重大时事问题的复习，这样形成了各负其责、人人负责的研究局面。二是要逐步形成研究资源的共建共享的方式。作为课题组的成员，每位教师都要积极参与研究资源的建设，尤其是经典试题的选编，形成共建共享优质资源的良性循环，保证大面积地提高全区的教学质量。

（二）关注课堂教学是进一步研究的归宿点

推进研究中，课堂教学是重要的起点，也是归宿点。一是在平时的教学中要关注主干知识的下位概念或相关知识，配以有效的检测练习，做到对主干知识进一步阐释，如消费反作用、实践决定认识的理由等；关注教材辅助文，重要的相关链接、名词点击、虚线框内容，如《经济生活》中"互为替代品""互补商品""社会总供给""社会总需求"等。二是对知识进行适度整合，使学生"胸有全局"，这也是高考试题的"综合性"要求。整合内容可以是重要考点，也可以是单元或章节，可采用图示列表等方式。三是要渗透"学科能力"培养，结合教学过程形成"创设情境→提出（或生成）问题→思考探究→解决问题→理论提升→（或再生成新的问题）"模式。四是适度关注时政热点问题，关键是以热点为载体的知识的活用。

随着高中课程改革的推进，尤其是随着高中新课程标准的修订与高考形势的变化，教师们还需夯实基础，潜心实践，在探索中前行。

□ 执笔人：金利　赵凤文

深耕语文教研
促进农村高中教育可持续发展

2008年2月，作为北京师范大学和密云区人民政府共建"农村基础教育现代化实验区"之"高中绿色升学率"项目的课题"密云高中语文教育教学质量提升"正式启动。密云区5所高中近百名语文教师参与了项目的研究。课题组依据项目研究的总体思路，针对密云区高中语文学科发展特点以及密云区高中语文教师专业成长需求，确定了"系统、践行、实效"的课题研究思路，把教师作为项目研究的主动参与者，构建多种课例研究模式，增大教研开放力度，实施充分发挥专家作用的示范课研究模式，针对不同行动结果反馈，采用富有针对性的改进方式，切实提升了教师的教育教学能力。密云区教研工作者在课题研究中亲眼所见、亲身经历了"架构理论与实践相结合之路"的全过程，教研工作的开放性水平和本土性深度都大为提升。

一、问题提出

密云区共有高中校5所，高中语文教师94人，教师的学历水平均达到本科水平。广大密云教师积极进取，都愿为提高密云区语文教育质量贡献力量。但是，由于密云地处北京边远山区，信息相对闭塞，随着教育改革的迅速发展，北京市语文课程改革全面普及，密云的高中语文教师有些"措手不及"。观念的更新、新课程的实施、升学率的亟待提高等，都使语文教师明显感觉到自身新教育教学理论的匮乏，专业知识的不足与陈旧，教学能力的局限与无奈。

具体问题表现为：长期以来，密云区语文教研室只配有一位高中教研员，一个人要负责3个年级的教研工作,用教研员自己的话说:"我根本就没有时间看书学习。"这样，该区的高中语文教研质量无法保证，教研员疲于应付。薄弱的教研工作，导致高中语文教师的教学理念相对保守，教学策略相对简单，教学质量处于较低水平。开展课题研究前，教学成绩低于其他区县，基础较好的学生大量流失。在教师队伍中，90%是年轻老师，而且相当一部分是来自外地的大学毕业生。这些年轻教师为密云的教育带来活力，但因地域的差异，他们对北京的教育状况不熟悉，对学生不了解，对于语文教育教学改革、教育理念、专业水准等，都不甚明确。针对这一切，课题研究工作就需更多地考虑如何较系统、较有针对性地对教师进行培训，如何让语文教学理论指导教师的教学实践并转化为教师的教学实践，如何使课题研究更具实效，切实为密云语文教育教学改革的发展打下坚实的基础。为此，我们将"关于如何改进农村中学语文教育教学研究模式"作为课题的研究主题。

二、研究思路

针对"关于如何改进农村中学语文教育教学研究模式"的研究主题，课题组依据项目研究的总体思路，面对密云区语文教育教学改革的需要，面对密云区广大语文教师的需求，确定了"系统、践行、实效"的课题研究思路。通过系统改进农村语文教育教学研究模式，提高教师培训质量，力求教师与教育改革同步发展，与语文课程改革同步发展，最终实现"以人为本，促进农村中学语文教育可持续发展"的终极目标。

课题研究以"以人为本，奠定持续发展基础"为基本理念，即以提高密云区中学语文教师、教研员的专业素养和职业发展为本，以促进密云区高中语文教育教学质量的提高，并为其持续发展奠定较为雄厚的基础为目标。基于这样的理念和密云区语文教育教学的实际情况，课题研究要统筹安排，做到系统化和整体化。课题研究内容要具有基础性、针对性和实效性，要结合两个框架——学生语文学习框架、教师培训框架；课题研究过程要把握两个途径——从理论到实践的途径、从局部到整体的途径；课题研究要把握3个状况——教育改革状况、教师教学状况、学生语文学习状况。为此，课题组拟定了以系列专题讲座引路，以研究课、示范课为主体的实践研究路径，依据课程标准，将高中语文教学内容分为几个专题，对教师进行系统培训：阅读教学专题研究；写作教学专题研究；必修与选修课教学专题研究；备考策略专题研究；等等。每一个专题基本都经过"研究课——评课、讲座——示范课"的过程。

三、实施过程

　　组建课题研究的人才团队，是课题实施研究的根本保证。在新课程实施的背景下，这一课题的研究既需要加深对语文学科教育教学理论的研究，更需要对语文学科教育教学的实践性进行研究，尤其是要探讨研究提高农村教育教学质量及其教学研究水平的规律和模式，以保证密云区语文教育教学的可持续发展。这就要求课题研究的人才，既懂理论，又擅长实践；既要有语文教育专家，又要有身居一线的教研员、教师。在以北京市语文教研员孙荻芬为核心的专家团队引领下，在密云区语文教研员果长亮的密切配合下，课题组组建了120余名的由专家团队、教研员、教师组成的人才团队。其中专家团队20余人，他们大多是北京市语文特级教师、学科带头人、骨干教师等，在语文教学领域各有所长，有着丰富的教学经验和较高的语文教育教学研究水平（如图27）。

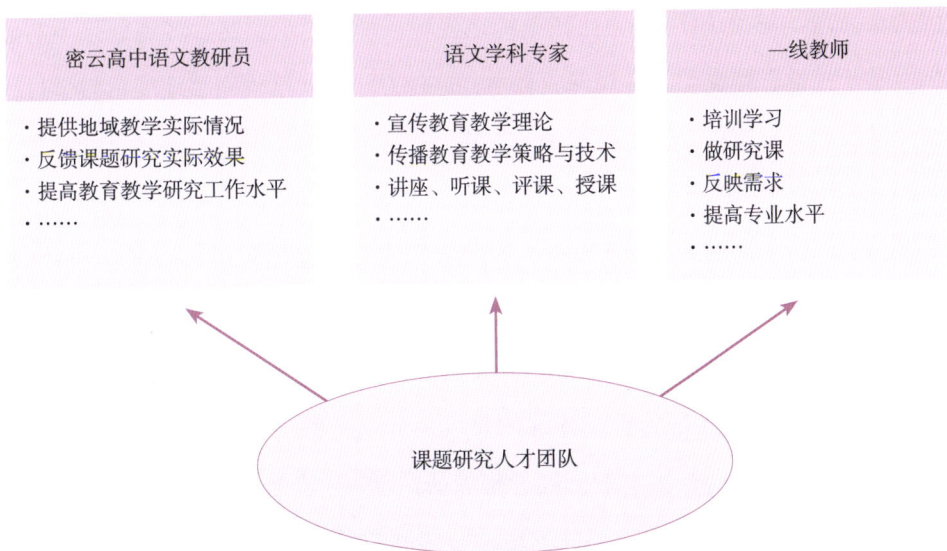

密云高中语文教研员	语文学科专家	一线教师
·提供地域教学实际情况 ·反馈课题研究实际效果 ·提高教育教学研究工作水平 ·……	·宣传教育教学理论 ·传播教育教学策略与技术 ·讲座、听课、评课、授课 ·……	·培训学习 ·做研究课 ·反映需求 ·提高专业水平 ·……

课题研究人才团队

图27　高中语文课题研究人才团队构成

　　7年多来，遵循"系统、践行、实效"的设计思路，在课题研究人才团队的共同努力下，密云区的语文教研逐渐形成了"以调研为基础，以专题引路，以示范课、研究课为主体"的教研模式，有效提高了密云的教研质量，使密云的高中语文教研活动更加符合学校、教师们的教学实际，使教研活动的实效不断提高。高中语文学科课题活动的组织和开展，引领着密云高中语文教师的教育教学理论和教学技能不断提高，促进了教师的专业化发展，使密云高中语文学科教学质量得到稳步提升。

（一）把教师作为课题研究的主动参与者，构建多种课例研究模式

课例研究是中小学开展教研的重要形式，也是密云区高中语文教师熟悉的研究方式。在课题中，我们沿用这种形式并采取了创新的方法：构建多样化的课例研究模式，并强调教师在其中的主动参与。具体而言，在实施中采用了以下3种课例研究模式。

1.说课与常规课相结合的研究模式

说课，即教师就某个课题讲述自己的教学思路和设计。这种方式比较节省时间，但因为没有教学对象（学生），比较单纯地表现教师的主观意愿，客观效果不明显。再加上基于教学思路说课的常规课堂教学，这种方式才能比较完整地展示教学过程，较客观地反映教学效果。这是最常用的方式。

2."同题异构"研究模式

"同题异构"指3位老师就同一个课题分别讲授，在比较中辨别教学设计、教学过程的合理性，有效调动教师的积极性，活跃其思维，发挥其创造性，而且这3节课多角度提出问题，引导教师的思考走向深入。这种方式最受欢迎，但增加组织工作的难度，尤其是分析、评课的难度。如就"散文鉴赏教学"的专题，做了鉴赏冰心先生散文《往事》的同题异构教研活动。3位教师分别从3个角度引导学生鉴赏散文：抓关键语句，把握脉络，整体欣赏散文的美；鉴赏散文语言的美；分析谋篇布局，欣赏散文构思的美。3节课都很成功。教师们被充分调动起来，展示个性，发挥创造性，为文学鉴赏教学提供了多种样例，同时也提出一些值得思考的问题。这次活动深深地触动了每一位听课的教师。课后大家按捺不住激动的

心情，踊跃发表见解。课题专家就鉴赏教学做精湛的点评，归纳鉴赏教学的基本要求和实施策略。

3. 名师引领的研究模式

以名师带动刚入职教师。"名师"即密云区名师工作室的教师。这种方式一般是一方面名师带课到兄弟学校传授教学经验，展示教研成果；一方面是兄弟校派出一名青年教师做研究课，展示风采。这种研究方式充分挖掘了本土资源，教师们非常喜欢这种研究方式，感到亲切，看到本土的榜样和希望，激发了热情，增强了信心。专家从中既可以看到密云语文教育中积极的力量，也可以看到有待解决的具体问题，点评与讲座的内容更有针对性和普遍性。

（二）增大教研开放力度，实施充分发挥专家作用的示范课研究模式

根据大多数教师反映的教研活动没有针对性的现状，我们加大教研开放力度，将那些在课题实施过程中教师提出的问题，整理或提炼出相关的教研活动，并在教研中充分发挥专家的专业作用，为一线教师做示范课。

1. 抓教学难题开展评课和讲座

"评课和讲座"由课题组专家进行，他们真诚挖掘研究课的成绩与优点，鼓励和调动教师的积极性，同时也坦诚地指出问题，从理论与实践上进行深入的分析和指导，给予解决问题的方法，与教师进行深入的交流。讲座专题设计，是以研究课为基础，以教学中存在的普遍问题为依据的。这种"专题研究课——专家指导点评——讲座"系列化指导的形式同样实施在文言文阅读教学、写作教学以及集中培训中。

课题研究中，针对阅读教学沉入题海、无序无章，对学生提高阅读能力缺乏实质意义指导的情况，课题组拟定"培养阅读能力"的智能体系，设计安排了近10个以培养学生阅读能力为核心的教学主题，专家和密云的教师协同作战，以"研究课——评课、讲座——示范课"的模式，层层深入连续开展研究活动，形成了"以学生为主体"的阅读教学操作序列，使教师较为全面地掌握了"授之以渔，导之以法"的教学技术，确实提高了阅读教学的能力。

2.点石成金做示范课

"示范课"一般由专家来做,他们将理论与经验变为现实,展现在教师面前,用实践进行更为深入、更为切实的研究。实践证明,这一模式使教师得到优质的专业资源的引领,激发了教师们的发展欲望、创新精神,他们积极参与,勇于实践,专业水平不断提高。

经过一系列的阅读专题研究和一系列的听课评课之后,在"现代文阅读指导"的示范课中,专家老师引领学生走过"读懂文本"的心理过程,传达了有效的阅读指导教学方法,让学生体会到阅读是一种综合性很强的心理活动过程,强调学生要养成"读懂"的习惯,不可盲目讲"招",盲目答题。研究中,专家指出影响学生阅读水平的3个因素:一是能否真正看懂文本;二是能否看懂提问;三是会不会答题——答题要知思路、会表述。"高考就是用一篇文章和几道试题作尺子,区分考生头脑中那种'黑箱操作'的阅读能力。阅读复习,只有进入到这个'读懂'的心理过程中去,才能切实提高能力。"

3.集中攻坚突破作文难题

写作教学历来都是大部分教师的教学空白点,写作课时常常被挤掉,没有写作教学的系统,缺乏对学生习作的具体指导。面对这种情况,课题组在高三年级对学生写作难点和高考的重点,集中进行"写作教学专题研究"系列活动。活动以提高学生议论文写作能力为中心连续展开。

第一步,听课、评课——引出问题:当前亟待解决的问题是"如何使学生会写议论文"。

第二步,示范授课——分析并解决问题。专家老师分析学生写不好议论文的种种原因,简明扼要告诉学生写好议论文的必备条件:一是熟悉几篇典型的议论文,明确议论文的性质,掌握学写议论文的常识。二是面对社会现象,完成提出问题、分析问题、解决问题的思考过程:是什么——这一现象的内涵、性质;为什么——产生这一现象的原因(或目的);怎么办——解决的办法和途径。三是明确议论文的三种体式:阐释体、评论体、引申体。四是明确从审题到立意的思维过程:从不同角度、不同范围、不同线路打开思路,活跃思维。五是掌握论证结构和技巧,起承转合、逻辑推理，一切为阐释观点服务。六是语言严谨，逻辑性强，也不乏活泼与生动。短短的一节课，使学生明确写好议论文的途径和办法，增强了写作信心。

第三步，听课、评课、讲座——解决学生议论文写作中无论证、论证浅显、论证缺乏逻辑的问题。

经过这样一系列的过程，由整体到局部，由一般到个别，深入地进行高中议论文写作教学的研究，有效提高教师写作教学的能力。

（三）发挥教师主动性，构建反馈与讲座相结合的研究模式

"分析反馈——开展讲座"是课题组进行教学研究的一种模式。所谓"分析反馈"，是指学生的考试情况，包括作业、学期、学年和模拟考试，以此分析学生学习的基本状况。"开展讲座"，即专家团队有针对性地向教师和学生解读试题特点，分析学生答题中所反映的具体问题，提出解决问题的具体方法和步骤，有效提高教师和学生发现、分析、解决问题的能力，有效提高学生应试能力。课题研究7年多来，课题组连续安排参加高考命题的专家和负责高考阅卷的专家进行这种类型的讲座。

"集中微格教学——进行反思与交流"是课题组进行教学研究的又一种模式。2009年11月，课题研究已深入人心，教师们都跃跃欲试，要投入到课题研究中来。为满足大家的心愿，使更多教师受益，课题组组织全区高中语文青年教师开展"一课多人上"的教学设计与微格教学竞赛活动，集中进行课例的设计——实践——交流——反思——点评。每一课题都是课题组从初、高中语文教学不同板块中选取的具有典型意义的内容或重难点问题。青年教师在这一活动中广开思路，谋求创新，勇于实践，共同反思，深入交流，有效提高了教学实践能力。

四、研究成效

7年的课题实施，使密云区高中语文教育教学质量得到明显提高，这不仅表现在学生高考成绩的进步，还表现在教师专业能力的整体提升上。此外，课题实践还

探索了基于新课程标准的高中语文智能系统，该系统满足了农村高中学生学习和发展的需求，推动了密云区高中语文教学质量的整体提高。

（一）初步实现"以人为本，促进农村中学语文教育可持续发展"的研究目标

课题研究有效提高了密云区高中语文教师的专业水平，为密云区高中语文教学奠定了持续发展的基础。

密云区高考语文成绩持续提高，由原来低于北京市平均分到连年高于北京市平均分，由文科班高于市平均分发展到理科班也高于市平均分。学生学习语文的积极性逐年提高，他们对本县的语文教学充满信心。充满信任的社会舆论，对密云区语文教育教学的持续发展有积极的促进作用。

密云区全体语文教师积极参加课题组的研究活动，其中20多名教师做过研究课，30多名教师参加微格教学和教案设计活动，还有10多名教师为全县老师做示范课。密云二中是县里唯一一所市重点中学，过去很少参加县里的教研活动。自从开展课题研究以来，他们深感本校的语文教研落后全县，也积极投入课题研究中来。课题研究充分调动了教师们的积极性，营造了积极参与的氛围。课题研究中的每一节研究课，都是一个学校语文教研组集体智慧的体现。研讨、交流、实践、反思，已成为密云区各校语文教研组的风气；对教学中的实际问题进行集体讨论，开展有效学习，广开思路，深入研究，共同提高，已成为教研组的品质；团结、合作、上进已蔚然成风。环境的和谐，是语文教育持续发展的重要保证。

密云区的语文老师专业水平有了长足发展，语文课基本都具备这样的特点：明显体现语文新课程标准的理念，突出了以学生为主体的教学思想；教学设计均从学生的实际出发，符合学生认知，创设和谐的学习环境，鼓励学生独立思考，发表见解；教师们注重了课堂教学的实效性，突出了问题意识，能够以问题来导入课堂，创设学生学习的氛围；更为突出的是，教师开始重视独立解读文本，写下水文，展现出较高的文学文化素养。几年来，密云语文教师在北京市的语文教学基本功大赛中连连得奖，仅一等奖就有4名。10名教师被北京教育科学研究院聘请做网络示范课。密云区的语文教师不再停留于"请进来"的学习与交流，而是带着自己的研究成果，

带着自己的教学风格"走出去"了。

　　密云区高中语文教研员虚心听取专家组的意见，积极提供密云区语文教学的实际情况，真实反映教学中的问题和难点，配合专家组织好每一次研究活动。在与专家共同的研究工作中，教研员不断更新教研工作的理念，以教师为主体，服务于教师，积极进行新课程理念的导向；逐步明确了教研工作的价值取向，明确教研工作要围绕课程确定明确目标，要真实地解决教学中的问题，在课题研究中亲眼所见、亲身经历了"架构理论与实践相结合之路"的全过程，与专家共同探讨了有效教研的多种模式；进一步拓宽了教研工作的思路，"借他山之石""请进来"的开放性教研思路与"自给自足"挖掘本土资源的教研思路相结合，正在得到积极拓展。

（二）拟定符合新课程标准的高中语文智能系统

　　对于教学研究而言，教学观念的转变，要落实于课程的实施中，要落实于组织教学的全过程中。组织课程的实施，首先的着眼点就是系统的教学目标的确定，系统的教学内容的整合与梳理，因此，拟定符合新课程理念与标准的高中语文智能系统是本课题组为教师提供教学目标的依据，也是课题组进行系统研究与培训的理论支撑。实践证明，这一系统对我们制定研究内容，拟定培训目标起了重要作用。

　　课题研究中，针对密云区高中语文教师的需要、教学的实际情况，尤其是高中学段的语文教学实际，设计并拟定了满足农村高中学生学习和发展需求的高中语文教学智能体系，以此为依据，补足教师知识的缺陷，更新教师的学科教学知识结构。

　　智能体系以课程内容为载体、为平台，以具体的教学目标为途径，以学生的发展为终极目标；智能体系渗透以学生为本的教学思想，以学生学会学习、学会思索，奠定其发展基础；智能体系要求教学再不能停留于简单的知识传授，必须调动学生的学习兴趣，在充分的语文实践中提高学生的语文素养、语文学习能力和发展力。

表 27　高中生语文智能（阅读与鉴赏部分）学习示意表

板块	阅读内容	阅读行为	重点方法	审美培养
诗歌与散文	《诗经》选读 先秦诸子散文选读 屈原作品选读 唐诗选读 宋词选读 中国现当代诗文选读 外国经典诗文选读	积累性阅读 理解性阅读 鉴赏性阅读 评论性阅读 创造(模仿) 性阅读	诗歌散文情感美鉴赏 诗歌意境美鉴赏 诗歌理趣美鉴赏 诗歌形式美鉴赏 诗歌散文语言美鉴赏 散文形式美鉴赏 散文神韵美鉴赏 散文人格美鉴赏	审美情趣 审美品位 审美意识
小说与戏剧	中国古代小说名著选读 中国古代戏剧名著选读 中国现当代小说名著选读 中国现当代戏剧名著选读 外国小说名著选读 外国戏剧名著选读	理解性阅读 鉴赏性阅读 评论性阅读	小说人物美鉴赏 小说戏剧情节美鉴赏 小说环境美鉴赏 小说结构美鉴赏 小说戏剧语言美鉴赏	审美品位 审美感受 审美体验 审美意识 审美创造
新闻与传记	报刊获奖新闻作品选读 特写与报告文学作品选读 中外传记文学作品选读	理解性阅读 探测性阅读 评论性阅读 发展性阅读	新闻阅读法（记录要素、把握主旨），报告文学阅读法（把握主要事件、人物的特点，领悟主旨），人物传记阅读法（概括人物生平，把握人物特点，评价人物）	审美品位 审美感受 审美评价
语言文字应用	演讲词赏析 辩论词赏析 语言社会价值文论 语言在生活中的应用	感受性阅读 体验性阅读 评论性阅读 鉴赏性阅读	演绎阅读法 议论散文阅读法	审美感受 审美创造（变换视角、变幻方式进行审美）
文化论著选读	先秦诸子文化论著 中国古代文论 外国文化（含哲学论著）	研究性阅读 批注性阅读 创造性阅读	信息摘要法 议论文阅读法 （把握论点、辨析论据、归纳论证）	审美逻辑

表 28　高中生语文智能（表达与交流）学习示意表

板块	内容	主要行为方法
读写结合	写札记 写读后感 写摘要与提要 写读书报告 写课程报告	观察、感受、思考生活 将阅读与生活、人生、社会联系 阅读中记录关键语句与章节，归纳内容 安排阅读计划，定时进行总结 记录学校课程学习情况及其意义，写感受，说看法

续表

板块	内容	主要行为方法
独立写作	写复杂记叙文 写复杂说明文 写复杂议论文 写话题作文 写新闻报道 写人物传记 写应用文	观察、感受、思考生活 善于围绕一个主题（一个人）写几件事 生活中善于观察，善于抓主要特征 对待事物有分析、有观点，有理有据 善于抓热点问题，对新鲜事物敏感 善于发现、认识典型事物和典型人物 积累素材
口语交际	会议发言 命题演讲 即兴演讲 访谈 辩论词写作 临场辩论	练口语 善于聆听，抓要害 注意说话（访谈）对象 学点逻辑

　　课题经历 7 年多系统、有序的深入研究过程，有效提高了密云区高中语文教师的专业水平，为密云区高中语文教学奠定了持续发展的基础，初步实现了"提高教师专业水平，奠定可持续发展的基础"的课题研究目标。

□ 执笔人：孙荻芬　果长亮

应用小学《数学分层测试卡》
促进学科教研的多元化

在密云区与北京师范大学共建"农村基础教育现代化实验区"总项目中，小学数学学科，以《数学分层测试卡》为载体，使用多元的教研方式形成合力来促进教学质量的提升。课题研究推进的 8 年中，密云区近 350 位小学数学教师、40 所小学都参加了研究，共计开展了 150 余次卓有成效的教研和学习指导活动。研究中注重管理的规范化、培训的本土化和过程的整合化，将研究与促进教师成长相统一、与学校日常学习活动相结合、与教研室的教研工作相整合，使得课题研究成果具有了强大的生命力。伴随着课题研究，密云区小学数学教育教学质量得到提升，课题组发现并培养了一批小学数学实验骨干教师，形成了一批优秀的课题研究案例、教学设计、论文、心得等研究成果，培养了学生学习数学的兴趣，提高了学生数学学习能力。

一、研究思路

项目研究 8 年中，课题的负责人与密云区的小学数学教研员及密云区的小学数学教师密切合作，以"促进学生的可持续发展"为指导思想，以提升教师的专业能力为突破口，以《数学分层测试卡》为载体促进教师的教和学生的学。主要的思路是以"分层测试卡"为载体，通过培训、教学、经验分享、论文等多种途径促进教师从理论到实践的转化。

通过开展教师培训活动，从理念及实践层面不断跟进，给予教师更进一步的指导；开展教学研讨，实施分层教学，促进教学质量提升；加强与其他区县及其他省市的交流，带领实验教师赴外区县和外省市介绍课题研究经验、指导教学，在历练中进一步促进教师专业发展；开展课题征文活动，为课题实验教师搭建展示交流平台的同时，形成了研究论文等成果，并对课题研究过程中表现突出的实验教师给予鼓励。

二、具体实施

课题启动后，在北师大项目组的指导下，课题组全面推进《数学分层测试卡》进课堂，积极组织开展了分阶段、分专题、分学校的培训、观摩和研讨活动，为项目深入推进并取得预期成效奠定了基础。

（一）使用《数学分层测试卡》情况

《数学分层测试卡》的指导思想是"以学生为本，使每一个学生在每一次的数学学习中都能有成功的体验"。梁威教授带领以吴正宪老师为代表的专家团队，经过多年的努力共同研制而成的《数学分层测试卡》注重面向每一个学生，既考虑到大多数学生的学习情况，又为学有余力的学生提供了综合性、灵活性较强的题目，特别是为数学基础比较薄弱的学生搭建了一个个台阶，使他们能够较顺利地掌握每一节数学课上的基础知识，从而增强他们学习数学的信心，提高他们学习数学的能力。由于实验效果显著，该成果于 1999 年被评为北京市首届基础教育教学优秀成果二等奖。

2007 年 9 月，密云区开始进行了以《数学分层测试卡》为载体，311 名教师参与的《数学分层测试卡》实验，以期使每一位学生在每一节数学课堂学习中都有成功的体验。从 2007 年开始，经过 8 年多的实验，从教师写的一篇篇论文和学生所做的一页页分层测试卡中，从北京市现场课评优到教学设计评选，从北京市数字学校录课到微课程评优，都能分享到师生的成功和喜悦。

（二）分层评价研究课题实验开展情况

小学数学分层课题的研究以分层理念为指导，借助《数学分层测试卡》，改善教师教的方式、学生学的方式、教师的评价方式。《数学分层测试卡》蕴含的基本理念是专业地读懂学生，用心地读懂学生，智慧地读懂课堂。

课题实验的目标是：促进教师发展——使每一位教师在每一节数学课堂教学中都研究教材、研究学生、研究测试卡；促进学生发展——使每一位学生在每一节数学课堂学习中收获知识、体验成功、树立自信；促进课堂发展——提升课堂教学实效性，全面实现小学数学课堂教学质量的提升；促进学校发展——实现学校的可持续发展。

1. 管理规范化

小学数学分层课题组建立了由领导、教研员、校长和教师共同参与的实验领导小组，保障了课题实施的有效性。教研员有教研员手册，课题负责人有课题负责人手册，全程记录开展实验活动的精彩瞬间，印证开展分层活动走过的真实足迹。

2. 培训本土化

从专家的一级培训到本县的教师二级培训，再到县教研员和优秀实验教师做的一级培训，密云区数学教师积累了自己的经验。教研员和教师通过鲜活的课堂案例、互动式培训，介绍《数学分层测试卡》的具体运用，实验教师们得到的更多的是实践操作方面的方法和策略。在培训交流会中，各小学实验负责人借助校本实践研究畅谈收获，交流体会。

3. 活动专题化

每学期初，课题组和密云区小学数学教研室都协商制订具体的活动计划，每年围绕一个专题开展活动，每月一次观摩研讨，每次活动一个主题。活动按"观摩课例——研讨交流——专家讲座——教师反思"四位一体的程序进行。以2014年上半年为例，计划并开展的活动见表29。

表29 2014年3—6月活动设计

活动次数	活动时间	活动地点	活动主题
1	3月	果园小学	概念教学
2	4月	穆家峪小学	活动经验
3	5月	密云四小	核心思想
4	6月	密云六小	怎样上好复习课

课堂是研究的主阵地，课堂教学是研究的主渠道，课题开展过程中始终把研究的重点放在课堂教学研讨上，通过课堂研究教师的教、学生的学。在教学中教师以分层理念为指导，善于勇敢地"退"，把学习的主动权还给学生，变教为学。在课堂教学中教师们摸索出"分层教学是关键；分层评价是促进；分层练习是保障"的经验。

2007—2011 年，我们确定的研究专题依次是：运用分层理念，实施有效教学；落实分层理念，实施有效教学；活用分层理念，实现高效课堂。整个研究过程层层深入，螺旋上升。2012 年，随着小学数学 2011 版课标的颁布，我们组织教师认真学习新课程核心理念，认真思考如何将新课标由原来的"双基"变成"四基"。为了让教师们更好地把先进的教学理念转化为有效的教学行为，小学数学课题组把研究的重点放在"小学数学新课标培训"上。经过 8 年的研究、探索、培训、实践，密云的小学数学课堂不仅有一定的实效性，而且具有一定的人文性。尤其是在《数学分层测试卡》使用方面，做到了教活、学活、用活。

4. 过程整合化

在实验过程中，我们并没有把分层课题实验进行单一的研究，而是和平时的活动、学习有效地整合，把课题工作与教研室的教研工作相整合，在每次密云区教研中心组织的研究课上，都把《数学分层测试卡》的使用作为研究的一部分。各小学把实验工作与教研组活动、校本研究、常规管理相融合。教师把课题实验与常态教学相结合，把实验工作落实到平时的常态课教学中，教师把理论学习与实践反思相结合。

5. 实验成果化

在数学分层实验过程中，教师注重以分层理念指导课堂，在实践中不断提升自己的认识与经验。基本的思路是把经历转化为经验，将经验提升为经典，用经典推动实验进一步深化。每学年，课题组都要征集一线教师的优秀论文、教学设计、案例、随笔，把好的文章集结成册，为后续研究提供参考。8 年来，共征集到教师的文章千余篇，其中密云区成果集第一期《小学数学教学质量提升课题优秀成果集》，共收集教师优秀文章 50 篇（其中优秀论文 18 篇、优秀随笔 17 篇、优秀教学设计 15

篇)。多名教师的文章发表在《现代教育报》《北京教研》等杂志上。北师大出版的《分层评价为教师搭建成功的阶梯》等两本论著共计登载了密云20余位小学数学教师的成功经验。

6. 目标长远化

实验的最终目的是促进学校、教师、学生共同发展,实现小学数学教育质量提升。我们不单纯追求近期效果,而是着眼学校、教师、学生长远、可持续的发展。对于我们的数学教研工作,也要始终遵循以学生为本的教育发展理念,培养人,教育人,紧紧抓住《数学分层测试卡》这个载体,立足长远,继续努力。

7. 过程规范化

每学年的活动,我们都按照以下的程序安排:制订计划;联系专家,填写活动审批表;课堂教学研讨;撰写工作纪要;学期末总结;学年末表彰。过程的规范,保证了每次活动有序、有效地开展。

三、研究成效

在不断摸索中前进,在前进中不断创新,在创新中我们收获着。

(一)总结了《数学分层测试卡》使用的经验

基于8年来的使用经验,课题组专家和教师共同总结提炼了《数学分层测试卡》使用中的几种表现。

· 使用上的表现:常规性应用、修改后应用、迁移后应用。

· 形式上的表现:课前检测、随学随测、课后总测。

· 内容上的表现:规定形式、创新形式。

· 评判上的表现:自评、互评、师评等。

· 时间上的表现:课上为主、课下辅助。

同时,还总结了一些使用经验。

·立足基础，逐步提高；当堂检测，当天反馈；适当调整，符合实际。

·肯定进步，不忘鼓励；分享成功，共同激励；个别辅导，紧抓不懈。

·个案记录，积少成多。

以上总结的使用方式方法、经验已得到广大一线教师的认可，并被广泛传播，为各个实验区提供和奠定了良好的操作雏形。

（二） 教研员教研方式的转变

在课题研究过程中，也促进了教研员研究方式的不断创新。

1. 勤于学习、潜心研究、善于指导、敢于实践

教研员通过不断学习——向书本学，向同行学，向教师学并潜心进行研究——对教学设计、教师教的方式、学生学的方式、如何以教师的教促学生的学等有了新的认识。教研员学会了如何指导教师把先进的教学理念转化为具体的教学行为并敢于实践。每学期教研员亲自为教师上示范课，在实践中主动研究学情，实现了由教向学的转变，真正发挥了教研员的研究、指导、服务、引领的作用。

2. 勤联系、多沟通、善交流、要宣传

教研员也是联系教师和市教研员的桥梁和纽带。实验以来，密云区教师共有29人拜北京市各级专家、教研员为师。高水平的专家引领，有力地促进了密云区教师的专业成长。教研员还要与教委领导、学校领导、教师进行沟通、交流，宣传实验的过程和取得的成效。

（三）借助分层评价课题平台，促进了教师专业发展

在实验过程中，实验教师以分层教学理念为指导，潜心研究，不断探索，勇于实践，不断反思，课堂实践水平逐步提升。同时，他们也总结提升了自身在实验过程中的有效做法与经验，一批青年教师在实验中脱颖而出。我们的教师正在从经验型、反思型教师向研究型、专家型教师过渡，不仅到北京市各区县进行经验交流，而且远赴山东、山西、河南、河北、黑龙江、云南、甘肃等20多个省进行经验交流，从不同层面展现了我们在使用分层测试卡活动中的好经验、好做法。

1.《数学分层测试卡》搭建了学习的平台

密云分层实验进行 8 年以来，借助分层课题平台，多位名师亲临密云为教师们做现场指导，教师的教学理念、教学行为正是在专家一次次悉心指导下才有了长足的进步，实验课题为密云教师搭建了向众多专家及优秀教师学习的平台。

2.《数学分层测试卡》搭建了展示的平台

在课题推进的 8 年中，密云区小学数学教师先后在密云区、北京市、部分省市上展示研究课 130 余节，正是在这种实践中，教师们得到了锻炼，教学水平不断提升。

3.《数学分层测试卡》搭建了交流的平台

在课题研究中，各区县教研员、教师到密云研讨交流，分享分层测试卡应用研究模式和经验；各省市分层实验课题领导及教师到密云交流学习。密云的分层课题实验的做法对全国各分层课题实验校起到了很好的引领作用。

各种平台的搭建使密云区一批青年教师脱颖而出，并成长为县、市级的骨干教师、学科带头人，从而带动了密云区小学数学教学质量的不断提升。成绩的取得不仅因为教师的努力、教研员的指导，更是得益于数学分层课题的开展。

（四）分层课题实验，促进了学生的成长

《数学分层测试卡》，简单平常之中承载着教师和学生的心路成长轨迹，教师对学生的评价更有针对性，既客观，又有积极的鼓励，学生在测试卡使用过程中享受学习的喜悦，增强学好数学的自信心，"卡"联结起教师和学生之间的深情厚谊。

《数学分层测试卡》，促进了学生数学学习兴趣的提高，增强了学生学习数学的自信心，激励和鼓舞学生进一步探索。一句话、一辈子、一生情，教师在测试卡上给学生评价的一个对钩、一个 100 分、几个星级，每个鼓励都蕴含着巨大的教育力量，教育就是唤醒、鼓舞、期待。学生通过《数学分层测试卡》更加积极参与课堂学习活动，敢于和乐于向同学及家长展示自己的学习成果，学生思维能力得到提升，良好的习惯在逐步养成，责任感也在增加。

《数学分层测试卡》，践行教育均衡、优质、公平的理念。我们不能承诺让每一个孩子都成为优秀生，但是，我们有责任和义务让每一个学生都得到发展，让每一

个处于不同起点的孩子，都在原有基础上得到尽可能大的发展。《数学分层测试卡》让学习困难学生获得了成功体验，使学生的数学成绩整体得到了很大提高。

《数学分层测试卡》，师生评价互动享受教育情怀。评价不仅是教师的权利，学生也可以在《数学分层测试卡》使用过程中进行自我评价，在使用后提出自己的思考和建议，用数学日记的形式抒发自己对测试卡使用的心得。同学们用"我喜欢，我提高""我的好朋友""我的进步离不开它"等作为数学日记的标题。

（五）分层课题实验，促进了学校的发展

孩子们进步了，教师们成长了，这也促进了学校的发展。各实验校紧紧抓住分层实验这一契机，和各层面的专家建立紧密的联系，使学校获得了前所未有的良好机遇。

分层理念，引领育人思想。各实验校干部教师深入学习、领会分层理念，因材施教、因人施教，有教无类，每一位学生都应该享受同样的尊重。从起初的数学教师参与研究，发展为全校干部教师育人观发生明显转变，立足学生全面发展，促进不同层次学生的个性化发展。

聚焦课堂，践行教育公平理念，促进小学数学教育的均衡发展。《数学分层测试卡》的使用充分满足和促进了不同层次学生发展的需求，对不同层次的学生创造适合的教育，在教学过程中分层评价，促进不同层次学生不同的发展水平。

由于学校运用"正视差异，分层发展"的思想开展教育教学活动，取得显著成效，北京市兄弟区县数学教师、十几个省市的上百所"明德小学"的教师代表分别到密云区太师屯小学、密云六小、檀营小学、东邵渠小学交流学习。密云区的数学实验老师也先后赴河北、山东、青海、吉林、云南、广西等地进行下校指导工作。如今密云区的这些普通数学教师也相继成为北京市小学数学特级教师、密云区学科带头人。

分层教育，促进特色发展。《数学分层测试卡》不只是一张简单的"卡"，其背后蕴含的分层评价教育理念是火把，点燃学生的兴趣、自信，梳理和提升着教师的教育教学观念。教学质量是学校工作的生命线，在密云区教研中心组织的抽测中，各实验校的数学教学取得了较好的成绩，部分学校被评为"北京市素质教育评价先

进单位""北京市民族团结示范校""北京市科研先进校""北京市首批党建工作示范点"等。

在课题开展过程中，初步探索并建立起了课题研究的模式；带动教师有意识地开展课题研究，由此为密云区培养出了一批优秀的数学骨干教师，形成了一套较为成熟的教师培训成长的模型；形成了"请进来、走出去"的开放式工作模式，实现优质资源共享的同时，促进了教师专业素质的提升；课题研究的近期目标与长期目标有机结合，形成了定期工作总结规划会议和随机总结及工作安排会议相结合的工作模式；建立起了课题研究与密云区小学数学教研活动有机结合的工作模式；形成了一套研究工具，建立了档案管理的模式；形成多种成果形式，从不同角度为密云区不同类型的教师搭设各种展示的平台。

《数学分层测试卡》提倡因材施教，让每一位学生都得到进步和发展，为学生的终身可持续发展鼓劲加油，为学生学习后劲的可持续发展加油。

在分层课题实验过程中，我们以《数学分层测试卡》为载体，确定了课题问题化、工作实验化、实验成果化的课题研究思路，不断探索小学数学分层课题开展的有效方式，以多元教研方式促进密云小学数学整体教学质量的不断提升。

□ 执笔人：吴正宪　范存丽　王海军

探索新型教研模式
提升高中生物学科教学质量

2009年10月至2014年6月，高中生物学科参与了北京师范大学与密云共建项目活动中"密云高中生物教育教学质量提升"。根据项目组对课题研究方式的指导，在前期调研的基础上，基于密云生物学科教师的课程准备不足、实施能力不强的突出问题，提出了"系列化、精细化教研设计与实施，促进学科教学质量的提升"的思路。6年来，高中生物学科课题的负责人与密云区生物学科高中教研员密切合作，聚焦典型问题，有针对性地引入外部专家资源，改变了教师们的教学理念，直接提升了教师的教学实施技能，促进了教师的专业化发展，同时，围绕改进教研模式组织开展高中生物学科课题活动，使教研活动更加符合学校、教师们的教学实际，使集体教研、协同教研的理念通过程序和制度得以落实，使教研活动实效性不断提高，使密云区高中生物学科整体教学质量得到稳步提升。

一、教师教学能力现状分析

新一轮课程改革对教师提出了新的挑战，对教师素质提出了更高的要求，要求学科教师要更新教学理念，全身心投入课程改革实践，有较强的课程实施能力，并在新课程实施中不断提高学科能力与水平，进一步提高自身素质，从而促进自身的专业发展。随着新一轮高中课程改革的推进，我们看到了教师教学理念的变化，教学内容呈现方式、教师教学方式和学生学习方式的变化，同时也看到有些教师对课程理念没有很好落实，课堂教学效率不高，学科教学质量不高，等等。出现这些问题的原因在于教师课程实施能力不强，学科教学能力尤其是备课能力与水平还有待提高，如备课活动（方式、内容和效果）开展得不够扎实，学科核心概念缺乏教学设计，等等，最终导致教和学的低效，学生学科能力（会考优秀率、高考得分率等）不高。

二、课题设计思路

本着"系列化、精细化教研设计与实施，促进学科教学质量的提升"的设计思路，改进、创新密云高中生物学科教研活动，逐渐形成"突出实际问题解决，教研主题系列化"，以及"精细化基于课题的教研活动设计，提高学科教研活动效果"的教研模式，使密云高中生物教研活动更加符合学校、教师们的教学实际，使教研活动的实效不断提高。

三、课题研究内容

课题着力开展校本教研专题研究，提高教师课程实施能力。为更好推进新课程的实施，促进教师教学能力的提高，促进密云高中生物学科质量的提升，通过5所高中校校本教研专题开展和研究，引领教师参与相关的活动，加强反思，进一步提高课程实施能力，从而引领教师素质的提高。

高中生物学科课题组在每个学期的开始，通过密云高中生物教学及教学研究问卷调查和与任课教师座谈等形式，深入了解各校教研组和任课教师的需求，聚焦解决重点问题，精心制订针对性强、操作性强的系列活动计划，努力做到每一次教研活动有主题，扎实开展，资源共享，引领教研有收获。

在专家讲座方面，围绕密云高中生物教师教学专业基本功的提升、概念教学有效设计和实施、必修3个模块核心考点专题复习辅导、高三复习课的设计和实施等重点问题展开。近3年，每学年均安排2—3次专家示范教学指导活动，密云高中生物学科教师"用心观察——发现问题——深入反思——形成理论"，受邀而来的荆林海、李晓辉、乔文军等10多位名师借给密云不同学校的学生上的示范课以及集体备课指导，起到了很好的示范、引领作用。

　　在课堂教学指导方面，结合密云的教育教学实际，我们进行了系列化、精细化的教研活动设计，尤其针对课例研究的精心设计，调动了本学科教师参加课题活动的主动性，引领指导教师们增强了教研反思的意识，加强了教师对自身教学的研究，提升了教师的生物学科专业素养。细化设计，起到了督促教师去参加课例研讨活动时加强反思的作用。教师们逐渐养成了反思各级教研的习惯，觉得带着问题参加各级教研活动，不仅收获大，同时也感受到了自身专业理论水平和教学技能的提升。这些都充分说明细化教研活动设计真正发挥了学科教研活动的研究、指导、服务和引领四位一体的作用。

　　6 年来，高中生物学科课题开展活动 50 余次，具体活动安排见表 30。

表 30　高中生物质量提升课题专家讲座与课堂教学活动统计表（2009.10—2014.6）

学年	2009—2010	2010—2011	2011—2012	2012—2013	2013—2014
总次数	11	11	10	11	11
活动内容和活动形式	5 次专题讲座 6 次教学指导＋小讲座（10 位密云教师做课）	5 次专题讲座 6 次教学指导＋小讲座（12 位密云教师做课）	4 次专题讲座 6 次教学指导＋小讲座（10 位密云教师做课）	5 次专题讲座 6 次教学指导＋小讲座（12 位密云教师做课）	5 次专题讲座 6 次教学指导＋小讲座（6 位密云教师做课）
活动地点分布	4 次教研中心 7 次下校指导	4 次教研中心 7 次下校指导	2 次教研中心 8 次下校指导	3 次教研中心 8 次下校指导	4 次教研中心 7 次下校指导
专家及其指导次数	朱立祥 6 次 王　新 1 次 安　军 1 次 李晓辉 1 次 于　璇 1 次 乔文军 1 次	朱立祥 3 次 荆林海 7 次 管　旭 1 次	朱立祥 3 次 乔文军 3 次 李晓辉 1 次 管　旭 1 次 王金海 1 次 曹仁明 1 次	朱立祥 2 次 乔文军 3 次 荆林海 2 次 曹仁明 2 次 柳忠烈 1 次 张　斌 1 次	乔文军 3 次 荆林海 2 次 李晓辉 1 次 管　旭 1 次 曹仁明 2 次 柳忠烈 1 次 全　斌 1 次
密云参加师生	1200 人次	1500 人次	2300 人次	2500 人次	2000 人次

四、教师专业发展的实施策略及成效

2009 年 10 月到 2014 年 6 月，高中生物学科课题组 6 年的课题活动在如何转变教师的教育教学理念、如何增强高中教师的学习与研究意识、如何提升教师的专业素养和课程实施能力、如何提高教师教学基本功和学科教学质量等方面做了大量工作，取得了一些成绩。

（一）在课题教研活动中，引领教师加强反思，转变教育观念

生物学科课题组为达成转变密云高中生物学科教师的教学理念，使之进行有效的课堂教学设计和实施，进而促进学科教学质量的提升的目标，组织了丰富多样的教研活动，从听评课、专题讲座到教学指导，使密云高中生物学科从这些行之有效的实践研究中受益。

1. 促进了教师教学观的改变

教师在以往的课堂上讲得很多、很细，总以为要把所有的知识交给学生才是对学生负责。6 年来，通过课题活动中荆林海、乔文军、李晓辉等专家的辅导或给予的示范教学，教师们注意到，他们讲得不多但学生的思维活动并不少，整个课堂中学生积极思考，积极讨论，积极表达，学生变了，变得积极思考，变得喜欢回答老师的问题了。

2012 年 12 月 26 日，高中生物学科在首都师范大学附属密云中学组织了现场课堂教学研讨活动。受课题负责人委托，北京教育科学研究院基础教育教学研究中心副主任朱立祥老师来到密云，结合高二"基因突变"和高三"免疫调节复习"的备课、现场听课、课后交流研讨，对密云高中生物教师进行了课堂教学指导。本次活动，对执教现场课的首都师范大学附属密云中学郑金枝、冯智远两位青年教师是一次很好的学习和锻炼的机会。在朱老师的问题引领下，与会的所有高中生物任课教师增强了深入研读课标和教材的意识，增强了对生物学科教育价值和教学本质的思考意

识，进一步增强了对教学中如何制定切合实际的教学目标、如何编制导学案促进教学目标有效达成、如何结合教学实际确定教学策略等问题的思考，大家一致认为参加本次活动很受益。

2. 促进了课堂观的转变

课堂是什么？课堂是教师"传道、授业、解惑"的地方；课堂是教书育人体现生命价值的地方。教师是如何理解课堂的？侯妹仿老师的观点带有普遍性："这些说法给我的感觉就是课堂是属于教师的，而我就是一名人民教师，所以课堂是我的，我的任务就是利用好课堂传授生物学知识。"

2013 年 10 月 16 日，受课题负责人荆林海老师之托，北京市生物特级教师王春易老师来到密云二中，结合两节现场课从教师的"讲"和教师的"教"两方面对密云高中生物课堂教学进行教学指导。在本次活动中，王老师先对两节现场课进行了点评，对王美霞、马轶男两位青年教师深入挖掘教学资源、关注学情、课上师生关系融洽、注重启发式教学和学法指导、注重学科观点和思想方法的渗透等给予充分的肯定。同时，指出了高三复习课堂不够开放，课上师生、生生互动不够的问题，并给出了改进和完善建议。然后结合自身教学研究和课改实践经验，围绕"什么是一节好课？如何上好生物课？"等问题，为与会教师做了教学指导。他强调指出：生物学科属理科课程，要讲理（逻辑），生物学科属于科学领域，注重实验与探究（动脑想、动手做），生物学科教学关注学生，重在发现学生的问题并相信学生在老师的帮助下能自主解决问题。

本次指导让教师们深受启发，进一步提高了教师们对生物学科课堂教学的认识，建立了正确的课堂观——课堂不应该是教师的，课堂应该是学生的，教师应该把课堂还给学生！课堂是学生自主学习，获取知识和能力的地方。教师要相信绝大多数学生是会自学的，只是方法问题；要相信绝大多数学生是可以学好的，只是时间问题。作为教师应努力创造利于学生自主学习的课堂氛围，要给学生足够的自主学习的时间。

在专家引领指导下，教师们清楚地认识到在课堂教学中教师应该努力做到：凡是学生看得懂的要留出时间让学生自己看，教师不教；凡是学生讲得出来的要留出时间让学生自己去讲，教师不说；凡是学生想得出来的要留出时间让学生去想，教师不启发；凡是学生写得出来的要留出时间让学生去写，教师不示范；凡是学生做得出来的要留出时间让学生去做，教师不演示。只有这样，才能真正做到关注学生的学习和发展，促进生物学科教育教学质量的提高。

（二）在课题教研活动中，引领教师不断提高教育教学水平

课题活动开展 6 年来，专家和教师们用他们无私奉献的精神引导密云的高中教师们，他们精湛而渊博的专业知识，更新了教师们的教学理念，提升了教师们把握教材和课程标准考试说明的能力。他们就某一节课的教学亲身示范，就某一专题进行教学辅导，就如何提高课堂学生的参与度、如何提高学生学习的积极性、如何提高课堂实效性等进行指导，使教师们收获良多。

1. 提升教师把握教材和课程标准的能力

6 年来，十几位专家结合生物学科各个模块内容教学为密云师生所做的精心辅导和深入浅出的阐述，使教师们对各个模块的教学从概念到理念有了明显的提高。在教学中，教师们对知识的本质认识提高了，引导学生对知识的探究更深入了。例如，李桂君老师在进行"对分离现象解释的验证"的教学时，无论是新课程教育教学理念的贯彻，还是教学过程中对学生创新活动设计的指导、对重要原理的把握和掌控，均收到很好的教学效果。

2. 提高上好高三复习课的水平

各位专家在复习指导中多次强调，高三复习课不能是基础知识按部就班的简单重复，不能上成新授课的简单延伸，要上出新意。如何让复习课上出新意？通过专家的复习示范课，教师们学到了很多。如：创设新情境，设计新问题，启发学生在原有基础上再思维与提高，在一节课中不断找到学生新的兴奋点，让学生精神饱满地继续研究、学习。

3. 提升教学中处理习题的能力

如何利用好高考题？以往教师们主要是选题让学生来练习，做完对对答案，讲讲思路和错因，对于自身受到哪些启发并没有更多思考。

2013 年 4 月 17 日，课题负责人荆林海老师来到密云，结合北师大密云实验中学李娜、张雪菊两位老师的一模试卷讲评课，对密云区高三生物教师的课堂复习教学进行了指导。荆林海老师用他的切身做法给老师们做了明确的辅导，就如何做高考题、如何深入分析高考题、如何拓宽学生的解题思路、如何训练学生的解题能力等，给老师们提供了很好的示范。在专家的系统指导、引领下，密云高中生物学科教师重新研究每部分考题，深入分析考题特点，逐渐体会到有的试题也是教学的良好素材，对如何精选和使用习题有了更新的领悟。

1925 年，教育家陶行知在南开学校演讲时曾说："做一个整个的人……要有独立的思想——要能虚心，要思想透彻，有判断是非的能力。"这就要求教师们要学会独立思考，学为人师者，更要善于在思考中寻求进步。6 年的课题活动，一次次主题明确且有实效的专家指导活动，引领密云高中教师确实找准了努力和提升的方向，学会了教学研究与实践的方法。例如，教师明确了课堂教学中如何更好地落实生物学科理念、渗透生物学科思想，提高学生的创新精神和探究能力，发挥生物学科在促进学生成长中的作用，等等。

（三）在课题教研活动中，引领教师增强研究意识，提高集体备课的实效

要想上好课，首先要备好课。由于学校的教学活动，如上课、兴趣小组、分层辅导、班主任工作、各种会议等事情比较多，许多教师没有精力去精心备课，导致课堂教学显得比较乏味，效率不高。如何才能有效备课，使备课真正地为上课服务，实现高效的课堂教学？集体备课能更好地解决这一问题！

高质量的集体备课是学术交流、深入碰撞，是教师自身发展的保障。如何使集体备课不流于形式，便成为生物学科课题组一直在探讨的课题。高中生物学科课题组针对上述课题进行了实践研究。6 年来，通过组织集体备课的现场研讨、集体备课视频观摩、专家指导以及专家示范教学辅导和教学指导等活动，引领密云区的教师们不断增强了教学研究意识，并初步形成了一套适合各校生物组教师的集体备课做法。

下面以首都师范大学附属密云中学生物组在集体备课上进行的有益探讨为例加

以说明。

从时间和内容上说，首都师范大学附属密云中学生物组的集体备课有3类。第一类是在开学初对整个年级学生整体情况和学期计划的预备课；第二类是每周固定一个集体备课时间，集中讨论一周的核心内容；第三类则是任何一个课间针对教学实施前或是教学过程中出现的问题进行及时的商讨。从形式和过程上说，首都师范大学附属密云中学生物组的集体备课没有特别固定的模式和流程，通常以说课、研讨、听课等多种多样的形式展开，在不同的形式下，集体备课的流程也不尽相同。

下面是高三生物"生物变异在生物育种中的应用"专题复习的集体备课过程中的具体做法。

第一，研读课程标准和北京高考考试说明，结合学情，制定教学目标。在普通高中生物课程标准和北京高考考试说明中，生物变异在生物育种中的应用分布在不同的模块、不同的章节中。从知识角度来讲，高三生物的专题复习需要将分布于不同模块、不同章节的与育种有关的基础知识整合到一起；在能力上，高三生物的专题复习要求学生不仅能将所学的知识运用到实际生活生产中，还应具有获取信息能力以及综合运用能力等；从情感态度与价值观方面来说，学生需认同科技进步在生产实践中的重要作用以及学习中的合作意识等。

由于学生已经对与育种有关的基础知识有了初步的掌握，在能力上也有一定的提升，因此，本专题的重点放在了利用所学的育种知识解决实际的育种问题上，也就是说在对育种方案的设计过程中理解各育种方法的优点和缺点，体会科技进步在生产实践中的重要作用。本专题的难点为育种过程，对学生而言较为抽象，因此本专题的难点定为选择合适的育种方案。

第二，基于教学目标，确定教学手段；精选例题，编制课堂学案。结合制定的三维教学目标，本专题确定基础知识可以通过课上的合作探究题目来突破的思路，因此，值得学生合作探究的题目就需要联系学生的生活实际，尽可能地减少知识的抽象性带来的难题。经过本组讨论，本专题学案中的合作探究题目设置为两个开放的、递进式的题目：

探究一：不同的西瓜植株常表现出不同的性状，有的西瓜抗病性强，有的果实品质好，有的植株长势旺、整齐一致。现有稳定遗传的早熟（D）不抗病（T）的西瓜甲和晚熟（d）抗病（t）的西瓜品种乙。若希望获得早熟抗病的优良品种，你有几种方法？请选择其中 1—2 种写出大致思路，并说明你采用这种方法的理由。

探究二：人们在食用味甜多汁的西瓜时，却不得不频频地吐出西瓜籽，这带来了一些不便。如何利用已有的早熟抗病品种，培育出无籽的早熟抗病品种呢？

这种方案采用与生活密切相关的案例作为背景，不但能激发绝大多数学生的兴趣，还具有一定的梯度性和开放性，利于不同水平的学生参与，紧紧贯彻了新课程的 4 个基本理念。

对于例题的选择，备课组认为该专题的例题，不但要有对知识的考查，还要有对能力的提升，最终学案的编制也是按这个原则进行的。

第三，根据教学内容，确定教学方法；初步统一学案的使用策略。根据本专题的体系特点以及各班学生情况的不同，对于该专题教学实施的建议有两个。方案一，先利用表格的形式对基础知识进行比较回忆，以解决基础知识的体系化问题，再利用学案中的合作探究以及典型例题进行知识的应用练习、能力的提升和情感上的教育。当然，这种方案可能值得商榷的地方在于，学生的知识体系能否主动形成。方案二，先结合学案中的合作探究问题，解决学生对知识的应用问题，再通过总结进行基础知识的体系化，最后通过典型例题实现对知识的强化和对综合能力的提升。第二种方案的优点可能在于让学生在应用中自主总结知识，体会各育种方法的优点与缺点。至于哪种方案更合适，需要教师在个人备课过程中去进行选择和处理，在实际教学过程中去实践，经过实践的检验之后再进行反思、修订。

集体备课之后，教师们结合各自的教学班的情况，形成原始的教案。集体备课为教师的交流、互动、共同提高、共同发展提供了舞台。教师们在集体备课中，可以凭借自身经验和各自独特的表现形式，通过心灵的对接、意见的交换、思想的碰撞、合作的探讨实现知识的共同拥有与个性的全面发展。集体备课的成果是集体智慧的结晶，而在上课时，每位任课教师面对的是不同的教育对象，教师应该结合学生的实际情况，对集体备课的成果进行适当的选择利用和改编利用，而不是原封不动地照抄照搬，实现集体备课真正为教学服务。

第四，促进教学实施的反思。针对本专题复习在教学实施中出现的问题以及个人的比较突出的处理方法，利用课间的时间进行交流、汇总，发扬有效的教学设计，及时改正教学过程中的不足。比如，在实际教学过程中，某些教师倾向生物变异在作物育种中的应用，而在动物和微生物育种方面淡化了，甚至没有提及，那这就是通过课程的实施暴露出来的问题，值得教师反思和记录，以便以后教学时改正。

在课程改革不断深化的今天，许多新理念、新思维、新动向、新内容、新问题、新方法，需要思考、研讨、探索与交流。

6年来，首都师范大学附属密云中学生物组所有任课教师都在课题活动过程中做过研究课。朱立祥、荆林海、乔文军、李晓辉等专家的备课指导、教学示范课，让每位教师不断提高认识，提高研究意识，加强了集体备课的实践研究。现在教师们都能从容应对新课程，大家通过共同探讨，相互补充，努力将课程理念化为自身科学而有效的教学行为，具体而合理地落实措施，将课程理念落实到课堂教学实践中。3年来，首都师范大学附属密云中学生物会考、高考成绩稳步提高，与加强集体备课密切相关。

"路曼曼其修远兮，吾将上下而求索。"我们将一直把对集体备课的探索与实践贯穿在中学生物教学中，长此以往终将促进生物学科教学的进一步提高和发展。

（四）在课题教研活动中，引领教师不断提高课堂教学设计能力

课堂教学设计是教师对课堂教学这一动态进行预先的分析和决策。课堂教学设计的过程实际上也是为教学活动指定蓝图的过程。通过课堂教学设计，教师可以对教学活动的基本过程有一个整体的把握，可以根据课堂教学情境的需要和学生的实际情况确定合理的教学目标，选择合适的教学方法、教学策略，采用有效的教学手段，创设良好的教学环境，实施适切的评价方案，从而保证课堂教学活动的顺利进行。因此，课堂教学设计是教学活动得以顺利进行的基本保证。不同的教师对教材、对学生和对自己角色的理解不同，设计出的教学方案也会截然不同。好的课堂教学设计可以为教学活动提供科学的行动纲领，使教师在教学中事半功倍，取得良好的教学效果。在全面提倡素质教育的今天，如何提高课堂教学的有效性，是每一位教

师都必须思考和落在实处的问题。而要提高课堂教学的有效性，教师在进行课堂教学设计时要转变观念，以学生为本，努力让课堂教学成为师生之间和生生之间增长知识、提升能力、交流思想、培育情感、生成智慧、播种希望的活动。回顾过去的6年，每一次课题活动的场景仍历历在目：荆林海老师对教师们集体备课的细致指导，乔文军老师有趣的遗传规律示范课，全斌老师精彩的试卷讲评课……每一次活动，这些老师都用他们的实际行动，向教师们诠释了一名优秀的教师不仅要有热爱教学、乐于奉献的精神，更要不断学习，充实专业知识，提高理论水平和专业技能。通过这些教师的悉心指导，每一位教师无论是在专业知识还是在专业技能方面均有不同程度的进步，对课堂教学设计有了更深入的认识，在生物课堂教学设计能力上有了进一步的提高。

1. 重视教学情境的创设，激发学习兴趣

教师在进行课堂教学设计时，运用各种手段和方式创设出良好的教学情境，可以形成一种适合学生学习的情感氛围，有利于学生形成良好的求知心理，从而参与对所学知识的探索、发现和认识过程。教育理论指出："学生的发展是在真实的生活中实现的，教育要关注学生的真实的生活活动和需要。"课题活动中专家为密云高中教师做了很好的示范指导。如2012年3月7日，受课题负责人北京教科院基教研中心荆林海老师委托，北京市生物学科教研员乔文军老师来到北师大密云实验中学，为该校高三全体理科学生做了"实验设计与分析"专题复习辅导讲座。全县高三生物任课教师和北师大密云实验中学理科学生370余人参加了活动。乔老师为师生做了2012年考试说明中有关"实验与探究能力"内容的解读后，从教材中的实验划分和清算、科学实验和探究程序两个方面，重点结合典型例题，从审题、解题和答题3个方面对学生进行了思路、方法和技巧的指导。辅导过程中乔老师态度谦逊，言谈风趣幽默，注重问题设计，所讲内容重点突出，问题明确，要点分析、总结精辟，让与会师生很是受益。讲座为高三老师如何做好实验专题复习课的教学设计和实施起到了示范引领作用。这样的示范引领帮助教师进一步认识到在课堂教学设计时，应结合高中生物学科的特点以及学生心理特点，创设恰当的生活情境，贴近学生生活实际，激发学生的学习兴趣，因此在相关内容教学时应更加注重设计。

2. 精心设计提问，引导学生积极思考

国家生物新课标改革的一项重要变化就是把传统的单方教师灌输式教学转变成学生主动式探究性教学。而探究源于问题，在课堂上教师能否提出有效的问题引导学生积极思考是这项改革成败的关键。因此教师在进行教学设计时，精心设计有效的提问就尤为重要。这要求教师设计问题时要注意语言的科学严谨，注意问题的针对性、启发性，同时还要注意设计的问题的难度应该有梯度，要围绕核心概念和核心知识提问。活动中专家的示范课为老师们如何做好专题复习课教学设计提供了很好的示范指导和帮助，引导教师们在教学设计时进一步关注如何通过设计问题引导学生思考和学习。

例如，北师大密云实验中学张雪菊老师"捕获光能的色素和结构"一节课的教学设计，首先在导入环节设置疑问：绿叶中是不是只有叶绿素？除此之外还有哪些色素？这些色素有什么功能？接着在新课讲解的过程中，让学生快速浏览教材实验内容，结合课前的预习思考以下几个问题：提取色素用何种试剂？提取色素时加入少许二氧化硅和碳酸钙有何作用？如何制备滤纸条？如何画滤液细线？根据什么原理可将不同种色素分离？分离绿叶中的色素时要注意哪些问题？通过对一系列问题的思考和回答，学生了解实验的原理及有关药品的作用，进一步明确实验操作要注意的事项。教学收到了较好的效果。

3. 关注学生活动的设计，促进学生有效参与课堂教学

苏霍姆林斯基说："让学生体验到一种自己在亲自参与掌握知识的情感，乃是唤起青少年特有的对知识的兴趣的重要条件。"因此，教师在进行课堂教学设计时，结合学习的内容和学生的年龄特点，巧妙设计学生活动，让学生在课堂中多一点儿思考时间，多一点儿活动余地，多一点儿表现机会，多一点儿体验成功的快乐。只有这样，学生才能主动参与到课堂教学中，学生的主观能动性和创造性才能得到充分发挥。在课题活动中，来密云辅导和指导的专家做了很好的示范引领，教师们在教学中积极探索实践，教学设计能力不断提高。

例如，密云二中王建东老师"生态系统的能量流动"一节课的教学设计，以孤岛生存故事分析引入能量流动，并介绍了林德曼研究的过程和方法，然后提供了

Excel 数据表，让学生根据赛达伯格湖的能量流动图解进行数据整理、处理、分析，并呈现能量金字塔。通过一系列学生活动的设计，引导学生动手动脑，进一步掌握生态系统能量流动的原理和基本方法。

为期 6 年的课题活动，形式多样，内容丰富，有专家进行教法和教学策略辅导、集体备课指导、结合课堂教学的点评指导，有专家现场示范教学指导等活动。课题活动的开展给密云高中教师提供了难得的学习机会，教师们在专业知识技能、理论水平等方面不断进步，特别是在课程标准的把握能力和课堂教学设计能力上有了进一步的提高，为提高课堂效率奠定了坚实的基础，进而给密云区高中生物教育教学质量的提高带来了深远的影响。

□ 执笔人：荆林海　李秀军　朱立祥

基础与方法并重
推动高中地理学科教研质量提升

2009 年 9 月，密云区与北京师范大学共建"农村基础教育现代化实验区"项目"密云高中地理教育教学质量提升"课题正式启动。课题以提升教师的学科教学素质和水平、提高学生学习成绩为目标，提出"夯实基础、注重方法"的工作思路，以夯实学科知识和方法落实为抓手，构建了"讲座—示范—互动""研究课促备课组建设"的教研引领模式。在 6 年的研究与实践中，针对具体需求，引入各类专家，开展地理学科活动共 53 次，20 余位专家亲临密云，60 多位地理教师参与，近 10000 名学生聆听专家讲座。

一、问题提出

课题前期调研发现，密云区高中地理学科以年轻教师为主，教师们对课程标准、知识的把握及方法性的内容缺乏深刻的认识。主要问题表现如下。

（一）教学目标制定的问题

教师们对教学目标的制定注意到了三维的要求，但对于学习方法的重视程度不足，教学上指导深度和广度有待加强。

（二）教学内容深入理解的问题

对教学内容的把握还缺乏比较深入的理解。在教学内容的选择上注意到选取典型案例及贴近学生生活的案例，但对案例的迁移方法指导不够。

（三）教学模式单一的问题

多数课仍以教师讲授、教师提问、学生齐答或个别学生回答为主要的教学方式，教师的主导性很强，学生的主体作用发挥不够。

针对这种情况，我们确定了"重基础，讲方法，构建新型教研模式"的研究思路，构建教研新模式，引领教师成长。6 年中进行课题的实践探索，并不断调整完善。

二、研究思路

从教师的问题、困惑和需求出发，课题研究的思路是夯实基础，注重方法，拓展提升，从基础和方法入手，逐步提高教师的能力和学生的学习成绩。实施的具体策略有专家引领、学校教研组备课组建设、多种教学方式的应用等（如图 28）。

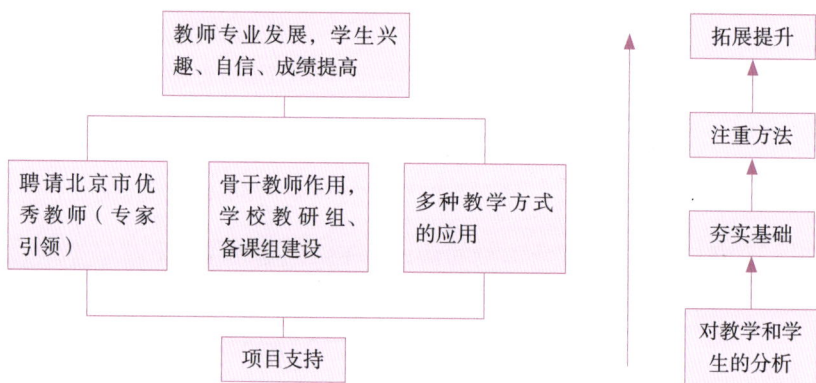

图 28　地理学科课题实施的思路和策略

在课题实施的 6 年中，课题组注重深入研究新课程与教学设计的理念和实施途径，切实用课程标准的理念指导教学设计，在活动中加强教师对学科知识的理解，使他们勇于尝试多种教学方式，以提高学生主体性。

三、实施过程

项目实施过程中，课题组明确切入点，从教师教学中的问题出发，构建了外请专家引领学校内部教师自主互助一系列模式，以进一步帮助师生梳理学科知识体系，明确方法和重点，不断提高课堂教学的实效性。

（一）以夯实学科知识为抓手，构建"讲座—示范—互动"的教研引领模式

1. 抓基础知识

针对密云区教师在课标理解、知识把握、教学设计和实施能力上较为薄弱的情况，课题组安排了一系列讲座，内容涉及课标的解读、基础性知识的讲解、高中地理会考的要求、教师教学基本功的基本知识及要求、说课及教学设计相关问题，使教师的教学素质得以提高。

在知识方面，每次讲座均按照课标和考试说明的要求，为教师们讲解基础知识及落实基础知识的具体建议。对自然地理、人文地理、区域地理、旅游地理、自然灾害防治等的课标要求一一进行了落实。先后开设了"高三自然地理一轮复习""高三人文地理一轮复习""高三区域地理一轮复习""选3、选5的专题复习"等讲座，覆盖了高中地理的所有知识，并且注意按照复习的阶段性来安排。

通过示范课、研究课的安排、研讨和学校教研组研究活动，教师们对讲座中的内容进行消化、吸收、落实，学生的基础知识和认识水平得以提高，高中地理学科的教学有序开展，这都为教师和学生的能力进一步提升打下基础。

2. "讲座—示范—互动"教研模式

地理学科每学期聘请北京市优秀的地理人才来密云指导高中地理教学工作，主要活动形式是专家讲座、专家示范课、专家指导教师研究课或教研组、专家与学生的互动等。

从内容上看，这些活动体现了从地理知识的专题复习到地理学习方法的指导，覆盖内容全面；从活动形式看，既有专家引领的示范课，也有普通教师的研究课，以及专家的知识方法讲座，形式多样；从指导的对象看，既有对本县地理教师的指导，也针对性地对学生进行学习方法和答题策略的指导；从聘请的专家看，既有多位北京市特级教师，也有北京考试院命题处、人民教育出版社、北京市基教研中心的专家。（具体活动频率如图29）

（次）

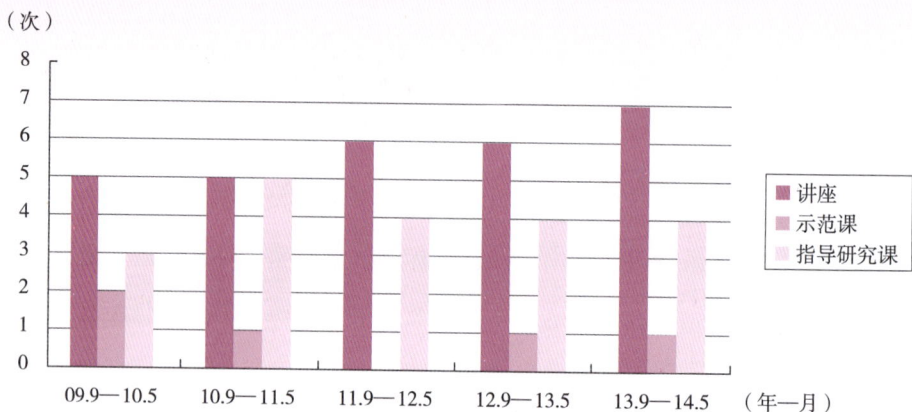

图29 讲座、示范课、指导研究课教研方式次数统计

在"讲座—示范—互动"教研模式的推动下，老师们不仅对学科基础知识有了更深刻和精准的把握，而且不断形成了校本教研的反思路径：（1）从质疑处反思；（2）从转换角色处反思；（3）从知识系统、学科领域处反思；（4）从转换时空处反思；（5）从假设性问题处反思；（6）从联系对比处反思；（7）从事物本质处反思。在反思中不断完善自己的教学行为，使地理教学质量进一步提升。

"讲座—示范—互动"教研模式不仅用于专家与教师的对接，也用于专家与学生的互动。在课题推进的6年中，高中地理学科开展的专家直接面对学生的讲座占60%以上。学生和专家零距离接触，面对面交流，加强了对知识间横纵联系的认识，分析思路与方法的运用更加灵活，建立了答题的大思路观。

（二）以方法落实为抓手，构建"研究课促备课组建设"的教研引领模式

教学方法得当能够使教学目标得到有效落实，使教学效果更加明显。项目研究中，课题组建立骨干引领的模式，使骨干教师与青年教师结对，着重抓方法的落实，加强教学方法和学生学习方法的指导。

1.抓方法的梳理与落实

注重方法是从教师的教学方法和指导学生的学习方法着手，提升教师的教学能力和学生的学习成绩。如多次的方法性的讲座内容，使教师从重视对地理浩瀚的知识内容的解读，转为注重对方法性内容的理解和掌握，对学生的指导更加具体和有实效。课题组先后开设了"地理图像专题复习""地理主观题的答题方法""高三备考策略""落实分析地理问题的思路和方法""学生审题与答题技巧讲座"等方法性的讲座。活动中相当多的内容是针对学生审题、答题方法的，对一些重点专题的分析思路和方法的具体指导，进一步提升了教师教学和学生复习的针对性。

2. 骨干教师研究课制度促进备课组建设

"骨干引领"既是"同伴互助"，也是"专业引领"，充分发挥了学校现有教育资源优势。课题研究中，全区骨干教师与青年教师结对形成指导与被指导关系。骨干教师除在本校带徒指导青年教师外，至少还要指导一名外校的青年教师。骨干教师指导青年教师备课，进入课堂听课、指导；青年教师进入骨干教师的课堂观摩学习。骨干教师与年轻教师"结对子"，形成了"一帮一"师徒关系。地理组校本教研的开展生动有序，保证了地理组校本教研活动质量。这些活动的开展使青年教师的专业素养得到迅速提高。

【案例】

北师大密云实验中学的备课活动开展得有声有色，形成了良好的研究氛围。在总结中有教师写道：备课组长的行为对规范、引导其他教师有效参与教研活动有着促进作用。备课组长应"善教""会研""能写"，在教育、教学、科研等方面起示范带头作用。备课组应创建成为一个学习共同体，使教研活动成为教师专业发展的平台，最终形成"发现问题——研究问题——解决问题——形成成果——实践应用——成果推广"的研究氛围，并结合教学实际开展切实的小课题研究。

在课题活动中，教研员要求各学校教研组对专家的讲座要进行充分的学习、讨论和研究，在此基础上确定本校地理教学的方法和策略。每学期开学初，各校教研组拟定研究专题，如课堂教学学案编制与使用的研究，对高考试题的情景、立意、考查方式、答题思路的研究，对试卷讲评课的专题研究，等等。教研组在制订教研工作计划时，要体现上述的研究专题，有计划、有步骤地开展研究活动，并结合活动的开展不断完善本校的研究，最终实现提高课堂教学的有效性目标。

（三）以提高课堂教学的实效性为目的，发挥优势，自主建构适合本校的教研和教学模式

高中地理学科课题组在研究中注重发挥各校优势，建立适合本校的教研模式，在教学中积极开展课堂教学的改革，使课堂教学质量得以提高。如首师大附属密云中学开展了"自主—互助"的教学模式，对新授课、复习课、习题课等不同课型开展了研究，通过研究扩充了课堂容量，教会了学生自主学习方法，使学生逐步提升了探究问题、交流并表达成果的能力。北师大密云实验中学地理组开展了"案例教学研究"，引导学生对案例进行观察、调查、分析、讨论、实践、思考和归纳。教师在选取案例过程中，特别注重贴近生活、贴近时代。在使用案例过程中，注重教会学生学习方法——不仅有学生获得"知识"的方法，还有学生"学习"的方法，从而培养学生的创新意识和实践能力。教法和学法有机整合，符合新课程的理念，有利于教学质量的提升。通过课堂教学模式研究，教师的课堂教学设计能力进一步提高，学生在参与教学活动过程中能力不断提升，教学实效性得以进一步提高。

四、研究成效

通过开展一系列课题研究活动，促进了教研模式的转变，发挥了教研的引领示范作用。教师专业素质得到增强，课堂教学效果得到提升，学生也因此受益。

（一）多途径教研模式，调动了教师参与教研的积极性，促进教师的专业发展

通过课题的开展，教师的教学素质有了大幅度的提升。如开展的多次研究课，使教师受到了锻炼；与专家的近距离接触，使教师对地理教学知识的把握和认识更加深刻，对学生学法的指导更加明确、具体和科学。每次专家专题讲座结束之后，教师都将所讲内容作为一项研究课题在教学实践中进行实验和实施，认真学习专家讲授的理念与方法，将不同专家的讲座内容与自己学生的实际情况结合来开展教学。

教师的专业素养得到进一步提高。教师们普遍认为自己对课标的理解更加深入和透彻了，教学中能把专家们的观点、方法不知不觉地渗透到课堂中，教学中更加重视答题思路和答题方法的研究、总结和应用，分析问题时更加注重知识间的因果联系和逻辑性，更加重视知识网络的构建，有利于诊断学生的问题。

（二）有效的教研模式，在提升教师教学水平的同时也提高了学生学习地理的热情和学习质量

课题研究，让密云的学生在学校就能听到北京市最优秀的地理教师的研究课。优秀教师站得高、看得远，知识体系完整，分析透彻，方法性强，选择的案例既有典型性又贴近学生生活实际，让学生体会到学习地理是有用的，是综合素质人才必备的知识和能力，防灾减灾、旅游活动及农业、工业、交通等的经济活动都离不开地理知识。

优秀教师通过授课，以及联系身边的案例讲解抽象的教学内容，让学生觉得分析和理解地理知识并不难。比如利用密云开发区的布局和农业布局分析工业发展和农业发展的区位因素，体现了因地制宜的原则和密云地理的特点，让学生觉得地理并不难学，只要夯实基础、掌握方法，就能够分析和解决地理问题。

优秀教师通过宏观分析教学内容，帮助学生从自然和人文两大方面入手分析地理知识。自然地理涉及岩石圈、大气圈、水圈和生物圈四大圈层，每一圈层涉及的地理要素之间具有相关性和联系；人文地理涉及人口、城市、农业、工业、交通、环境问题和旅游活动，主要受自然要素和人文要素的共同制约。学生在学习中构建了完整的知识体系和答题思路，提高了学习的效率。

综上所述，随着课题的不断开展，新的教研方式的应用，在学科专家及教师的不断努力下，教师的教研方式、教学方式，学生的学习方式都发生了很大的变化，课堂教学质量大幅提高。

□ 执笔人：李岩梅 彭金凤

基于教学理论建模
提升高中物理教师教学基本功

2008年2月，"密云高中物理教育教学质量提升"课题作为密云区人民政府与北京师范大学共建"农村基础教育现代化实验区"之"高中绿色升学率"项目中的一个课题正式启动。7年来，密云区5所高中校的61位物理教师参加了课题研究，期间开展了69次有针对性的研究活动。课题组确立了"全员参与、任务驱动"式研究思路，使每一位高中物理教师都有具体的研究内容和任务，都能在研究中获得成长和提升。课题组建构了教学理论模型，其核心内容是：物理教学要坚持以创设问题情境为切入点，以观察实验（事实）为基础，以培养学生思维能力为核心，以提升学生探究能力为重点的基本特征。通过建构教学理论模型、实践教学理论模型和细化教学理论模型三大步骤，将教学理念转化为每个物理教师的研究行为和教学实践，由此，教师的教学能力得到提升，学生的学习兴趣和学习能力得到提高，教研活动的针对性和实效性增强了。从区域教研来看，形成了具有程序化的实施策略，形成了规范的课题管理程序，为密云高中物理教育的未来发展奠定了重要的基础。

一、问题提出

多年的物理学理论的学习，长期的物理教学实践和物理教学研究，使我们与物理学的感情越来越深，对物理学研究问题的方法和解决问题的方法体会得也越来越深。物理学研究问题和解决问题的方法潜移默化地影响着我们的思想，影响我们的态度，影响我们的决策，影响我们的行为。物理学教会我们将复杂问题简单化，将抽象问题形象化，将实际问题理想化，将理论问题具体化。物理学理论中的物理现象是重要的，物理概念和物理规律是基础性的，基础的是重要的，抓住基础性内容能够解决问题，抓住基础性内容能够持续发展，抓住基础性问题能够全面发展。物理学教会我们在解决问题时，要抓本质的、带有规律性的问题，将本质问题建构模型，对模型进行研究找到其规律，进而指导实践活动。

密云区共有5所高中校，高中物理教师大多是本地人，他们热爱家乡，热爱学生，努力工作，但由于受到地域的局限、同类校之间交流的局限，教师的教学能力和水平参差不齐，总体教学能力需要进一步提高。区教研中心物理室有两名教研员，他们身体力行，率先示范，积极开展教研工作并形成制度，为促进教师专业成长搭建了许多平台；但由于教研工作缺乏顶层设计，没有达到优化和特色的状态，教师们的教学能力和教学研究能力均有待提高。教师的教学基本功制约了教学能力的提升，教师的研究意识影响了研究能力的发展。为此，课题研究从教师的教学基本功入手，以教学理论模型为载体，通过任务驱动，提升教师的教学能力和研究能力，从而达到提升全区物理教学质量的总体目标。

二、研究思路

提升教师的教学基本功是一个基础性问题。针对项目的总体要求，结合密云区物理学科的发展实际和教师的发展需求，物理学科课题组确立了"全员参与、任务驱动"式研究思路，使每一位高中物理教师都有研究的内容，都有研究的具体任务，都能获得成功的体验；抓住教师教学基本功这一基本问题，形成课题研究的特色，固化课题研究的成果，探索课题研究与日常教研相结合的教研工作新模式。

课题研究目标要使全区高中物理教师进一步树立教书育人的教育思想，促进高中物理教师专业发展，增强教学研究的意识和教学研究能力，培养高中教师可持续发展的能力，提高全区的物理教学质量。

三、具体实施

基于以上研究目标和思路，我们建构了物理教学理论模型，并对其进行了具体阐述。在实践中，课题组带领老师们围绕该理论模型开展了具体教学实践活动。

（一）建构教学理论模型

物理学是一门基础性自然科学，物理学是一门理论与实验高度、精密结合的科学，物理学研究物质的基本结构、最普遍的相互作用和最一般的运动规律。物理学的研究内容决定了物理学的基础性地位。

物理学在发展过程中，形成了一整套科学的研究方法，诸如观察和实验的方法，归纳和演绎的方法，分析和综合的方法，猜想与假说的方法，理想化模型的方法，理想化过程的方法，理想化实验的方法，类比的方法，等效的方法，等等。

物理学的研究方法，特别是实验方法和科学思维方法，体现了科学探究的本质特征，成为人类共同的财富，影响着人们的思维，影响着人们的行动，影响着人们的生活。比如理想化方法，即理想化模型、理想化过程、理想化实验等方法，不仅对物理学的发展和完善起到重要作用，而且具有普适的意义。理想化方法，即抓住事物的本质，建立相应的模型，对模型进行研究，找到其规律，然后指导、解决实际问题，在解决问题过程中，可以采用逻辑推理的方法、模拟的方法、比较的方法、修正的方法等。

物理教学是一个实际的、复杂的、变化的、新鲜的、多元的、独特的系统，面对这样一个复杂系统，我们抓住其中的本质建立模型，通过对模型的研究，找到其中的规律，使之上升为概念和理论的高度，从而有效地解决教学中的实际问题。

教学理论模型要符合现代教育理论，贴近一线物理教师，便于指导教师的操作行为；要具有物理教育的本质特征；要继承物理教育的优良传统；理论模型应是一个开放、发展的系统；要便于发挥物理教师的创造性。

基于以上思考，我们构建了教学理论模型，其核心内容在于：物理教学要坚持以创设问题情境为切入点，以观察实验（事实）为基础，以培养学生思维能力为核心，以提升学生探究能力为重点的基本特征。其中的关键词：情境、实验、思维、探究。

（二）实践教学理论模型

为强化教学理论模型的实践效果，陶昌宏老师多次赴密云区进行宣讲和交流，将教学理论模型从物理学、教育学、教育心理学、学生认知规律、认知心理等角度进行了比较系统的阐述。特别是以个人的思想认识、切身感受、教学实践案例向教师们进行诠释，激发教师实践理论模型的热情和愿望。

1. 以创设问题情境为切入点

创设问题情境的原则：问题情境要贴近学生生活，以实践背景为依据；要有利于学生生成物理问题；要有利于激发学生的学习兴趣和探究欲望；要提供学生进行假设、猜想的空间；要有利于教学目标的完成。

创设问题情境的方法：可利用自然现象、日常生活、生产、科学技术的实际问题创设情境；利用物理实验创设情境；利用多媒体视频技术创设情境；利用现代网络技术创设情境；利用教师、学生的肢体语言创设情境；等等。

2. 以观察实验（事实）为基础

学生在建立概念、认识规律、进行探究和建构知识体系等过程中，要基于实验、基于事实。实验是改变物理课堂教学的突破口，是培养科学态度、形成科学思维、提高科学素养的重要过程。

实验过程要做到：实验现象明显，实验事实清楚，实验原理、方法正确，有可重复性，操作性较强，实验安全可靠。

在物理教学中要让学生获得直接经验，直接经验对学生建构知识、认识概念、感悟方法、形成观念，对学生的成长有重要作用。直接经验，对学生树立正确的世界观、人生观和价值观有很大作用。有些问题，有些内容，教师无论讲得多么清楚，都代替不了学生的直接经验。

3. 以培养学生思维能力为核心

有效培养学生的思维能力，思考是前提，启发是关键，过程是保证。学生要进行深入的思考，教师要给予恰当的启发，要提供实验（事实）过程的支持。用物理理论解释现象是培养学生思维能力的重要方法。

4. 以提升学生探究能力为重点

要想提高学生的探究能力，必须要让学生经历探究过程，并给予学生思考与表达的环境和机会。通过实验探究，学生改变学习行为，养成科学的思维习惯，形成实事求是的科学态度。在问题面前，不是简单地看别人、看教师如何解决，而是问问自己能否解决。设计解决方案，实施科学探究，进行展示交流。科学探究过程中要有独立的思考，探索的实践，自由的表达。

（三）细化教学理论模型

为了细化教学理论模型，使每一位教师都有研究探索的问题，课题组提出了以下具体的研究内容。

1. "以创设问题情境为切入点"要素

主要包括：为什么物理教学要以创设问题情境为切入点？何为情境？何为问题情境？何为物理问题情境？我们如何创设合理的问题情境？就某一个教学内容而言，已经形成了哪些问题情境？演示实验能否用来创设问题情境？它与实验教学有什么不同？个人在创设问题情境的实践中取得的经验有哪些？

2. "以观察实验（事实）为基础"要素

主要包括：为什么物理教学要以观察实验（事实）为基础？我们应该怎样做好实验，怎样做好实验教学？探究性实验与验证性实验有什么不同？传统与现代教育技术相结合的实验你有实践吗？全组、全校、全区、全市、全国已经做成哪些成功的、先进的（理念先进、技术先进）实验？个人所做的特色实验有哪些？个人在实验教学方面所做的实践，取得的经验是什么？

3. "以培养学生思维能力为核心"要素

主要包括：物理教学为什么要以培养学生思维能力为核心？现代教学观中，物理思维能力主要指的是什么？思维能力能培养吗？用物理理论解释现象是不是物理思维能力？怎样有效地培养学生的思维能力？ 个人所做的实践，取得的经验是什么？

4. "以提升学生探究能力为重点"要素

主要包括：为什么物理教学要以提升学生探究能力为重点？中学生的探究能力主要包括什么？理论探究算不算探究？它与实验探究有什么区别？我们如何有效地培养学生的探究能力？你了解的成功的实验探究活动有哪些？个人在组织学生探究活动中取得的经验是什么？什么是探究性教学？探究性教学的本质内涵是什么？

通过全面实践教学理论模型，一线教师理解了理论模型的意义，认识了理论模型中的基本要素，提高了教学设计能力、实施能力、总结能力、反思能力，由此提高了教学基本功，提高了教育教学的能力和水平。每一次课题活动，课题负责人与区教研中心的金政国老师商量确定主题，并细化实施程序，高中物理教师不仅全程参与，而且每人完成评价和活动小结，上传到研修网与全区教师分享。教师以研究的状态进行教学增强了教学的新鲜感，使课堂教学生动了。

在全面实践教学理论模型的过程中，教师们逐渐地感觉到物理有用，物理有趣。

四、研究成效

7年来，课题的实施取得了一定成效，主要表现在：教师专业素养得到发展，教学能力得到提升，教学研究意识和教学研究能力有所增强；学生的学习兴趣和学习能力得到提高；教研活动的针对性和实效性得到增强。

（一）教师的教学基本功稳步提升

在课题研究中，教学理论模型的学习和实践，教学设计的解读和实践，现场课的交流和讨论使全区物理教师的视野开阔了，思维活跃起来了，教学研究的意识和能力提高了，教学实施能力增强了，评课的能力也有了很大提升，有效地促进了密云高中物理教师的专业成长。

以物理教学基本特征为核心内容的教学理论模型为全区物理教师所熟悉，成为教学设计的理论依据，成为教师上课的操作指南，有效地提高了课堂教学质量。物理教师的教学设计思路清晰了，视野开阔了，方法多样了，技术提高了，案例丰富了，课堂教学生动了。教师在课堂教学中创设了大量丰富多彩的、符合学生认知规律的问题情境，给课堂教学带来生机，丰富和优化了全区的教学资源。

通过7年的课题研究，密云区的物理教师多次与高校专家、特级教师、北京市学科带头人、北京市骨干教师等近距离接触，受到很多启发和鼓舞。他们在课程标准的理解和把握、命题方法与评价、教材分析和运用上，在教学语言、教学板书、实验技术、信息素养等方面都取得了长足的进步。

【案例】老师的体会文章

转眼间，课题活动落下帷幕。回忆每一次活动，细细品味，我都回味其中，感受颇深。专家渊博的知识和巧妙的讲解让我折服，师德的高尚和对教育的理解更是让我受益匪浅。在以陶昌宏老师为组长的专家组的指导下，我们能亲身感受到新课程带给我们的变化。以人为本，更加关注学生的成长；以学生为中心，让学生更多地参与到教学活动中来。这使我在教学中有了明显的变化。学生的成绩也越来越好，我从中也得到了进步。

课题活动不仅让教师提高了教学水平和教学能力，让学生间接受益，而且还能让学生直接体会到专家风范。北京市基教研中心物理特级教师陶昌宏老师、清华附中的专家孟卫东老师来到我校亲自给学生指导并与学生交流，几个小时下来，学生大呼过瘾并感到意犹未尽。学生们都说非常有收获，有提高，这对学生来说，是不可多得的。

课题活动不仅缩小了北京市城区与远郊区县的差距，更使学生和教师直接受益，都有实实在在的提高，让郊区县教师快速成长，让学生成绩提高，意义深远。

（二）学生的学习能力有效提升

通过课题研究，教师的教学理念得到了更新，教师的教学设计能力提升了，课堂教学变得生动了，课堂上教师注意调动学生的学习积极性，组织学生进行有效的探究活动，学生动手实践的机会增多了，获得成功的体验，学生的学习积极性普遍提高。

学生在课堂上获得直接经验，思考问题有了一定的深度。这有利于有效地落实新课程的培养目标。学生的科学素养普遍得到提高。

（三）教研的实效性逐步提升

在课题推进中，各校教研组的研究氛围增强了，教学研究的意识增强了，教师的专业素养提高了，为学校可持续发展打下了良好的基础。同时，从区域教研来看，教研形成了具有程序化的实施策略，形成了规范的课题管理程序，大大提高了教研活动的质量，在加强教师队伍建设，提高教师的教学基本功，落实"物理教学的基本特征"理论模型，提高课堂教育教学质量等方面取得了明显的成效。

□ 执笔人：陶昌宏　金政国

2007—2014 年课题开展活动一览表（主要）

课题分类	2007 年	2008 年	2009 年	2010 年	2011 年	2012 年	2013 年	2014 年	合计
管理组	30	76	60	40	48	42	37	23	356
小学数学	21	34	45	22	24	24	26	5	201
初中数学	13	28	32	16	17	18	12	11	147
初中化学	——	21	24	12	13	15	9	5	99
初中物理	——	17	17	16	10	11	6	3	80
初中英语	15	30	26	13	12	15	6	6	123
初中语文	——	18	19	16	12	15	8	2	90
高中地理	——	——	7	17	12	15	13	6	70
高中化学	——	31	28	19	10	15	11	7	121
高中历史	——	——	7	19	10	13	11	4	64
高中生物	——	——	7	18	11	13	13	5	67
高中数学	——	25	29	22	13	16	14	3	122
高中物理	——	16	23	17	10	9	11	3	89
高中英语	——	20	16	17	9	14	12	7	95
高中语文	——	19	27	11	9	14	12	5	97
高中政治	——	——	7	12	16	12	11	5	63
校本研究	8	29	30	20	12	15	13	14	141
合计	87	364	404	307	248	276	225	114	2025

2007—2014 年密云项目各学科活动统计总表（单位／次）

密云区"农村基础教育现代化实验区'2+6+9'"项目重要活动大事记

6月15日,项目组负责人梁威教授主持,管理组负责人卢立涛及课题组康杰、黄冬芳、范存丽、胡进、何光峰,密云县教研中心项启江、王海军、郭家堂、骆自华等,在北京师范大学讨论项目课题书的具体内容。

6月18日,梁威教授主持,管理组负责人卢立涛及课题组吴正宪、孟雁君、康杰、范存丽、胡进、何光峰,密云县教研中心项启江、王海军、郭家堂、骆自华等,在北京师范大学召开了项目方案设计研讨会。

6月20日—7月10日,梁威教授、卢立涛、高江丽等,在北京师范大学开展了暑期调研的工具编写活动。

8月22—23日,北京市委常委、市教工委书记朱善璐,北京市政府教育督导室副主任李壑,北京师范大学党委书记刘川生、副校长董奇,密云县委书记夏强、县长王孝东、副县长王春林,北京市教委有关领导,北京师范大学相关负责人及部分专家,密云县教工委、教委及教研中心相关领导,密云县所有中小学校长,等等,在密云县政府出席了"农村基础教育现代化实验区"项目启动大会。

9月4日,梁威教授主持,密云县教研中心项启江,管理组负责人卢立涛及课题组何光峰、胡进,在北京师范大学确定了初中英语教学干预项目教师培训的安排和分工。

9月11日上午,梁威教授,管理组负责人卢立涛,初高中英语课题组首席专家孟雁君,密云县150余名初一、初二年级英语教师,在密云县教委举办了教师培训及研讨会。

9月11日下午,梁威教授主持,密云县教研中心霍劲松、密云县10所实验校的30余名教师,在密云县教研中心召开了中小学学生发展综合诊断干预研讨会。

9月12日，初高中英语课题组首席专家孟雁君，管理组负责人卢立涛，密云县教研员郭家堂、唐和平及密云县四中英语教师，等等，在密云县四中开展了听评课活动。

9月20日，初高中英语课题组首席专家孟雁君、密云县150余名初中英语教师，在密云县教委开展了教师培训暨教案设计活动。

9月21日，在梁威教授主持下，课题组专家，密云教研员郭家堂、唐和平及10所实验校的40名教师，参加了在北京师范大学举办的"农村基础教育现代化实验区"总项目培训会。密云县副县长王春林、密云县教委王树生副主任出席会议并讲话。

9月27日，初高中英语课题组首席专家孟雁君，卢立涛，密云县教研员郭家堂、唐和平及密云县10所实验校的50余名初一、初二教师，在密云县教研中心开展了"单元（一课时）说课"研讨活动。

9月28日，梁威教授主持，管理组负责人卢立涛以及课题组孟雁君、吴正宪、康杰、胡进、何光峰，密云县教研中心项启江、郭家堂、骆自华、王海军等，在北京师范大学召开了中小学数学、初中英语和基于学生发展的中小学校本研究课题启动进展通报会。原北京市教委副主任、北京市教育学会会长李观政出席会议并讲话。

10月8日，梁威教授主持，初高中英语课题组首席专家孟雁君及管理组负责人卢立涛等，在北京师范大学讨论项目计划和安排。

10月10日，梁威教授主持，课题组专家何光峰、胡进、康杰、卢立涛、范存丽等，在北京师范大学讨论5个课题工作进展和计划安排。

10月12日，梁威教授主持，课题组胡进、何光峰、卢立涛等，在北京师范大学召开了"基于学生发展的校本研究"课题研讨会。

10月18日，初高中英语课题组首席专家孟雁君，管理组负责人卢立涛，密云县教研员郭家堂、唐和平及40余名实验校教师，在密云县教研中心开展了第二轮"单元（一课时）说课"研讨活动。

10月19日，梁威教授主持，小学数学课题组首席专家吴正宪、范存丽，管理组负责人卢立涛，密云县教研中心王海军及檀营满族蒙古族乡中心小学、密云县第六小学等8所实验校的40余名实验教师，在密云县教研中心举行了小学数学分层评价课题启动大会。

10月20日—11月1日，梁威教授，课题组胡进、何光峰、卢立涛，在密云县研讨各实验校基于学生发展的校本教研第一次活动的准备工作。

11月6日，梁威教授及校本研究课题组一行10人，在密云县教研中心召开了"基于学生发展的校本研究"校级实验人员研讨会。

11月7日，梁威教授，课题组孟雁君、范存丽，密云县教研中心项启江及22所实验校校长、主任等在密云县教研中心出席了"小学数学教学干预实验""初中英语教学干预实验""初中数学教学干预实验""基于学生发展的小学校本研究"及"基于学生发展的中学校本研究"5个课题的校长会。

11月15日，校本研究课题组何光峰、胡进、卢立涛，密云县教研中心项启江，在密云县8所实验校参加了"班主任干预手册"和活动记录活页的发放及使用说明会。

11月18—20日，管理组负责人卢立涛、柯李，在北京师范大学组织设计初中英语阅读测试统计数据库。

11月30日，校本研究课题组专家何光峰、胡进、卢立涛，密云县教研中心项启江等，在密云县六中及密云县一小深入开展调研工作。

11月30日，初高中英语课题组首席专家孟雁君，管理组负责人卢立涛及密云组英语骨干教师张玉淑、胡海英等，在密云县六中开展下校调研及阅读测试工作。

12月1—5日，管理组高江丽及北京师范大学40名研究生、本科生，在北京师范大学开展初中英语阅读测试调查问卷录入工作。

12月4日，梁威教授主持，课题组专家何光峰、卢立涛，在北京师范大学讨论初中英语阅读测试数据录入情况及统计注意事项。

12月6—12日，管理组柯李等，在北京师范大学开展初中英语阅读测试调查数据统计工作。

12月13日，初高中英语课题组首席专家孟雁君、密云县教研员郭家堂及密云县初中英语教师，在密云县教委开展了初中英语阅读能力培训。

12月13日，梁威教授及校本研究课题组专家等，赴密云县对8所实验校开展了"基于学生发展的校本研究"课题的中期研讨活动。

2008 年重要活动大事记

1月2—7日，梁威教授与初高中英语课题组首席专家孟雁君、管理组负责人卢立涛等，在北京师范大学开展了课例分析工作。

1月8日，在梁威教授主持下，密云县教研中心郭怀山、密云县实验校领导及教师代表，在密云县教研中心召开了校本研究课题组工作总结及下一步工作计划研讨会。

1月8—20日，梁威教授等项目管理组专家，在北京师范大学总结了上学期课题进展情况并研讨了校本研究课题工作计划。

1月8—26日，梁威教授，管理组负责人卢立涛、高江丽等，在北京师范大学总结了上学期课题进展情况并研讨了初中数学课题组工作计划。

2月，初中英语课题组专家及北师大项目管理组，在北京师范大学录入并整理了密云县初二、初三英语阅读水平测试成绩。

2月4日，梁威教授等管理组专家，在北京师范大学召开了项目工作研讨会。

2月21日，梁威教授，密云县教研中心项启江，校本研究课题组胡进、卢立涛及密云县实验校负责人，在北京师范大学邀请实验校校长、主任等参加课题研讨会并修订本学期工作计划。

2月23日，初高中英语课题组首席专家孟雁君，卢立涛，密云县教研员郭家堂、唐和平及密云县10所实验校的50余名教师，在密云县教研中心召开了录像观摩课筹备会。

2月20—26日，梁威教授组织小学2个课题、初中6个课题和高中9个课题（以后简称为"2+6+9"项目）的首席专家及管理组成员，在北京师范大学召开了17个课题成立的筹备会。

2月27日，梁威教授，高中9个课题组首席专家，密云县教研中心卜月海主任、霍劲松副主任及教研员，在密云县教研中心召开了"高中绿色升学率研究"项目启动会议，密云县教委领导杨华利主任、赵海峰科长，密云县教研中心卜月海主任、霍劲松副主任出席会议并讲话。

2月27日，高中语文课题组首席专家孙狄芬、密云县教研员果长亮及密云县巨各庄中学高中语文教师，在密云县巨各庄中学开展了听评课活动。

2月28—29日，初高中英语课题组首席专家孟雁君、密云县高中英语教师及学生，在密云县教研中心、首都师范大学附属密云中学、密云县二中等地开展了高三英语教师讲座活动。

1月—3月1日，在梁威教授主持下，小学数学课题组专家范存丽及《数学分层测试卡》编写小组，在北京师范大学开展了《数学分层测试卡》的修订工作。

2月22日—3月2日，9所实验校负责人，在密云县各实验校整理总结基于学生发展的校本研究经验。

3月2日，在梁威教授主持下，卢立涛、高江丽等，在北京师范大学撰写《数学分层测试卡》使用说明。

2月9日—3月3日，在梁威教授主持下，管理组负责人卢立涛、高江丽等，在北京师范大学协调布置高中课题活动安排。

3月4日，在梁威教授主持下，密云县教研中心项启江，校本研究课题组卢立涛、胡进、何光峰及实验教师代表张文华、佟志新等，在密云县教研中心召开了基于学生发展的校本研究工作研讨会。

3月4日，梁威教授及高中物理、化学课题组首席专家，在北京师范大学召开高中物理与化学课题启动会并商定本学期的活动计划。

3月4日，高中化学课题组首席专家冬镜寰、密云县教研员任连俊及密云县高中化学教师，在北京师范大学密云实验中学开展了听评课活动。

3月5日，小学数学课题组首席专家吴正宪、专家范存丽及密云县实验教师，在密云县教研中心开展了小学《数学分层测试卡》使用培训活动。

2月20日—3月6日，初中数学课题组首席专家康杰，密云县6所实验校全体实验教师及其他学校初一、初二数学备课组长等共计100名数学教师，在密云县教研中心开展了初中《数学分层测试卡》修订活动。

3月4—11日，初高中英语课题组首席专家孟雁君、管理组负责人卢立涛、密云县教研员曹小菊及高三英语教师，在密云县巨各庄中学、太师庄中学、密云县教研中心等地开展了关于备考及有效复习的专题讲座。

3月11日，密云县教研中心王海军，在密云县教研中心向各实验校负责人发放小学《数学分层测试卡》。

3月11日，高中化学课题组首席专家冬镜寰、密云县教研员任连俊及巨各庄中学全体高三教师，在密云县巨各庄中学开展了高考化学实验复习指导及青年教师说课指导活动。

3月11日，初高中英语课题组首席专家孟雁君、管理组负责人卢立涛、密云县六中实验教师，在密云县六中开展了教学设计研讨活动。

3月14日，高中数学课题组首席专家郭立昌及密云县高中数学骨干教师，在密云县教委召开了中学数学改革背景下的教学研讨会。

3月12—15日，密云县教研中心教研员，在密云县向各实验校负责人发放初中《数学分层测试卡》。

3月15—20日，梁威教授组织校本研究课题组胡进、何光峰、卢立涛，在北京师范大学审阅各实验校计划、个案、总结并编写案例集。

3月20日，在梁威教授主持下，密云县教研中心项启江及9所实验校课题负责人，在密云县教研中心召开了基于学生发展的校本研究阶段总结及工作布置会。

3月20日，高中数学课题组首席专家郭立昌、特聘专家马成瑞、密云县高三年级全体数学教师及部分其他年级教师，在北京师范大学密云实验中学开展了听评课活动。

3月20日，高中化学课题组首席专家冬镜寰，特聘专家贺新，密云县教研员任连俊，密云县高中化学教师及高三学生，在密云县教研中心开展了复习方法和解题指导活动并解读了《考试大纲》及《北京卷考试说明》。

3月20日，梁威教授，初中数学课题组首席专家康杰，小学数学课题组专家范存丽，密云县教研员骆自华、王海军等，在密云县教研中心开展了小学及初中《数学分层测试卡》使用情况调研。

　　3月21日，梁威教授、小学数学课题组专家范存丽及项目管理组，在密云县东邵渠镇中心小学开展了调研及下校指导活动。

　　3月21日，高中物理课题组首席专家陶昌宏、密云县教研员金政国、密云县高三物理教师及学生，在密云县一中开展了复习课指导活动。

　　3月21日，初中数学课题组首席专家康杰、密云县教研员骆自华，在密云县十里堡中学开展调研、指导及听评课活动。

　　3月21日，梁威教授在密云县教研中心主持召开了校本研究现场交流筹备会，校本研究课题组专家胡进、卢立涛及密云县9所实验校的负责人出席了会议。

　　3月21日，校本研究课题组胡进、何光峰、卢立涛，小学数学课题组范存丽及密云县教研中心项启江，在密云县东邵渠镇中心小学、十里堡中学开展了实验校课题指导活动。

　　3月22日，初高中语文课题组首席专家孙狄芬，特聘专家沈殿红，密云县教研员果长亮及全体高三语文教师，在北京师范大学密云实验中学开展了高三文学作品及阅读指导、高三语文复习写作训练指导及高考阅读复习策略指导活动。

　　3月24日，初高中英语课题组首席专家孟雁君、管理组负责人卢立涛、密云县教研员郭家堂及实验校教师等，在密云县教研中心开展了观摩课及研讨活动。

　　3月26日，梁威教授、管理组负责人卢立涛及课题组专家孟雁君、康杰、范存丽、何光峰、胡进，在北京师范大学召开了"中小学数学、初中英语和中小学校本研究"课题研讨会。

　　3月27日，高中化学课题组首席专家冬镜寰，特聘专家贺新，密云县教研员任连俊、密云县高中化学教师及高三学生，在北京师范大学密云实验中学开展了"理科综合能力测试卷讲评（以西城为例）"公开课及"怎样上好理科综合能力测试卷讲评课"讲座活动。

　　3月27日，高中数学课题组特聘专家蒋佩锦与密云县高三年级全体数学教师及部分其他年级的数学教师，在密云县太师庄中学开展了听评课活动。

　　3月27日，初高中语文课题组首席专家孙狄芬、密云县教研员果长亮、特聘专家周京煜与全体高三语文教师，在北京师范大学密云实验中学开展了高考语文考试说明和备考策略讲座活动。

3月22—28日，梁威教授及小学数学课题组，在北京师范大学编写了不同教材版本与《数学分层测试卡》整合使用说明。

4月2日，梁威教授及高中课题组首席专家，在北京师范大学召开了高中各课题组总结会议。

4月3日，高中化学课题组首席专家冬镜寰、密云县教研员任连俊、密云县化学教师及学生，在密云县太师庄中学开展了怎样答好化学选择题和非选择题指导活动。

2月—4月，梁威教授主持初中英语课题组，在北京师范大学开展了多版本初中英语教材主题文章的整理和录入工作。

4月6—10日，高中物理课题组首席专家陶昌宏、密云县教研员金政国、密云县高中物理教师及实验中学高三学生，在北京师范大学密云实验中学开展了高三物理复习指导活动。

4月10日，高中化学课题组首席专家冬镜寰、密云县教研员任连俊及高三化学教师等，在密云县教研中心开展了高三有机化学后期的复习策略及解题指导活动。

4月10日，初高中英语课题组首席专家孟雁君、管理组负责人卢立涛、密云县教研员郭家堂及40位初中英语教研组长，在密云县古北口中学开展了联片教研活动。

4月16日，高中物理课题组首席专家陶昌宏、特聘专家周岗、密云县教研员金政国及全体高三物理教师，在密云县教研中心开展了高三《考试说明》解读及高三物理复习建议活动。

4月16日，初中英语组特聘专家林立及密云县150余名初一、初二英语教师，在密云县教委开展了有效设问启发式教学讲座培训活动。

4月17日，高中数学课题组首席专家郭立昌、特聘专家李梁、密云县教研中心孙凤有及全体高三数学教师，在密云县教研中心开展了第一次模拟考试分析及数列复习指导活动。

4月18日，初中数学课题组组织密云县教研员骆自华及实验教师，在昌平区参加了市教研活动。

4月19日，初高中语文课题组首席专家孙获芬、密云县教研员果长亮及密云县全体高三语文教师，在密云县教研中心开展了试卷评析活动。

4月23日，高中数学课题组首席专家郭立昌，特聘专家关闵，密云县教研员孙凤有及全体高三数学教师，在密云县教研中心开展了海淀高考"一模"考试分析及解析几何复习指导活动。

4月24日，高中化学课题组首席专家冬镜寰，密云县教研员任连俊及高三化学教师，在密云县教研中心开展了"怎样搞好'一模'后的复习"指导活动。

4月16—27日，密云县教研中心项启江及9所实验校负责人，在密云县筹备校本研究现场交流会。

4月28—29日，初中数学课题组首席专家康杰，在密云县四中开展了下校指导及培训活动。

4月29日，初中数学课题组首席专家康杰、密云县教研员骆自华及全体初中数学教师，在密云县教研中心开展了《数学分层测试卡》使用培训。

4月30日—5月8日，密云县教研中心项启江及9所实验校负责人，在密云县筹备中小学校本研究现场研讨交流会。

5月9日，初高中语文课题组首席专家孙获芬，特聘专家周京煜，密云县教研员果长亮及全体高三语文教师，在密云县教研中心开展了2008年高考北京卷语文课题组阅读专题备考策略研究活动。

5月9日，梁威教授，密云县教委王树生副主任，密云教研中心卜月海主任、宋连军副主任、项启江所长，北京师范大学密云试验区项目办公室尚学文，密云、昌平、延庆、房山、门头沟、燕山等区县教科研部门相关领导及100余名实验校校长、教师代表，在密云县东邵渠镇中心小学召开了基于学生发展的中小学校本研究现场研讨交流会。

5月9日，初中数学课题组首席专家康杰及密云县十里堡中学初三数学教师，在密云县十里堡中学开展了教师培训与座谈活动。

5月16日，初高中语文课题组首席专家孙获芬，特聘专家姚守梅，密云县教研员果长亮及全体高中语文教师，在密云县教研中心开展了课改研讨活动。

5月16日，初高中英语课题组首席专家孟雁君，管理组负责人卢立涛，密云县教研员郭家堂、唐和平及高三英语教师，在密云县教研中心开展了高三英语试卷评析、研究课备课活动。

5月18日，高中数学课题组首席专家郭立昌、密云县教研员孙凤有及全体高一数学教师，在密云县教研中心开展了高一新课标教材教学实施中的问题及对策指导活动。

5月18日，梁威教授、卢立涛、小学数学课题组专家范存丽等，在北京师范大学召开了学年总结大会筹备会。

5月20日，初高中英语课题组首席专家孟雁君，卢立涛，密云县教研员郭家堂及实验教师胡海英、马红霞、高连刚等，在密云县教研中心开展了研究课教案设计研讨分析活动。

5月24—25日，高中化学课题组首席专家冬镜寰、密云县教研员任连俊及密云县部分高三学生，在密云县教研中心开展了高中化学复习指导活动。

5月26日，初高中英语课题组首席专家孟雁君及项目管理组，在密云县教研中心开展了研究课录像分析活动。

5月28日，梁威教授及项目管理组，在北京师范大学召开了"2+6+9项目"工作研讨会。

5月28日，小学数学课题组首席专家吴正宪、专家范存丽、密云县教研中心教研员及实验教师，在密云县檀营满族蒙古族乡中心小学开展了听评课指导活动。

3月—5月，初中数学组组织实验教师，在密云县各实验校开展了整理和分析初中数学问卷数据工作。

2月24日—5月底，初高中英语实验教师在密云县教研中心开展了撰写教学设计、整理教学心得、录制课堂录像等工作。

4月底—5月底，初高中英语课题组首席专家孟雁君、管理组负责人卢立涛等，在北京师范大学审阅了实验教师教案设计、教学心得、课堂录像等。

5月1—31日，小学数学课题组首席专家吴正宪、专家范存丽、密云县教研中心王海军及实验教师，在北京师范大学开展了研究课备课研讨活动。

3月12日—6月1日，初中英语课题组、项目管理组，在北京师范大学撰写了初中英语阅读水平测试统计分析报告。

5月25日—6月5日，高中语文、高中数学、高中英语、高中物理、高中化学各课题组专家，在密云县教研中心开展了高中各学科冲刺复习咨询指导活动，解答实验教师及学生的电话、电邮咨询。

6月5日，北京师范大学董奇副校长（现为校长），北京市教委领导李观政副主任、罗洁副主任、徐建姝副处长，密云县副县长王春林，密云县教委杨华利主任、王树生副主任，北师大项目组负责人梁威教授，课题组专家及密云县实验教师，等等，在密云县教研中心召开了"2+6+9项目"现场交流会及研究课展示活动。

6月12日，在梁威教授主持下，密云县教研中心项启江及9所实验校课题负责人，在密云县教研中心召开了校本研究课题组学期末总结会。

6月19日，梁威教授在北京师范大学召开了项目扩大会议，推广密云项目经验，17个课题组首席专家，密云县部分实验教师及房山区、门头沟、延庆等区县的学校代表参会。

6月30日，梁威教授在北京师范大学主持召开了课题组研讨会，管理组卢立涛、高江丽，课题组专家胡进，等等，研讨了项目所取的成效及今后重点工作。

5月—7月，项目管理组、初中数学课题组，在北京师范大学开展了有关推进数学学习困难问题研究的文献检索与研究工作。

6月10日—7月20日，高中语文课题组，在北京师范大学召开了高中语文课题组总结会。

6月12日—7月20日，项目管理组与密云县教研中心项启江、骆自华等，在北京师范大学及密云县收集了初中数学教师实验成果。

7月21日，梁威教授组织课题组的冬镜寰、郭立昌、孙荻芬、孟雁君、陶昌宏等部分首席专家，在北京市政府招待所三楼会议室召开了密云项目总结会。

7月24日，梁威教授、管理组负责人卢立涛、密云县教研中心项启江、密云县8所实验校校长及主任，在北京师范大学召开了校本研究课题组研讨交流会。

7月24日，梁威教授主持，课题专家在北京师范大学召开了课题组会议，研讨如何开展在当地教科所领导下的基于学生发展的校本研究。

7月22日—8月10日，梁威教授及项目管理组，在北京师范大学多次召开会议，总结以往课题开展的经验及不足，并制订了今后课题研究计划。

8月11—15日，梁威教授，管理组负责人卢立涛、高江丽、温水擎等，在北京师范大学召开了课题组会议，整理课题工作思路。

8月15日，梁威教授，校本研究课题组项启江、何光峰，在密云县教研中心召开了第二学期工作研讨会。

8月15日，在梁威教授主持下，密云县教研中心任连俊、金政国、果长亮、孙全明等，课题组首席专家冬镜寰、郭立昌、孙荻芬、孟雁君、陶昌宏等，在密云县教委召开了"2+6+9项目"工作计划和方案研讨会。密云县教委杨华利主任出席会议并讲话。

8月，梁威教授及项目管理组，在北京师范大学完成了项目论证与可行性方案的撰写。

8月23—24日，梁威教授、小学数学课题组首席专家吴正宪和专家范存丽带领密云县部分小学数学实验教师，赴山东省交流小学数学分层评价研究成果。

8月26日，梁威教授主持，小学数学课题组在密云县教研中心总结了上学期课题进展情况并研讨了本学期工作计划。

8月29—30日，梁威教授、小学数学课题组专家范存丽带领密云县教研中心王海军及部分实验教师，赴山西省太原市交流小学数学分层评价研究成果。

8月15—31日，梁威教授召集17个课题组专家，在北师大撰写了课题计划书，制订了学期工作计划。

7月20日—9月1日，梁威教授，校本研究课题组胡进、何光峰、卢立涛等，在北京师范大学审阅并评选了实验教师项目成果。

9月4—7日，梁威教授带领小学数学课题组实验教师孔晓兴、张永等，赴山西省、河北省交流小学数学分层评价研究成果并指导课题工作。

9月9日，小学数学课题组专家范存丽及密云县四、五、六年级数学教师，在密云县教研中心开展了小学《数学分层测试卡》使用培训。

9月10日，梁威教授，卢立涛、高江丽等管理组成员，在北京师范大学召开了管理组研讨会。

9月11日，高中化学课题组首席专家冬镜寰、密云县教研员任连俊及全体化学教师，在密云县教研中心开展了2008年试卷分析及化学基本理论复习课活动。

9月12日，在梁威教授主持下，校本研究课题组胡进、何光峰、卢立涛、项启江，在密云县教研中心召开了校本研究课题组工作规划及工作重点研讨会。

9月12日，初中数学课题组首席专家康杰及密云县初一、初二年级数学教师，在密云县教研中心开展了初中《数学分层测试卡》培训和项目介绍活动。

9月12日，高中数学课题组首席专家郭立昌，特聘专家闻岩及密云县全体高二数学教师，在首都师范大学附属密云中学开展了"高二年级算法教学及研究"研究课及讲座。

9月12日，初高中英语课题组首席专家孟雁君，卢立涛，密云县教研员孙全明及高三英语教师，在密云县二中、北京师范大学密云实验中学召开了阅读教学课堂指导专题研讨会。

9月17日，小学数学课题组专家范存丽及密云县四、五、六年级数学教师，在密云县二小开展了小学《数学分层测试卡》应用观摩与指导活动。

9月17日，梁威教授及项目管理组，在北京师范大学召开了办公室工作会议，同时布置安排了河北省邢台市小学数学教师代表来密云学习事宜。

9月17日，高中物理课题组首席专家陶昌宏及密云县全体高中物理教师，在密云县教研中心开展了"力和运动"专题讲座。

9月18日，高中化学课题组首席专家冬镜寰、初中化学课题组首席专家黄冬芳及密云县化学教研组，在北京师范大学密云实验中学、密云县教研中心开展了化学基本理论复习课、新课标解读及初高中衔接活动。

9月19日，在梁威教授主持下，密云区教研中心项启江、密云县9所实验校负责人，在密云县教研中心召开了课题组会议，进一步确定了课题学期工作计划，确定了课题表彰先进单位和个人。

9月19日，初高中英语课题组首席专家孟雁君及密云县部分初中英语教师，在密云县教研中心开展了阅读教学第二课时的干预研讨会。

9月19日，在梁威教授的主持下，密云县太师屯镇中心小学、密云县第六小学全体数学实验教师组织河北省邢台市部分县数学教研员及小学数学教师代表，赴密云县太师屯镇中心小学参观并学习课题研究经验。

9月19日，高中数学课题组首席专家郭立昌，特聘专家马成瑞及密云县全体高中数学教师，在密云县二中开展了"怎样提高函数复习课教学质量"的指导活动。

9月20日，北京师范大学首都基础教育研究院执行副院长乔树平，梁威教授及密云县小学数学课题组实验教师代表，在北京师范大学听取了原北京市教科院副院长文喆关于教师专业化发展的专题报告。

9月20日，梁威教授，小学数学课题组首席专家吴正宪、专家范存丽，密云、门头沟、通州等区县的部分实验教师，在北京师范大学召开了《数学分层测试卡》使用说明会及课题研讨交流会，推广密云课题研究经验。

9月22日，梁威教授及项目管理组，在北京师范大学召开了办公室工作会议，研讨了落实项目档案、表彰会筹备等工作。

9月23日，梁威教授，管理组负责人卢立涛、高江丽等，在北京师范大学召开了项目组会议，总结了前期工作，安排部署了下阶段工作并梳理了项目工作。

9月24日，梁威教授带领管理组负责人卢立涛、密云县十里堡中学岳书华，赴房山区教师进修学校推广交流了校本研究课题经验。

9月24日，高中化学课题组首席专家冬镜寰及密云县高三化学老师，在北京师范大学密云实验中学开展了化学基本理论复习课的指导活动。

9月25日，梁威教授、小学数学课题组专家范存丽、门头沟区小学数学教研室副主任王鹤、密云县教研员佟增玉及实验校课题负责人等，在门头沟区参加了课题经验交流活动。

9月25日，初高中语文课题组首席专家孙荻芬，特聘专家边境及密云县全体高三语文教师，在首都师范大学附属密云中学开展了"高三语文现代文阅读指导"及"课堂教学指导"专题研究课。

9月25日，高中化学课题组首席专家冬镜寰及密云县全体高三化学老师，在北师大密云实验中学及密云县教研中心开展了"化学基本理论复习课"专题研究课指导和"怎样上好化学基本理论复习课"专题讲座。

9月26日，初高中语文课题组首席专家孙荻芬及密云县全体高一语文教师，在密云县太师庄中学开展了"高一教学的基本任务和教学策略"专题讲座。

9月27日，梁威教授及项目管理组，在北京师范大学召开会议，总结了课题组工作并安排了下阶段工作。

9月，密云县教研中心项启江及9所实验校课题负责人，组织参与密云项目的实验校，在密云县教研中心研讨和提交学期工作计划及具体实施方案。

10月9日，高中化学课题组首席专家冬镜寰，特聘专家姚新平及密云县全体化学教师，在密云县二中、密云县教研中心召开了教师说课及指导研讨会。

10月10日，小学数学课题组专家范存丽及密云县实验教师张永，燕山区四、五、六年级数学教师等，在燕山区进修学校交流了《数学分层测试卡》使用经验。

10月10日，高中数学课题组首席专家郭立昌，特聘专家蒋佩锦及密云县全体高二数学教师，在首都师范大学附属密云中学开展了专家下校指导活动。

10月10日，项目管理组在北京师范大学完成了课题研究成果收集及校本课题总结工作，落实了全部课题档案。

10月13日，由北京师范大学首都基础教育研究院执行副院长乔树平主持，梁威教授和助理王文静以及密云县教委王树生副主任、尚学文等出席，在北京师范大学召开了课题年度进展报告及部分课题研究成果研讨会，为表彰大会做筹备工作。

10月14日，梁威教授及密云县实验教师代表，赴北京小学大兴分校指导交流小学数学课题研究经验。

10月15日，高中物理课题组特聘专家洪安生，在首都师范大学附属密云中学给密云县全体高中物理教师开展了"功和能、动量"专题讲座培训及听评课活动。

10月15日，梁威教授，管理组负责人卢立涛、高江丽、温水擎，在密云县开展了小学《数学分层测试卡》应用研究前期抽样测试，9所实验校四、五、六年级共30个班近5000名学生参加了测试。

10月16—18日，小学数学课题组，在北京师范大学研讨了组织密云县课题实验校优秀实验教师分别到外省、市进行课题经验指导交流等事宜。

10月17日，初高中语文课题组首席专家孙获芬，特聘专家黄玉慧及密云县全体高三语文教师，在密云县巨各庄中学开展了现代文阅读指导活动。

10月18—19日，梁威教授带领密云县实验教师代表，赴安徽省交流推广《数学分层测试卡》使用经验，安徽省各级教育行政领导、教研员及教师代表等参与了此次活动。

10月21日，初高中英语课题组首席专家孟雁君、密云县全体高三英语教研组长及高中英语教师，在密云县太师庄中学召开了语法和词汇教学研讨会。

10月23日，高中化学课题组首席专家冬镜寰及密云县全体高三化学教师，在首都师范大学附属密云中学开展了下校指导及讲座活动。

10月24日，高中数学课题组首席专家郭立昌，特聘专家范登晨及密云县高中数学教师，在北京师范大学密云实验中学开展了听评课活动及立体几何专题讲座。

10月25—26日，梁威教授带领密云县实验教师代表，赴河北省交流推广小学《数学分层测试卡》使用经验，河北省各级教育行政领导、教研员及教师代表等参与了此次活动。

10月27日，项目管理组在北京师范大学研讨、修订了各课题年度进展报告及部分课题进展报告集。

10月28日，初高中英语课题组首席专家孟雁君及密云县中学英语教师，在密云县不老屯中学、高岭中学开展了听课活动，研讨了初中英语课文阅读教学第一、二课时教学模式并了解了模式的实施情况。

10月29日，梁威教授、项目管理组及小学数学课题组专家范存丽，在北京师范大学开展了前期工作总结、下阶段工作安排及课题成果研讨活动。

10月30日，项目管理组在北京师范大学召开会议，落实了表彰大会各项筹备事宜。

10月31日，初中数学课题组首席专家康杰及密云县全体初中数学教师，在密云县教研中心开展了"初中教师如何夯实基本功"专题指导活动。

11月3—4日，梁威教授，管理组负责人卢立涛、温水擎、高江丽等，在北京师范大学修改完善了课题进展报告及部分课题研究成果。

11月5日，小学数学课题组专家范存丽、密云县教学干部及部分实验教师，在密云县第三小学开展了《数学分层测试卡》应用研究听评课及讲座活动。

11月5—6日，梁威教授和小学数学课题组首席专家吴正宪、专家范存丽带领密云县优秀实验教师，赴河北省邢台市开展课题指导和交流活动。

11月6日，高中化学课题组首席专家冬镜寰、特聘专家支瑶及密云县高三化学教师，在密云县教研中心开展了高二选修模块教学说课活动。

11月11日，项目管理组在北京师范大学召开会议，总结了前一阶段工作，并对下阶段工作进行了计划和梳理。

11月11日，初高中英语课题组首席专家孟雁君及密云县初中英语教师，在密云县教研中心开展了课文阅读教学的观摩研讨活动。

11月12日，高中物理课题组首席专家陶昌宏及密云县高中物理教师，在密云县教研中心开展了"直流电场"专题讲座。

11月13日，在梁威教授主持下，管理组负责人卢立涛，密云县教研中心霍劲松、宋连军、骆自华、王海军等，在密云县教研中心召开了课题表彰筹备工作研讨会。

11月14日，高中数学课题组首席专家郭立昌、特聘专家王人伟及密云县全体高三实验教师，在密云县巨各庄中学开展了"怎样提高解析几何复习课的教学质量"专题指导活动。

11月18日，梁威教授、17个课题组首席专家及部分实验教师代表，在密云县召开了项目年度表彰大会。

11月20日，梁威教授，管理组负责人卢立涛、张红岭，小学数学课题组专家范存丽，密云县教研中心王海军及部分实验教师，在北京师范大学研讨了《数学分层测试卡》修订工作。

11月21日，初高中语文课题组首席专家孙荻芬、特聘专家姚守梅及密云县全体高二实验教师，在密云县教研中心开展了高二教学的基本任务和教学策略专题指导活动。

11月24日，梁威教授、项目管理组及网站相关负责人，在北京师范大学召开了项目工作会议，研讨了项目网站建设事宜。

11月26日，梁威教授在密云县檀营满族蒙古族乡中心小学主持召开了山东省和山西省教师代表赴京参观学习接待筹备会。管理组负责人卢立涛、小学数学课题组专家范存丽、密云县教研员王海军及密云县部分实验教师等出席了会议。

11月28日，梁威教授、小学数学课题组专家范存丽、密云县教研中心宋连军副主任、东邵渠镇中心小学校长来景刚等，在密云县第六小学召开了课题研究工作座谈会。

11月28日，初高中语文课题组首席专家孙荻芬，特聘专家黄玉慧及密云县全体高三语文教师，在北京师范大学密云实验中学开展了"文学作品中的表达技巧及文本中开放题材的解答"听评课及讲座活动。

11月28日，初中数学课题组首席专家康杰及密云县初中数学课题组骨干教师，在密云县教研中心召开了如何指导学生进行自主学习的研讨会。

11月28—29日，梁威教授，管理组负责人卢立涛，密云县教委领导王树生副主任及教研中心王海军、温光福、佟增玉，实验校领导郭永勤校长及教师，在密云县接待了山东省、山西省近百名明德小学数学教学干部、教师代表，并组织他们到密云县檀营满族蒙古族乡中心小学参加了小学《数学分层测试卡》应用交流展示会。

12月3日，初高中英语课题组首席专家孟雁君、管理组负责人卢立涛及密云县部分初中英语教师，在密云县教研中心开展了阅读材料分类培训。

12月3日，高中物理课题组特聘专家宋玉梅，到密云县教研中心对密云县高中物理教师开展了"高考复习指导"专题讲座。

12月2—4日，初高中英语课题组首席专家孟雁君、管理组负责人卢立涛、密云县教研员及部分实验教师，在密云县水库中学、十里堡中学、密云四中、河南寨中学召开了"课文阅读教学第一、第二模式研究"听评课及"模式研究"专题座谈会。

12月4日，在梁威教授主持下，中小学数学课题组在密云县六中召开了应用《数学分层测试卡》提升农村中小学数学教学质量研讨会。会议邀请了中央教科所原副所长腾纯、北京教育学院杨文荣教授等专家。初中数学课题组首席专家康杰，密云、门头沟、房山、大兴、燕山5个区县中小学数学课题组领导、教研员、学校负责人等参加了会议。密云县教委领导杨华利及教研中心霍劲松出席会议并讲话。

12月9日，初高中英语课题组首席专家孟雁君、卢立涛及部分实验教师，在十里堡中学开展课题跟踪指导。

12月10日，梁威教授及项目管理组，在北京师范大学召开了项目工作会议，总结梳理了前阶段工作，安排部署了下阶段工作。

12月12日，梁威教授、小学数学课题组专家范存丽、密云县实验教师代表及《数学分层测试卡》编写组，在密云县东邵渠镇中心小学组织了北京市大兴区及安徽省、河北省小学数学教师代表参加课题经验交流会。

12月12日，高中数学课题组首席专家郭立昌、特聘专家马成瑞及密云县高一数学教师，在密云县二中开展了听评课及新课程下的教学设计专题讲座活动。

12月12日，在梁威教授主持下，小学数学课题组特聘专家柏继明、密云县教研员王海军及部分实验教师代表，在北京师范大学召开了小学《数学分层测试卡》第八册、第十二册修订研讨会。

12月13日，梁威教授，小学数学课题组首席专家吴正宪、专家范存丽等，密云县教研员王海军及部分实验教师代表组织了安徽省、河北省小学数学教师代表，到北京师范大学参加课题研讨会。

12月17日，在梁威教授主持下，校本研究课题组胡进、何光峰、卢立涛，项启江及密云县9所实验校课题负责人，部分北京市其他区县中小学教师代表，在密云县教委召开了基于学生发展的中小学校本研究课题培训研讨会。密云县教委主任杨华利、教研中心主任卜月海出席会议并讲话。

12月25日，高中化学课题组首席专家冬镜寰、特聘专家唐建华及密云县高三化学教师，在密云县二中开展了教学设计专题听评课及培训活动。

12月24—26日，受北师大委托，密云县教研中心王海军、温光福，实验教师代表王文成、佟志新、张文华、赵静、郭玉红、张玉琴、王燕等，赴山东省、山西省、河北省交流"小学数学分层评价"课题研究经验。

12月31日，初中数学课题组首席专家康杰及密云县初中数学骨干教师，在密云县六中开展了说课活动及"如何做好教学设计"研讨活动。

2009 年重要活动大事记

1 月 15 日，在梁威教授主持下，17 个课题组专家、密云县教研员等，在密云县教研中心对学期活动进行总结并制订新学期活动计划。密云县教委杨华利主任，密云县教研中心卜月海、霍劲松、宋连军、项启江等出席会议并讲话。

1 月 15 日，初高中英语课题组首席专家孟雁君，管理组负责人卢立涛，密云县教研员郭家堂、唐和平及实验校教研组长和教师代表，在密云县教研中心召开了阅读材料分类加工研讨会。

1 月 16 日，在梁威教授主持下，管理组负责人卢立涛、密云县教研中心项启江及 9 所实验校课题负责人，在密云县教研中心召开了实验校课题负责人会议。

1 月 21 日，高中化学课题组首席专家冬镜寰，在密云县二中对高三学生寒假复习开展了专题指导讲座。

2 月 6 日，梁威教授、管理组负责人卢立涛及项目管理组成员 10 余人，在北京师范大学召开了项目组工作研讨会。

2 月 10 日，在梁威教授的主持下，课题组黄冬芳、卢立涛、高江丽等，在北京师范大学召开了工作规划会议。

2 月 12—13 日，梁威教授带领小学数学课题组专家范存丽，密云县教研员王海军、佟增玉及部分实验校教师代表，赴河北省邢台市开展课题指导和交流活动。

2 月 19 日，密云县初中化学课题组实验教师代表，在密云县教研中心进行研究课备课活动。

2 月 25 日，在梁威教授的主持下，初中数学课题组首席专家康杰，小学数学课题组专家范存丽，管理组负责人卢立涛，密云县教研员王海军、骆自华及中小学实验校课题负责人，在密云县教研中心召开了小学数学、中学数学课题工作规划说明会。

2 月 25 日，高中物理课题组首席专家陶昌宏，在密云县教研中心为密云全县高三物理教师开展了实验总复习讲座。

　　2月27日，高中数学课题组首席专家郭立昌，特聘专家马成瑞，在密云县教研中心为密云县高三数学教师开展了听评课及讲座活动。

　　3月1日，在梁威教授的主持下，小学数学课题组首席专家吴正宪、专家范存丽，管理组负责人卢立涛，密云县教研中心王海军、佟增玉及部分实验教师代表，在北京师范大学召开了课题经验总结及交流会。

　　3月1日，梁威教授、卢立涛等课题组成员10余人，在北京师范大学召开了项目管理组工作会议。

　　3月3日，初中化学课题组首席专家黄冬芳、初中化学实验教师，在教研中心开展了研究课指导工作。

　　3月4日，初高中英语课题组首席专家孟雁君，卢立涛，密云县教研员郭家堂、唐和平，密云县初中英语教师，在密云县教研中心召开了新学期课题工作培训研讨会及阅读材料分类研讨会。

　　3月5日，小学数学课题组专家范存丽、密云县教研员王海军及密云县小学数学教师，在密云县教研中心开展了"运用分层理念，实施有效教学"的专题培训。

　　3月6日，初中物理课题组特聘专家郝臣、密云县教研员王志林及密云县初三物理教师，在密云县教研中心开展了初中物理复习课教学设计指导。

　　3月12日，高中化学课题组首席专家冬镜寰，密云县教研员任连俊，密云县高三化学教师，在密云县教研中心组织了针对高考化学实验复习的讲座。

　　3月12日，初高中英语课题组首席专家孟雁君，管理组负责人卢立涛，密云县教研员郭家堂、唐和平及密云县初中英语教师，在密云县教研中心共同探讨针对初三英语复习课的教学模式。

　　3月13日，在梁威教授主持下，校本研究课题组何光峰、胡进、卢立涛，初中数学课题组首席专家康杰，初中化学课题组首席专家黄冬芳，等等，在北京师范大学召开了促进教师专业发展研讨会。

　　3月13日，初高中语文课题组首席专家孙荻芬、密云县教研员郭明怀及初中语文实验校教师代表，在密云县十里堡中学开展了听评课活动。

　　3月13日，高中数学课题组首席专家郭立昌，特聘专家蒋佩锦，密云县高三数学教师，在密云县教研中心开展了针对高三数学教学指导的讲座活动。

3月15日，初高中语文课题组首席专家孙荻芬、密云县教研员果长亮，在北京师范大学密云实验中学为全县高中语文教师及部分学生开展了针对语文阅读学法的指导活动。

3月16—17日，梁威教授带领管理组负责人卢立涛，密云县教研员王海军、佟增玉，小学数学课题组实验校教师代表，赴安徽省交流课题研究经验，安徽省各级教育行政领导、教研员及教师参加了本次活动。

3月18日，高中物理课题组首席专家陶昌宏、密云县教研员金政国，在密云县教研中心为全县高三物理教师及部分学生开展了有效复习的指导活动。

3月18日，初高中英语课题组首席专家孟雁君，管理组负责人卢立涛，密云县教研员郭家堂、唐和平及全县初中英语教师，在密云县教研中心召开了关于阅读教学模式的研讨会。

3月19日，初高中英语课题组首席专家孟雁君，管理组负责人卢立涛，在密云县教研中心为全县高三英语教师开展了针对高三英语复习策略的指导活动。

3月19—20日，初高中语文课题组首席专家孙荻芬，特聘专家王俊鸣，密云县教研员果长亮及全县高中语文教师，在密云县二中、首都师范大学附属密云中学开展了高三议论文写作的专题指导活动。

3月20日，初高中语文课题组首席专家孙荻芬、密云县教研员郭明怀及密云县初中语文教师，在密云县水库中学开展了研究课指导活动。

3月20日，初中数学课题组首席专家康杰、密云县教研员骆自华及密云县初中数学教师，在密云县古北口中学开展了数学学习方法指导的讲座活动。

3月20日，高中数学课题组首席专家郭立昌、密云县教研员孙凤有、密云县高中数学教师，在北京师范大学密云实验中学开展了复习课实效性的主题研究课及讲座活动。

3月20日，小学数学课题组专家范存丽，密云县教研员王海军、佟增玉及密云县小学数学教师，在密云县四小开展了"运用《数学分层测试卡》，实施有效教学"的主题研究课活动。

3 月 25 日，初中化学课题组特聘专家李伏刚，在密云县教研中心为密云县初中教师开展了复习讲座活动。

3 月 26 日，梁威教授带领管理组负责人卢立涛等，在北京师范大学召开了《小学〈数学分层测试卡〉百问解答》《初中〈数学分层测试卡〉百问解答》书稿编写研讨会。

3 月 26 日，高中化学课题组首席专家冬镜寰、密云县教研员任连俊及密云县高三化学教师，在密云县教研中心开展了元素化合物的复习方法及解题指导讲座活动。

3 月 27 日，密云教研中心项启江、9 所实验校课题负责人及部分实验教师，在密云县十里堡小学召开了校本研究课题研讨交流会。

3 月 27 日，在梁威教授的主持下，管理组负责人卢立涛，密云县教研员王海军、佟增玉及密云县实验教师代表，在北京师范大学召开了小学数学课题组总结研讨会。

3 月 31 日，初中数学课题组首席专家康杰、密云县教研员骆自华及密云县初中数学教师，在密云县教研中心开展了数学教法指导活动。

4 月 2 日，高中化学课题组首席专家冬镜寰、特聘专家支瑶及密云县高中化学教师，在密云县教研中心开展了反应原理有机化学模块教学指导的专题讲座活动。

4 月 2 日，高中物理课题组首席专家陶昌宏、密云县教研员金政国，在密云县太师庄中学与密云县高三物理教师及部分高三学生开展了专题讲座活动。

4 月 3 日，高中数学课题组首席专家郭立昌、密云县教研员孙凤有及密云县高三数学教师，在密云县教研中心开展了怎样搞好高中数学教研及如何撰写教学论文的讲座培训活动。

4 月 3 日，初高中语文题课组首席专家孙荻芬，特聘专家刘德水，密云县教研员果长亮，在密云县太师庄中学与密云县高中语文教师及部分高三学生开展了文言文复习的讲座活动。

4 月 3 日，初中物理课题组特聘专家苏明义、密云县教研员王志林及密云县初中物理教师，在密云县教研中心开展了总复习研究课活动。

4 月 7 日，在梁威教授主持下，管理组负责人卢立涛及密云县教研员海军、佟增玉等，在密云县教研中心召开了小学数学课题组工作安排会议。

4 月 7 日，在梁威教授组织下，管理组负责人卢立涛、密云县教研中心项启江和实验教师代表，在北京师范大学开展了赴华东地区教育考察预备会。

4月8日，初高中化学课题组首席专家黄冬芳，在密云县不老屯中学与密云县初中化学教师开展了初中化学复习研究课展示及研讨活动。

4月9日，高中化学课题组首席专家冬镜寰、密云县教研员任连俊及密云县高三化学教师，在密云县教研中心开展了高三有机化学的复习策略及解题的指导讲座活动。

4月8—13日，由管理组负责人卢立涛带队，密云县教研中心项启江、实验校课题负责人及实验教师代表，赴华东地区进行教育考察。上海市、浙江杭州市各级教育行政领导、教研员及教师参加了本次活动。

4月13日，在梁威教授主持下，项目管理组在北京师范大学召开了项目工作安排会议。

4月16日，初高中语文课题组首席专家孙荻芬、特聘专家黄玉慧、密云县教研员果长亮及密云县高中语文教师，在密云县教研中心开展了高考应对策略的专题讲座活动。

4月16日，高中化学课题组首席专家冬镜寰、特聘专家张连涛、密云县教研员任连俊及密云县高三化学教师，在密云县教研中心开展了高三"一模"后的复习方法指导活动。

4月16日，小学数学课题组专家范存丽、密云县教研员王海军、密云县小学数学课题组实验校数学教学干部及骨干实验教师，在密云县二小开展了"运用分层理念，实施有效教学"系列研究课及研讨活动。

4月16—17日，高中数学课题组首席专家郭立昌，特聘专家孙秀平，密云县教研员孙凤有及密云县高二、高三数学教师，在密云县教研中心开展了研究课和讲座活动。

4月17日，初高中语文课题组首席专家孙荻芬、密云县教研员郭明怀及密云县初中语文教师，在密云县大城子中学开展了说明语段与议论语段教学专题研究课及研讨活动。

4月17日，初高中英语课题组首席专家孟雁君，管理组负责人卢立涛，密云县教研员郭家堂、唐和平及密云县初中英语教师，在密云县穆家峪中学、密云县四中开展了阅读教学模式的听评课研究活动。

4月22日，初高中化学课题组首席专家黄冬芳，在密云县水库中学为密云县初中化学教师开展了专题讲座活动。

4月23日，密云县教研中心项启江、密云县9所实验校课题负责人及部分实验教师，在密云县水库中学召开了校本研究课题研讨会。

4月28日，在梁威教授主持下，管理组负责人卢立涛，秘书高江丽等课题组成员，在密云县教研中心召开了项目组工作会议。

4月29日，高中语文课题组特聘专家刘宇新、密云县教研员果长亮及密云县高中语文教师，在密云县教研中心开展了语文探究性问题的研究活动。

4月30日，在梁威教授的主持下，管理组负责人卢立涛，密云县教研中心项启江、骆自华、王海军等，在北京师范大学召开了第二届"关注农村，关爱学生，促进学生与教师共同发展"筹备工作研讨会。

5月7日，初高中化学课题组首席专家黄冬芳及密云县初中化学教师，在密云县水库中学开展了"一模"试题分析与研讨活动。

5月13日，初中数学课题组首席专家康杰、密云县教研员骆自华及密云县初中数学教师，在密云县河南寨中学开展了基于《数学分层测试卡》的课堂教学实践活动。

5月13日，在梁威教授的主持下，卢立涛及密云县小学数学课题组实验教师代表等，在北京师范大学召开了"赴河北、山东等地交流指导"活动的筹备工作会议。

5月13—14日，原北京市教委副主任、北京市教育学会会长李观政，原北京教科院院长乔树平、副院长文喆，梁威教授及17个课题组专家，密云县教研中心项启江、王海军及密云县实验校负责人、实验教师等，在房山区良乡行宫园学校召开了第二届"关注农村，关爱学生，促进学生与教师共同发展"研讨会。

5月15日，初中物理课题组特聘专家商乐、密云县教研员王志林及密云县初二物理教师，在密云县教研中心开展了概念、规律课教学设计辅导的专题讲座活动。

5月15日，高中数学课题组首席专家郭立昌、密云县教研员孙凤有及密云县高一数学教师，在首都师范大学附属密云中学开展了听评研究课活动和专题讲座活动。

5月20日，初高中英语课题组首席专家孟雁君，管理组负责人卢立涛，密云县教研员郭家堂、唐和平及密云县10所实验校全体初一、初二实验教师，在密云县六中、密云县教研中心召开了联片教研、远程录像工作布置会议。

5月20日，高中物理课题组特聘专家周岗、密云县教研员金政国、密云县高一物理教师及部分学生，在北京师范大学密云实验中学开展了"新课程理念下提高课堂实效性"听评课及讲座活动。

5月21日，小学数学课题组专家范存丽、密云县教研员王海军及密云县小学数学教师，在密云县石城镇中心小学开展了听评课活动。

5月21日，密云县教研中心项启江、密云县9所实验校课题负责人及部分实验教师，在密云县四中举办了校本研究课题专题报告会。

5月21日，梁威教授、管理组负责人卢立涛及项目管理组，在北京师范大学召开了项目工作会议。

5月22日，初高中语文课题组首席专家孙荻芬，密云县教研员郭明怀、果长亮及密云县初、高中语文教师，在密云县第六中学、密云县教研中心召开了听评课及中考阅读题专题研讨会。

5月26—27日，梁威教授、初中数学课题组首席专家康杰、密云县教研员骆自华及实验教师代表，在北京师范大学召开了初中《数学分层测试卡》书稿修订研讨会。

5月27日，初中化学课题组首席专家黄冬芳及密云县初中化学教师，在密云县教研中心开展了全市各区县"一模"试题分析研讨活动。

5月27日，梁威教授、管理组负责人卢立涛及中小学数学课题组专家，在北京师范大学召开了课题总结研讨会。

5月28日，初高中英语课题组首席专家孟雁君，密云县教研员郭家堂、唐和平及部分实验教师代表，在密云县教研中心召开了远程录像脚本制作研讨会。

5月31日，初高中语文课题组首席专家孙荻芬，特聘专家刘德水，密云县教研员果长亮及密云县高中语文教师，在密云县教研中心举行了全面提高农村青年语文教师素养的专题讲座活动。

6月2日，初高中英语课题组首席专家孟雁君，管理组负责人卢立涛，密云县教研员郭家堂、唐和平及部分初中英语教师代表，在密云县教研中心召开了阅读教学模式录像研讨会。

6月2日，梁威教授及17个课题组专家，在密云县教研中心召开了课题组工作会议，密云县教委杨华利、王学军，密云县教研中心霍劲松出席了会议并讲话。

6月5日，梁威教授带领密云县教研员骆自华、罗海亮等，赴门头沟区西辛房中学推广交流了初中数学课题经验。

6月5日，初高中英语课题组首席专家孟雁君，密云县教研员郭家堂、唐和平及部分初中英语教师代表，在中央电教馆进行了初中英语远程录课活动。

6月9日，初中化学课题组特聘专家李伏刚及密云县初中化学教师，在密云县教研中心进行了解析题策略指导讲座及研讨活动。

6月29日，梁威教授及项目管理组成员10余人，在北京师范大学召开了项目工作安排会议。

7月1日，密云县教研中心项启江、9所实验校课题负责人及部分实验教师，在密云县一小召开了校本研究课题专题汇报交流会。

7月1—2日，在梁威教授的主持下，卢立涛及17个课题组专家，在北京师范大学对近两年的项目进展情况进行了总结并规划新学年整体活动。

7月3日，梁威教授、管理组负责人卢立涛等在北京师范大学召开了项目工作研讨会。

7月7日，梁威教授及项目管理组成员10余人，在北京师范大学召开了项目工作安排会议。

8月17—23日，梁威教授，小学数学课题组首席专家吴正宪，课题组专家范存丽带领密云县教研员王海军、佟增玉、温光福及实验教师张永、孔晓兴等，分别到宁夏回族自治区银川市、青海省西宁市、甘肃省兰州市、黑龙江省哈尔滨市和重庆市交流小学数学分层评价课题研究成果。

8月30日，在梁威教授的主持下，赴五市交流的教师代表及部分实验教师，在北京师范大学召开交流总结会。

9月2日，高中物理课题组特聘专家唐挈、密云县教研员金政国及密云县高中物理实验教师，在密云县教研中心对高三物理教材进行分析。

9月4日，高中数学课题组首席专家郭立昌，特聘专家蒋佩锦，密云县高中数学骨干教师，在密云县二中开展了从新版高考说明谈数学高考的专题讲座及研究课活动。

9月9日，初高中语文课题组首席专家孙荻芬、密云县教研员果长亮及密云县高中语文教师，在密云县教研中心开展了2009年高考作文分析与评分标准的讲解活动。

9月11日，初高中英语课题组首席专家孟雁君、密云县教研员郭家堂、唐和半及密云县初中英语教师，在密云县教研中心开展了初中英语课文阅读教学干预研究活动。

9月11日，初高中英语课题组首席专家孟雁君、密云县教研员曹小菊及密云县高三英语教师，在密云县教研中心开展了针对高中英语绿色升学率的研究活动。

9月15日，管理组负责人卢立涛、密云县教研中心项启江及校本研究课题实验校负责人，在密云县教研中心召开了学期工作规划会议。

9月16日，初中物理课题组特聘专家李天印、密云县教研员王志林及密云县初中物理教师，在密云县不老屯中学开展了现场研究课活动。

9月17日，初中数学课题组首席专家康杰、密云县教研员骆自华及密云县初中数学教师，在密云县教研中心开展了班级教学质量分析和提高策略的讲座活动。

9月17日，高中化学课题组首席专家冬镜寰，初高中化学课题组首席专家黄冬芳，密云县教研员任连俊及密云县高一化学教师，在密云县教研中心开展了高中新课标解读及初高中课程衔接的专题活动。

9月18日，高中数学课题组首席专家郭立昌，特聘专家马成瑞，密云县高中数学教师，在北京师范大学密云实验中学开展了研究课及评课活动。

9月23日，高中物理课题组特聘专家咸世强、密云县教研员金政国及密云县高中物理教师，在密云县教研中心开展了"功和能、动量"专题辅导活动。

9月23日，小学数学课题组专家范存丽，特聘专家王尚志，密云县教研员王海军、温光福及密云县小学数学教师,在密云县一小开展了"运用分层理念,实施有效教学"的专题活动。

9月24日,高中化学课题组首席专家冬镜寰,初高中化学课题组首席专家黄冬芳,密云县教研员任连俊及密云县初高中化学教师,在密云县教研中心开展了针对2009年高考试题分析及新考试说明的解读活动。

9月24日,初高中语文课题组首席专家孙获芬、密云县教研员果长亮及密云县高三语文教师,在密云县巨各庄中学开展了高考议论文写作指导的专题活动。

9月25日,初高中语文课题组首席专家孙获芬、密云县教研员郭明怀及密云县初中语文教师,在密云县高岭中学开展了语段阅读研究系列指导活动。

9月29日,梁威教授带领项目管理组到密云县太师屯镇中心小学、东邵渠镇中心小学、檀营满族蒙古族乡中心小学、第六小学开展下校指导活动。

10月14日,高中化学课题组首席专家冬镜寰及密云县高一、高二化学教师,在密云县教研中心开展了化学与生活模块教学指导活动。

10月14日,高中物理课题组首席专家陶昌宏及密云县高中物理教师,在密云县教研中心开展了听评课和新课程下的高三复习指导专题讲座活动。

10月15日,初高中物理课题组首席专家陶昌宏及密云县初中物理教师,在密云县北庄中学开展了规律及实验研究课听评指导活动。

10月15日,初高中语文课题组首席专家孙获芬及密云县初中语文教师,在密云县教研中心针对如何解答语文中考试题进行了解读。

10月15日,高中化学课题组首席专家冬镜寰及密云县高三年级化学教师,在密云县教研中心针对高三基本概念基本理论的复习方法及解题方法进行了专题指导。

10月21日,高中数学课题组首席专家郭立昌及密云县高三数学教师,在密云县教研中心研讨了对数学高考第二阶段的复习意见。

10月23日,初高中语文课题组首席专家孙获芬、密云县教研员郭明怀及密云县初中语文教师,在密云县教研中心开展了如何上好起始课的专题活动。

10月28日,初中数学课题组首席专家康杰,密云县教研员骆自华、密云县级骨干教师、学科带头人以及课题实验团队教师,在密云县教研中心开展了"如何进行基于《数学分层测试卡》的说课"活动。

10月28日，初高中英语课题组首席专家孟雁君、密云县实验校全体初中英语教师，在密云县教研中心开展了初中英语语法教学及课堂教学模式的研讨活动。

10月28日，高中生物课题组专家朱立祥、密云县教研员李秀军、密云县高三生物教师及部分高二教师，在首都师范大学附属密云中学举行了研究课及新课程高考复习讲座活动。

10月29日，高中地理课题组首席专家李岩梅及密云县高中地理教师，在密云县教研中心开展了一轮复习的交流活动。

10月29日，高中数学课题组首席专家郭立昌、密云县高三数学教师，在密云县教研中心研讨对数学高考解析几何、立体几何复习的意见。

10月30日，初中化学课题组首席专家黄冬芳及密云县初中化学教师，在密云县太师庄中学开展了研究课活动。

10月30日，高中历史课题组首席专家张静及密云县高中历史教师，在密云县教研中心举行了针对2009年历史高考试题分析及新高考展望的专题讲座活动。

10月30日，高中思想政治课题组首席专家金利及密云县高中政治教师，在密云县教研中心开展了听评课和"新课程下的高三复习指导"专题讲座活动。

11月4日，高中物理课题组特聘专家周岗、密云县教研员金政国及密云县高中物理教师，在密云县教研中心开展了高三物理直流电路、电场专题复习讲座活动。

11月4日，初高中语文课题组首席专家孙荻芬、特聘专家梁捷、密云县教研员果长亮及密云县高三语文教师，在密云县教研中心开展了关于诗歌专题的说课、评课活动。

11月5日，初高中语文课题组首席专家孙荻芬、密云县教研员果长亮及密云县高中语文教师，在密云县教研中心开展了关于戏剧专题的说课、评课活动。

11月5日，密云县教研中心项启江、密云县9所课题实验校负责人及部分实验教师，在密云县东邵渠中学召开了校本研究专题汇报交流研讨会。

11月6日，初高中语文课题组首席专家孙荻芬、密云县教研员郭明怀及密云县初中语文教师，在密云县教研中心举行了针对初三语文专题的指导活动。

11月11日，高中历史课题组首席专家张静、密云县教研员李文胜及密云县高中历史教师，在密云县教研中心举行了针对2010年新课程历史高考复习思路及建议的专题讲座活动。

11月11日，高中生物课题组特聘专家王新、密云县教研员李秀军及密云县高中生物教师，在密云县教研中心举行了针对新课程高中生物第一轮复习的专题讲座活动。

11月12日，高中化学课题组首席专家冬镜寰、密云县教研员任连俊及密云县高三年级化学教师，在密云县一中开展了针对高三基本概念基本理论复习方法及解题方法的指导活动。

11月13日，高中思想政治课题组首席专家金利、特聘专家蔚国娟、密云县教研员赵凤文及密云县高中政治教师，在密云县教研中心开展了听评课及如何上好高三复习课的专题讲座活动。

11月18日，初中化学课题组首席专家黄冬芳、密云县教研员曹英、密云县部分初中化学教师，在密云县六中开展了听评课及研讨交流活动。

11月18日，初中数学课题组首席专家康杰、密云县教研员骆自华及密云县初中数学教师，在密云县教研中心开展了基于分层激励评价的案例反思与改进的专题活动。

11月18日，小学数学课题组专家范存丽，密云县教研员王海军、佟增玉及密云县部分四年级数学教师，在房山区李庄中学开展了基于分层评价的研究课指导及研讨活动。

11月20日，初高中语文课题组首席专家孙荻芬、密云县教研员郭明怀及密云县初中语文教师，在密云县二中开展了备课、说课及讲座指导活动。

11月20日，高中思想政治课题组首席专家金利、密云县教研员赵凤文及密云县高中思想政治教师，在密云县教研中心开展了《经济生活》专题第四单元复习研究课的观摩与讲座交流活动。

11月25日，高中物理课题组特聘专家王邦平、密云县教研员金政国及密云县高三物理教师，在密云县教研中心举行了关于新课改后高三复习的讲座。

11月25日，高中生物课题组专家朱立祥、密云县教研员李秀军及密云县高二、高三生物教师，在密云县教研中心开展了听评课及生物学核心概念教学讲座活动。

11月26日，高中化学课题组首席专家冬镜寰、特聘专家支瑶、密云县教研员任连俊及密云县高中化学教师，在密云县教研中心开展了化学反应原理模块教学指导活动。

11年26日，高中数学课题组特聘专家金宝铮、密云县教研员孙凤有及密云县高二数学教师，在密云县二中开展了高二数学教学及"导数"部分教材分析的专题活动。

11月26日，高中地理课题组特聘专家李京燕、高振奋，密云县教研员彭金凤及密云县高中地理教师，在北京师范大学密云实验中学、密云县二中开展了自然地理一轮复习、高二会考复习研讨活动。

11月27日，高中历史课题组首席专家张静，特聘专家赵利剑，密云县教研员李文胜，密云县高中历史教师及部分学生，在密云县二中开展了"启蒙运动"观摩课及课后点评指导活动。

12月2日，初中数学课题组首席专家康杰、密云县教研员骆自华及密云县初中数学教师，在密云县东邵渠中学开展了基于分层激励评价的课堂教学典型案例研究活动。

12月2日，在梁威教授的主持下，密云县教研中心项启江及密云县9所实验校课题负责人，在密云县教研中心召开了基于学生发展的校本研究课题阶段总结研讨会。

12月3日，高中语文课题组特聘专家梁捷、密云县教研员果长亮及密云县高中语文教师，在密云县二中开展了高三诗歌与作文复习指导听评课及讲座活动。

12月4日，高中历史课题组首席专家张静、密云县教研员李文胜及密云县高三历史教师，在密云县二中开展了高三现场课及研讨活动。

12月8日，高中物理课题组特聘专家安军及密云县高中生物教师，在北京师范大学密云实验中学开展了听课与研讨活动。

12月9日，初高中化学课题组首席专家黄冬芳、密云县教研员曹英及密云县部分初中化学教师，在密云县教研中心开展了初中化学研究课活动。

12月10日，高中化学课题组首席专家冬镜寰，密云县教研员李爱林，密云县高三年级化学教师，高一、高二部分化学教师，在密云县教研中心开展了元素化合物复习方法的指导活动。

12月11日，甘肃、重庆、宁夏等地区小学数学教师代表等，到密云县檀营满族蒙古族乡中心小学考察学习，密云县教研员王海军、佟增玉、温光福及密云县部分实验教师代表参加了活动。在梁威教授主持下，檀营满族蒙古族乡中心小学校长郭永勤做了"分层中彰显智慧，反思中升华感悟"的专题汇报，密云县太师屯镇中心小学教师张永、密云檀营满族蒙古族乡中心小学李连英分别做了"圆的认识"和"用字母表示数"两节观摩课。

12月11日，高中数学课题组特聘专家闻岩、密云县教研员孙凤有及密云县高三数学教师，在首都师范大学附属密云中学开展了高三数学教学研究课及"高三概率与统计的复习"的讲座活动。

12月16日，小学数学课题组专家范存丽、密云县教研员王海军及密云县小学数学教师，在密云县教研中心开展了听评课及研讨活动。

12月17日，高中地理课题组特聘专家党为民、密云县教研员彭金凤及密云县高中地理教师，在首都师范大学附属密云中学开展了高三研究课及县域地理一轮复习的专题讲座活动。

12月17日，高中化学课题组特聘专家支瑶，密云县教研员李爱林，密云县高三年级化学教师及部分高一、高二化学教师，在密云县二中开展了上好元素化合物复习课的专题讲座。

12月17日，在梁威教授的主持下，密云县教研中心项启江及密云县9所实验校负责人及教师代表，在密云县十里堡中学召开了初中二年级特殊需求学生及相应对策研究的交流研讨会。

12月18日，高中数学课题组首席专家郭立昌、密云县教研员孙凤有及密云县高中数学教师，在密云县教研中心举行了高中数学教学设计讲座及设计评析的活动。

12月22日，高中生物课题组专家朱立祥、密云县教研员李秀军及密云县高三生物教师，在密云县二中开展了听评研究课及如何进行生物小专题复习的讲座活动。

12月23日，高中历史课题组首席专家张静，特聘专家白幼蒂，密云县教研员李文胜及密云县高三历史教师，在密云县教研中心开展了高三世界史教材辅导活动。

12月25—26日，在梁威教授主持下，初中数学课题组首席专家康杰、密云县教研员骆自华及密云县初中数学实验教师，在北京师范大学召开了初中《数学分层测试卡》双册修订研讨会。

12月30日，初高中化学课题组首席专家黄冬芳、密云县教研员曹英、密云县全体初中化学教师，在首都师范大学附属密云中学开展了专题讲座活动。

12月30日，初高中英语课题组首席专家孟雁君，卢立涛，密云县教研员郭家堂、唐和平、曹小菊及密云县初中英语教师，在密云县六中及北京师范大学召开了语法教学模式研讨、学期工作总结及下学期工作计划研讨会。

12月30日，在梁威教授的主持下，17个课题组专家及密云县相关教研员，在密云县教委召开了课题总结及下学期工作规划会议，密云县教委杨华利、王学军出席了会议并讲话。

2010 年重要活动大事记

2月21日，梁威教授及17个课题组专家，在青蓝大厦召开了"2+6+9项目"工作规划研讨会。

2月24日，高中历史课题组特聘专家成学江、密云县教研员李文胜及密云县全体高三历史教师，在密云县教研中心开展了考纲解读专题讲座。

2月25日，高中地理课题组特聘专家邬雪梅、密云县教研员彭金凤及密云县全体高三地理教师，在密云县教研中心开展了自然地理专题活动。

3月3日，高中物理课题组特聘专家程嗣、密云县教研员金政国及全体高中物理实验教师，在密云县教研中心开展了新课程高考考试说明的专题讲座。

3月4日，梁威教授、小学数学课题组首席专家吴正宪及密云县实验教师代表，在密云县教研中心开展了基于《数学分层测试卡》教学的研讨活动。

3月4日，在梁威教授的主持下，校本研究课题组专家胡进、何光峰，密云县教研中心项启江及9所实验校课题负责人，在密云县教研中心召开了工作总结及课题规划研讨会。

3月5日，初中物理课题组首席专家陶昌宏、密云县教研员王志林及初中物理实验教师，在密云县教研中心开展了力学复习的指导活动。

3月10日，初中数学课题组首席专家康杰、密云县教研员骆自华及初中数学实验教师等，在密云县教研中心开展了关于复习课的专题讲座。

3月10日，高中生物课题组特聘专家乔文军、密云县教研员李秀军及密云县全体高三生物教师，在密云县教研中心开展了《考试说明》解读与使用方法指导活动。

3月10日，高中物理课题组特聘专家彭梦华、密云县教研员金政国及高中物理实验教师，在密云县教研中心开展了新课程复习指导活动。

3月11日，高中地理课题组特聘专家党为民、密云县教研员彭金凤及高三地理教师，在北京师范大学附属实验中学开展了人文地理专题复习活动。

3月11日，高中化学课题组首席专家冬镜寰、密云县教研员任连俊及高三年级化学教师在密云巨各庄中学开展了关于有机化学复习建议的专题讲座。

3月11日，高中语文课题组特聘专家董晓平、密云县教研员果长亮及高中语文教师，在密云县教研中心开展了解读高考语文《考试说明》的专题讲座。

3月12日，初高中语文课题组首席专家孙荻芬，特聘专家周京昱，密云县教研员郭明怀、果长亮，初高中语文实验教师及部分学生，在密云县教研中心开展了"教学若干问题的提出与研究""如何提高高考作文应试能力"的专题讲座。

3月12日，高中数学课题组特聘专家蒋佩锦、密云县教研员孙凤有及高三数学教师，在首都师范大学附属密云中学开展了听评研究课及"怎样提高高考的复习效率"的专题讲座。

3月12日，高中历史课题组特聘专家孙楠、密云县教研员李文胜及全体高二历史教师，在密云县教研中心开展了必选教材的辅导活动。

3月12日，高中思想政治课题组特聘专家刘媛、密云县教研员赵凤文及密云县全体高中政治教师,在密云县教研中心开展了《经济生活》与《政治生活》的专题复习活动。

3月17日,高中物理课题组首席专家陶昌宏、密云县教研员金政国及高中物理实验教师,在首都师范大学附属密云中学开展了听评课及有关复习建议的专题讲座。

3月17日,初中数学课题组首席专家康杰、密云县教研员骆自华及初三数学教师,在密云县大城子中学开展了初三复习课研讨活动。

3月17日,初高中化学课题组首席专家黄冬芳、密云县教研员曹英及密云县全体初中化学教师,在密云县教研中心开展了教学评比及交流活动。

3月18日,高中化学课题组首席专家冬镜寰、特聘专家周业虹、密云县教研员任连俊及高三年级化学教师,在密云县教研中心开展了化学实验复习建议的专题讲座。

3月18日,梁威教授带领管理组负责人卢立涛、高江丽,密云县教研中心项启江、岳书华,等等,到丰台区东罗园小学交流基于学生发展的校本教研课题研究经验。

3月11—19日,受北京师范大学项目组委托,密云县小学数学课题组实验教师温光福、王文成、张文华,赴重庆市交流小学数学分层评价课题研究成果。

3月19日,初中物理课题组特聘专家王树明、密云县教研员王志林及初中物理实验教师,在密云县教研中心开展了电学复习指导活动。

3月20日,高中数学课题组特聘专家丁益祥、密云县教研员孙凤有、密云县高三实验教师及学生,在密云县二中开展了第二轮高考数学复习指导活动。

3月23日,小学数学课题组专家范存丽、密云县教研员王海军及四年级数学教师,在密云县季庄小学开展了听评课指导活动。

3月24日,初高中化学课题组首席专家黄冬芳、密云县教研员曹英及全体初中化学教师,在密云县教研中心开展了教学评比及交流活动。

3月24日,高中物理课题组特聘专家孟卫东、密云县教研员金政国、密云县高中物理实验教师及高三学生,在北师大附属实验中学开展了总复习指导讲座。

3月25日,高中生物课题组专家朱立祥、密云县教研员李秀军及密云县高中生物教师,在密云县巨各庄中学开展了教学指导活动。

3月25日,高中地理课题组特聘专家邬雪梅、密云县教研员彭金凤及密云县高三地理教师，在首都师范大学附属密云中学开展了区域地理综合复习指导活动。

3月26日，高中思想政治课题组特聘专家曾阳、密云县教研员赵凤文及密云县全体高中政治教师，在密云县教研中心开展了必修与选修的总体复习活动。

3月26日，初高中语文课题组首席专家孙荻芬、密云县教研员郭明怀及密云县初中语文教师，在密云县四中开展了"如何写好教学笔记，有效提高教学自控能力"的专题讲座。

3月26日，初中物理课题组特聘专家苏明义、密云县教研员王志林及密云县初中物理教师，在密云县教研中心开展了初中物理实验教学活动。

3月26日，初高中英语课题组首席专家孟雁君，密云县教研员郭家堂、唐和平及初中英语实验教师，在密云县教研中心召开了课堂教学成果撰写研讨会。

3月26日，初高中英语课题组专家孟雁君、密云县教研员曹小菊及高三英语实验教师，在北京师范大学密云实验中学开展了阅读教学与试卷评析的听评课活动。

3月29日，在梁威教授主持下，密云县教研员骆自华、王海军及课题实验教师代表等，在密云县太师屯镇中心小学及密云县教研中心开展了研究课指导活动和中小学数学课题研究座谈会。

4月2日，高中物理课题组首席专家陶昌宏，密云县教研员金政国及高中物理实验教师和部分高三学生，在首都师范大学附属密云中学做了"'一模'前综合复习课"的现场课。

4月2日，高中数学课题组首席专家郭立昌、密云县教研员孙凤有及高中青年数学骨干教师，在密云县教研中心开展了数学教学课题研究的专题讲座。

4月9日，初高中语文课题组首席专家孙荻芬、密云县教研员郭明怀及初中语文实验教师，在密云县五中开展了记叙文教学研究活动。

4月9日，高中思想政治课题组特聘专家刘润泽、密云县教研员赵凤文及高三政治实验教师，在密云县教研中心开展了社会重大热点问题综合分析的专题讲座。

4月13日，小学数学课题组专家范存丽、密云县教研员王海军及小学数学教师，在密云县四小开展了听评课指导活动。

4月13日，高中历史课题组特聘专家李晓风、密云县教研员李文胜及高三历史教师和高三学生，在北京师范大学密云实验中学开展了高考复习及解题方略的专题讲座。

4月14日，高中生物课题组专家朱立祥、密云县教研员李秀军及密云县全体高三生物实验教师，在北京师范大学密云实验中学开展了高三复习教学指导活动。

4月14日，初高中化学课题组首席专家黄冬芳，密云县教研员洪云波、曹英及全体初中化学教师，在密云县教研中心召开了化学中考总复习策略研讨会。

4月14日，高中化学课题组首席专家冬镜寰、特聘专家刘江东、密云县教研员任连俊及高三年级化学教师，在密云县教研中心开展了"一模"试卷分析及复习指导活动。

4月14日，高中物理课题组首席专家陶昌宏、密云县教研员金政国及高中物理教师，在密云县巨各庄中学开展了新课程下课堂教学实践研究的专题讲座。

4月15日，高中数学课题组特聘专家闻岩、密云县教研员孙凤有及高三年级数学实验教师，在密云县巨各庄中学举办了西城区"一模"试卷分析及第二轮复习指导的听评课研讨活动。

4月16日，高中思想政治课题组特聘专家季亚利、密云县教研员赵凤文及高中政治实验教师，在密云县太师庄中学开展了高考解题思路与心理调适的专题讲座。

4月11—16日，受北京师范大学项目组委托，密云县小学数学课题组实验教师代表佟增玉等，赴黑龙江省交流小学数学分层评价课题研究经验。

4月21日，高中历史课题组特聘专家张汉林、密云县教研员李文胜、密云县高三历史教师及高三学生，在密云县二中开展了试卷讲评课及高考有关问题的专题讲座。

4月22日，初高中语文课题组首席专家孙荻芬、密云县教研员果长亮及高中语文实验教师，在密云县教研中心开展了"现阶段如何提高学生的高考写作能力"的专题指导活动。

4月23日，初高中语文课题组首席专家孙荻芬，密云县教研员郭明怀、李树海及密云县初中语文实验教师，在密云县三中开展了初中教学研究课指导活动。

4月28日，高中生物课题组特聘专家李晓辉、密云县教研员李秀军及密云县全体高三生物实验教师和高三理科学生，在密云县二中开展了"生命活动调节"专题复习及高考答题思路、方法和技能指导活动。

4月28日，小学数学课题组专家范存丽、密云县教研员王海军及五年级数学实验教师，在密云县四小开展了研究课指导活动。

4月29日，高中地理课题组特聘专家李京燕、密云县教研员彭金凤、密云县全体高三地理教师及文科班学生，在北京师范大学密云实验中学举办了备考策略讲座。

4月29日，初高中英语课题组首席专家孟雁君、密云县教研员曹小菊、密云县高中英语实验教师及部分学生，在密云县太师庄中学开展了高三英语有效复习策略的指导活动。

5月5日，高中历史课题组特聘专家贺千红、密云县教研员李文胜及密云县全体高三学生和高三历史教师，在首都师范大学附属密云中学开展了解题策略专题讲座。

5月7日，初中数学课题组首席专家康杰、密云县教研员骆自华及初中数学实验教师等，在密云县太师庄中学开展了教学观摩与研讨活动。

5月11日，初中数学课题组首席专家康杰、密云县教研员骆自华及初中数学实验教师，在密云县教研中心开展了基于分层评价的案例研究活动。

5月11日，管理组负责人卢立涛、密云县教研中心项启江及十里堡小学课题组，在密云县十里堡小学筹备中小衔接主题研讨会。

5月13日，在梁威教授主持下，密云县教研中心项启江，密云县9所课题实验团队教师、房山，丰台等区县的教师代表，在密云县十里堡小学召开了中小学教育衔接主题研讨交流会。

5月13日，高中化学课题组首席专家冬镜寰、密云县教研员李爱林及高三化学实验教师，在密云县教研中心开展了"二模"试卷分析及考前注意事项说明活动。

5月13日，高中数学课题组首席专家郭立昌、密云县教研员孙凤有及高中青年数学骨干教师，在密云县教研中心开展了数学教学课题及论文评析的专题讲座。

5月13日，初高中语文课题组首席专家孙荻芬，密云县教研员郭明怀、果长亮，密云县一中领导及师生，在密云县一中及密云县六中与外省市高中语文骨干教师进行研讨交流。广州市海珠区18名高中语文骨干教师参加了本次活动。

5月14日，高中数学课题组首席专家郭立昌、密云县教研员孙凤有及高中青年数学骨干教师，在密云县教研中心开展了教学基本功专题讲座。

5月17日，高中生物课题组特聘专家于璇、密云县教研员李秀军及密云县全体高三生物实验教师和部分学生，在密云县二中开展了高三复习指导活动。

5月18日，高中生物课题组专家朱立祥、密云县教研员李秀军及密云县全体高二生物实验教师，在密云县太师庄中学结合现场听课进行了新课程会考复习的教学指导活动。

5月19日，初高中英语课题组首席专家孟雁君，管理组负责人卢立涛，密云县教研员郭家堂、唐和平及密云县全体初二英语教师，在密云县教研中心开展了初二阅读题型设计讲座与研讨活动。

5月19日，高中化学课题组特聘专家章异群、密云县教研员李爱林及高二年级化学实验教师，在密云县教研中心开展了教材教法指导活动。

5月30日，梁威教授、管理组负责人卢立涛、密云县实验教师代表，在密云县教研中心召开了课题培训研讨会。

6月11日，受中央电教馆邀请，初中英语课题组核心成员郭家堂、唐和平、胡海英等与北京外国语大学的张连仲教授一起，就初中英语课文教学程序设计等相关问题的解答录制了专题节目。

6月13日，在梁威教授主持下，17个课题组专家在北京师范大学召开了项目研讨会。

7月29日，在梁威教授主持下，17个课题组专家及密云县教研员，在密云县教研中心召开了"2+6+9项目"总结会议。密云县教委杨华利主任、王树生副主任，密云县教研中心王学军主任出席会议并讲话。

7月30—31日，梁威教授、小学数学课题组首席专家吴正宪、专家范存丽及部分实验教师，在密云县教研中心召开了课题研究成果交流研讨会。

8月，在梁威教授主持下，17个课题组专家及管理组，在北京师范大学进行项目工作的梳理和学年总结。

8月15—16日，在梁威教授带领下，密云县优秀课题实验教师及教研员温光福、孔晓兴、王海军、张永、佟增玉等，赴云南省、河南省、重庆市、江西省、甘肃省交流经验并开展教师培训活动。

9 月 7 日，梁威教授带领小学数学课题组优秀实验教师代表赵静等，在北京小学大兴分校开展密云项目经验交流活动。

9 月 16 日，高中地理课题组特聘专家李京燕、密云县教研员彭金凤及高三地理实验教师，在密云县教研中心开展了气象灾害示范课和自然地理的一轮复习讲座。

9 月 13—17 日，北京师范大学项目管理组带领密云县优秀课题实验教师代表冯元广、赵静、李连英、王文成等，赴青海省、山东省交流小学数学分层评价课题研究成果。

9 月 17 日，在梁威教授主持下，17 个课题组专家、管理组团队及密云县教研员，在密云县教研中心召开了项目工作总结及规划的研讨会。密云县王春林副县长、密云县教工委杨华利主任、密云县教委王树生副主任、密云县教研中心卜月海主任出席会议并讲话。

9 月 25 日，初中化学课题组特聘专家王磊、密云县教研员赵颖及密云县初三化学实验教师，在密云县教研中心开展了关于化学中考分析的讲座。

9 月 29 日，高中历史课题组特聘专家冉峰、密云县教研员李文胜及密云县全体高中历史实验教师，在密云县教研中心开展了高中历史教材整合的专题讲座。

9 月 29 日，高中物理课题组特聘专家王运淼、密云县教研员金政国及高三物理实验教师，在密云县教研中心开展了专题讲座。

9 月 29 日，高中化学课题组首席专家冬镜寰、密云县教研员李爱林及高三化学实验教师，在密云县教研中心开展了有机化学总复习的指导活动。

10 月 9 日，高中生物课题组专家朱立祥，密云县教研员李秀军及密云县全体高二、高三教师，在密云县教研中心开展了教学设计基本功培训。

10 月 13 日，高中历史课题组特聘专家董增刚、密云县教研员李文胜及密云县全体高中历史教师，在密云县教研中心开展了史学问题研究的专题讲座。

10 月 13 日，高中数学课题组特聘专家马成瑞、密云县教研员孙凤有及密云县高三数学实验教师，在密云县教研中心开展了高考复习策略的专题讲座。

10 月 13 日，高中化学课题组首席专家冬镜寰，特聘专家刘江东，密云县教研员李爱林及高三化学实验教师，在密云县教研中心开展了元素化合物复习指导活动。

10月14日，高中历史课题组特聘专家潘化兵、密云县教研员彭金凤及高三地理实验教师，在密云县教研中心开展了人文地理一轮复习的专题讲座。

10月14日，高中语文课题组特聘专家董晓平、密云县教研员果长亮及高三语文实验教师，在密云县教研中心开展了"找准高考提分点，提高高三教学效率"的专题讲座。

10月15日，在梁威教授主持下，密云县小学数学课题组特聘专家周爱东、密云县部分实验教师，出席了在密云县教研中心举办的教学观摩活动，门头沟区、丰台区部分小学数学教师也参与了本次活动。

10月15日，高中思想政治特聘专家蔡碧虹、密云县教研员赵凤文及密云县高中政治学科教师，在密云县教研中心开展了高考复习思路的专题讲座。

10月15日，初中物理课题组特聘专家陈立华、密云县教研员王志林及密云县全体初中物理教师，在密云县教研中心开展了电功、电功率教学辅导活动。

10月15日，高中英语课题组首席专家胡小力、密云县教研员曹小菊及密云县英语教师，在密云县二中开展了"有效进行词汇复习，推动读写能力提高"的专题讲座。

10月15日，在梁威教授主持下，校本研究课题组首席专家胡进、何光峰及密云县实验校课题负责人，在密云县教研中心召开了工作总结及新学期研讨会。

10月15日，初高中语文课题组首席专家孙荻芬、密云县教研员张红军及初中语文实验教师，在密云县教研中心开展了"利用教材文本培养初三学生语文能力"的专题讲座。

10月20日，高中生物课题组首席专家荆林海，密云县教研员李秀军及密云县全体高三教师、部分高二教师，在密云县教研中心开展了"细胞与代谢"专题复习辅导。

10月20日，高中历史课题组特聘专家张汉林，密云县教研员李文胜及密云县全体高一、高三历史教师，在密云县教研中心开展了高考复习思路的专题讲座。

10月21日，初高中语文课题组首席专家孙荻芬，特聘专家周曼云，密云县教研员果长亮及密云县全体高中语文教师，在密云县教研中心开展了高中作文专题讲座。

10 月 22 日，初中物理课题组特聘专家李天印、密云县教研员王志林及初二物理实验教师，在密云县教研中心开展了"压强与浮力"听评课活动。

10 月 22 日，高中化学课题组首席专家冬镜寰，特聘专家潘廷宏，密云县教研员李爱林及密云县高三化学教师，在密云县教研中心开展了结合《考试说明》谈 2011 年复习策略的专题讲座。

10 月 22 日，高中数学课题组特聘专家蒋佩锦、密云县教研员孙凤有及密云县高三数学实验教师，在密云县教研中心开展了关于函数、数列高考复习建议的专题讲座。

10 月 28 日，初高中化学课题组首席专家黄冬芳、密云县教研员赵颖及密云县初中化学实验教师，在密云县教研中心进行了 2010 年教学评比总结活动。

10 月 29 日，初中物理特聘专家郭振仑、密云县教研员王志林及密云县全体初二物理教师，在密云县教研中心开展了教学研讨活动。

11 月 3 日，高中物理课题组首席专家陶昌宏、密云县教研员金政国及密云县高中物理实验教师，在密云县教研中心开展了新课程高考试卷分析及电场电路复习建议的专题讲座。

11 月 4 日，高中化学课题组首席专家冬镜寰、特聘专家周业虹、密云县教研员李爱林及密云县高三化学教师，在密云县教研中心开展了高中化学基本概念教学指导活动。

11 月 5 日，高中数学课题组特聘专家连四清、密云县教研员孙凤有及密云县高三数学教师，在密云县教研中心开展了从高等数学的视角看高考数学复习的专题讲座。

11 月 5 日，高中思想政治课题组特聘专家吴幼梅、密云县教研员赵凤文及密云县高中政治实验教师，在密云县教研中心开展了《生活与哲学》复习观摩课并研讨交流如何上好复习课。

11 月 9 日，小学数学课题组专家范存丽、密云县教研员佟增玉及密云县五年级实验教师，在密云县教研中心开展了研究课、示范课并召开了课题工作研讨会。

11 月 9—10 日，在梁威教授主持下，管理组负责人卢立涛，秘书温水擎、张丽娜等，密云县教研员王海军、温光福及实验教师，在密云县教研中心召开了小学数学课题研讨会。

11月10日，初高中英语课题组首席专家孟雁君，管理组负责人卢立涛，密云县教研员郭家堂、唐和平及密云县初中英语实验教师，在密云县教研中心召开了教学干预研究的研讨会。

11月12日，高中英语课题组首席专家胡小力、密云县教研员曹小菊及密云县全体高中英语教师，在密云县教研中心开展了"命题"与"评题"的专题报告。

11月12日，高中数学课题组特聘专家韩新生、密云县教研员孙凤有及密云县全体高三数学教师，在密云县教研中心开展了高考复习建议的专题讲座。

11月12日，高中地理课题组特聘专家高振奋，密云县教研员彭金凤及密云县高二、高三地理教师，在密云县教研中心开展了"提高复习实效，构建高效课堂"的专题讲座。

11月17日，高中生物课题组专家朱立祥，密云县教研员李秀军及密云县全体高二、高三生物教师，在密云县教研中心开展了课堂教学指导活动。

11月19日，高中化学课题组首席专家冬镜寰，特聘专家周业虹及密云县高三化学教师，在密云县教研中心开展了基本理论复习指导活动。

11月24日，高中生物课题组荆林海，密云县教研员李秀军及密云县全体高三教师、部分高二教师，在密云县教研中心开展了遗传与变异专题复习辅导。

11月25日，高中化学课题组首席专家冬镜寰、密云县教研员李爱林及密云县高三化学教师，在密云县教研中心开展了听评课及高考策略的专题讲座。

11月25日，初中化学课题组特聘专家李伏刚、密云县教研员赵颖及密云初三化学教师，在密云县不老屯中学开展了化学方程式教学指导活动。

11月25日，高中历史课题组首席专家张静，密云县教研员李文胜及密云县全体高二、高三历史教师，在密云县教研中心举办了"高中绿色升学率——提升历史教学质量"的主题报告会。

11月25日，高中地理课题组特聘专家李京燕、密云县教研员彭金凤及密云县高三地理教师，在密云县教研中心开展了听评课及区域地理一轮复习辅导活动。

11 月 26 日，高中英语课题组首席专家胡小力、密云县教研员曹小菊及密云县全体高三英语教师，在密云县教研中心开展了听评课活动。

11 月 26 日，初高中语文课题组首席专家孙荻芬、密云县教研员张红军及密云县初中语文实验教师，在密云县教研中心开展了议论文、散文语段赏析的教学活动。

11 月 26 日，在梁威教授的主持下，初高中英语课题组首席专家孟雁君，初中化学课题组首席专家黄冬芳，密云县教研中心项启江，密云县课题负责人及实验教师代表，海淀、房山等区的中小学校长、有关课题负责人、教师代表出席了在门头沟区教育委员会举办的"关注农村，关爱学生，促进学生与教师共同发展"研修会，并聆听了北京教科院原副院长文喆研究员主讲的"学校教育的责任"专题讲座。会议还邀请了北京市教育学会会长李观政，中央教育科学研究所原副所长滕纯，北京市教委、基教处李永生副处长等领导参会。

11 月 26 日，高中思想政治课题组特聘专家王礼新、密云县教研员赵凤文及全县高中政治实验教师，在密云县教研中心开展了高三复习课"得与失分析"的专题讲座。

12 月 1 日，密云县教研中心项启江及密云县实验校课题负责人，在密云县教研中心召开了《校本研究百问解答》书稿研讨会。

12 月 1 日，高中物理课题组特聘专家宋玉梅、密云县教研员金政国及全县高三物理教师，在密云县教研中心开展了高考复习的专题讲座。

12 月 3 日，高中数学课题组特聘专家高金华、密云县教研员孙凤有及密云县高中数学教师，在密云县教研中心开展了高三数学概率、三角函数复习的专题讲座。

12 月 3 日，小学数学课题组特聘专家贾福禄、密云县教研员佟增玉及密云县实验教师，在密云县教研中心开展了研究课、示范课活动并召开了课题工作研讨会。

12 月 3 日，高中思想政治课题组首席专家金利、密云县教研员赵凤文及密云县高中政治实验教师，在密云县教研中心开展了"关于提高课堂教学实效性的有效教学设计研究"的专题讲座。

12 月 7 日，高中数学课题组首席专家郭立昌、密云县教研员孙凤有及密云县二中课题实验教师，在密云县二中开展了观摩课及研讨活动。

12 月 7 日，初中数学课题组首席专家康杰、密云县教研员骆自华及密云县五中实验教师，在密云县教研中心开展了观摩课及研讨活动。

12 月 9 日，初高中英语课题组首席专家孟雁君，密云县教研员郭家堂、唐和平及密云县初中英语实验教师，在密云县教研中心开展了课文教学程序干预研究。

12 月 10 日，初高中语文课题组首席专家孙荻芬、密云县教研员果长亮及密云县高中语文教师，在密云县教研中心开展了作文教学的听评课活动。

12 月 10 日，高中数学课题组首席专家郭立昌、密云县教研员孙凤有及全县高三数学教师，在密云县教研中心开展了教学研讨活动。

12 月 15 日，高中生物课题组首席专家荆林海，密云县教研员李秀军及密云县全体高二、高三生物教师，在密云县教研中心开展了课堂教学指导活动。

12 月 15 日，高中历史课题组首席专家张静，密云县教研员李文胜及密云县全体高一、高二历史教师，在密云县教研中心开展了提高高中历史教师基本功的专题讲座。

12 月 15 日，梁威教授、密云县十里堡中学主任岳书华，到大兴区教师进修学校参加了 "基于学生发展的校本研究" 课题培训会，分享交流了密云县校本研究课题的经验与成果，大兴区 14 所学校 50 多名教师出席了会议。

12 月 16 日，梁威教授、管理组负责人卢立涛、密云县教研中心项启江及密云县实验校教师代表，在密云县教研中心召开了校本研究课题录像研讨会。

12 月 17 日，梁威教授、管理组负责人卢立涛、小学数学课题组专家范存丽及密云县实验教师代表，在密云县教研中心召开了课堂教学中应用分层评价经验交流研讨会。

12 月 17 日，高中英语课题组首席专家胡小力、密云县教研员曹小菊及密云县全体高三英语教师，在密云县教研中心开展了听评课研讨活动。

12 月 17 日，高中思想政治课题组特聘专家杨灵、密云县教研员赵凤文及密云县高中思想政治教师，在密云县教研中心开展了高三试卷讲评课分析活动。

12 月 22 日，管理组负责人卢立涛，密云县教研中心项启江、摄像公司工作人员李想、密云县校本研究课题组实验校的课题负责人，在密云县教研中心对校本研究课题工作进行录制。

12月22日，在梁威教授主持下，管理组负责人卢立涛及密云县校本研究课题组实验校负责人，在密云县教研中心召开了基于学生发展的校本研究研讨会。

12月24日，高中英语课题组特聘专家刘宁、密云县教研员曹小菊及密云县全体高中英语教师，在密云县教研中心开展了关于绿色高考的专题讲座。

12月24日，初高中语文课题组首席专家孙荻芬、密云县教研员果长亮及高中语文实验教师，在密云县教研中心开展了教学指导活动。

12月29日，初中数学课题组首席专家康杰、密云县教研员骆自华及密云县初中数学实验教师，在密云县教研中心开展了数学教师专业发展的专题讲座。

12月30日，高中地理课题组特聘专家李立华、密云县教研员彭金凤及密云县高三地理教师，在密云县教研中心开展了教材辅导活动。

2011年重要活动大事记

2月16日，在梁威教授主持下，17个课题组首席专家及密云教研员，在密云县教委召开了学期工作总结及下学期工作计划研讨会。密云县教委领导杨华利主任、王树生副主任及密云县教研中心卜月海主任、霍劲松副主任出席会议并讲话。

2月23日，初中数学课题组特聘专家俞京宁、密云县教研员骆自华及初中数学教师，在密云县教研中心开展了"函数的实践与反思"听评课指导活动。

2月24日，高中地理课题组特聘专家韩磊、密云县教研员彭金凤及高中地理教师，在密云县教研中心开展了二轮专题复习指导活动。

3月2日，高中物理课题组特聘专家张福林、密云县教研员金政国及高中物理教师，在密云县教研中心开展了高三物理实验总复习活动。

3月3日，初中化学课题组特聘专家李玉英、密云县教研员赵颖及初中化学教师，在密云县教研中心开展了解读《中考说明》活动。

2月28日—3月4日，管理组秘书张丽娜、密云县教研员王海军及实验教师代表佟志新等，赴广西省百色市、南宁市开展小学数学分层评价课题实地指导活动。

3月9日，高中生物课题组特聘专家管旭、密云县教研员李秀军及高三生物教师，在密云县教研中心开展了解读《考试说明》活动。

3月9日，高中物理课题组特聘专家咸世强、密云县教研员金政国，在密云县教研中心为密云县高三物理教师解读了《考试说明》并提出了二轮复习的建议。

3月10日，高中地理课题组特聘专家潘化兵、密云县教研员彭金凤，在密云县二中为密云县高中地理教师开展了"落实分析地理问题的思路和方法"专题讲座。

3月11日，高中思想政治课题组特聘专家刘媛、密云县教研员赵凤文及高中思想政治教师，在密云县教研中心开展了《经济生活》与《政治生活》的综合复习专题指导活动。

3月11日，初中物理课题组特聘专家张朝华、密云县教研员王志林及初中物理教师，在密云县教研中心举办了初三力学总复习活动。

3月7—12日，密云县小学数学课题组实验教师张书敏、李连英等，赴云南省开展小学数学分层评价课题实地指导活动。

3月16日，高中历史课题组特聘专家曹卫东，密云县教研员李文胜及全体高二、高三历史教师，在密云县教研中心开展了高考热点问题及高三复习策略研讨活动。

3月16日，高中物理课题组特聘专家洪安生、密云县教研员金政国及全体高三物理教师，在首都师范大学附属密云中学开展了高三课堂教学研讨会。

3月16日，高中生物课题组首席专家荆林海、密云县教研员李秀军及高中生物教师，在密云县二中开展了生命活动调节的专题复习指导活动。

3月17日，初中英语课题组首席专家孟雁君、密云县教研员郭家堂、密云县全体初三年级英语备课组长及初三骨干教师，在密云县教研中心召开了初三复习教学策略研讨会。

3月18日，初中物理课题组特聘专家马金辉、密云县教研员王志林及全体初三物理教师，在密云县教研中心开展了电学总复习指导活动。

3月23日，高中生物课题组首席专家荆林海、密云县教研员李秀军及密云县高中生物教师，在北京师范大学密云实验中学开展了实验专题复习指导活动。

3月23日，高中物理课题组首席专家陶昌宏、密云县教研员金政国及高中物理教师，在密云县教研中心开展了以提升高中教师专业素养为主题的研讨交流活动。

3月23日，高中历史课题组首席专家张静、密云县教研员李文胜及高中历史教师，在密云县教研中心开展了高中教师基本功的专题讲座。

3月21—24日，项目管理组秘书张丽娜，密云县教研员佟增玉及小学数学课题组实验教师代表温光福、赵静、孔晓兴、董立红等，赴广西壮族自治区柳州市、河池市、桂林市开展了小学数学分层评价课题实地指导活动。

3月24日，初中化学课题组特聘专家王严、密云县教研员赵颖及初中化学教师，在密云县教研中心开展了物质的构成和化学变化专题指导活动。

3月25日，初高中语文课题组首席专家孙荻芬、密云县教研员张红军及高三语文教师，在密云县六中开展了高中语文研究课讲座。

3月25日，初中物理课题组特聘专家张维善、密云县教研员王志林及全体初二物理教师，在密云县教研中心开展了"功和能"教材分析活动。

3月25日，高中思想政治课题组特聘专家杨灵、密云县教研员赵凤文及高中思想政治教师，在密云县教研中心结合历年高考题和时事热点，就高中思想政治教材《文化生活》《生活与哲学》的教学内容和时事，开展了专题复习讲座活动。

3月25日，高中地理课题组特聘专家李通、密云县教研员彭金凤及高三地理教师，在首都师范大学附属密云中学开展了高中地理教师基本功培训活动。

3月30日，高中历史课题组首席专家张静、密云县教研员李文胜及高中历史教师，在首都师范大学附属密云中学开展了高三复习专题指导活动。

3月31日，初中化学课题组特聘专家白朝鲁、密云县教研员赵颖及初中化学教师，在密云县巨各庄中学开展了初中化学研究课活动。

4月6日，高中物理课题组首席专家陶昌宏、密云县教研员金政国及高三物理教师，在北京师范大学密云实验中学举行了以"提高高中物理教学质量"为主题的研讨交流活动。

4月8日，在梁威教授主持下，卢立涛及小学数学课题组实验教师，在北京师范大学召开了小学数学分层评价课题实地指导活动总结会。

4月10—16日，北京师范大学项目管理组成员及小学数学课题组实验教师代表佟志新、王燕、张书敏、王文成等，赴江西省、河南省开展了小学数学分层评价课题实地指导活动。

4月12日，小学数学课题组首席专家吴正宪，密云县教研员王海军，密云县各实验小学教学干部及四、五、六年级实验教师，在密云县二小开展了小学数学研究课及主题报告活动。

4月13日，高中生物课题组首席专家荆林海、密云县教研员李秀军及高中生物教师，在首都师范大学附属密云中学结合两节试卷讲评课开展了课堂教学指导活动。

4月13日，高中历史课题组特聘专家张汉林、密云县教研员李文胜及高中历史教师，在密云县教研中心开展了高三"一模"试题分析活动。

4月13日，初中数学课题组特聘专家王玉起、密云县教研员朱峰及初三数学教师，在密云县教研中心开展了综合题解题策略研讨活动。

4月14日，初中化学课题组特聘专家史强、密云县教研员赵颖及初三化学教师，在密云县四中开展了审题习惯养成策略的研讨活动。

4月14日，初高中英语课题组首席专家孟雁君、密云县教研员郭家堂及全体初中英语教师，在密云县教研中心开展了初三复习教学策略讲评课研讨活动。

4月14日，高中语文课题组特聘专家周京昱、密云县教研员果长亮及高三语文教师，在密云县教研中心开展了高三语文"一模"后复习策略的专题讲座。

4月14日，高中化学课题组特聘专家班文岭、密云县教研员李爱林及高三化学教师，在首都师范大学附属密云中学开展了"一模"试卷分析及复习指导的专题讲座。

4月15日，高中数学课题组特聘专家闻岩、密云县教研员孙凤有及高三数学教师，在密云县教研中心召开了西城区高考"一模"试题分析及下一段复习建议研讨会。

4月15日，高中思想政治课题组特聘专家闫绍杰、密云县教研员赵凤文及高三政治教师，在北京师范大学密云实验中学开展了4个模块的总体复习指导与"一模"情况分析活动。

4月20日，高中生物课题组专家朱立祥、密云县教研员李秀军及高中生物教师，在密云县教研中心开展了高中生物教学基本功培训指导活动。

4月20日，高中物理课题组首席专家陶昌宏、密云县教研员金政国及高中物理教师，在密云县二中开展了高中物理课堂教学指导活动。

4月20日，小学数学课题组特聘专家贾福禄、密云县教研员佟增玉及小学数学实验教师，在密云县季庄小学召开了课例研讨会。

4月20日，初中数学课题组特聘专家王玉起、密云县教研员朱峰及初三数学教师，在密云县教研中心召开了初中数学综合题解题策略研讨会。

4月21日，初高中化学课题组首席专家黄冬芳、密云县教研员李爱林及高中化学教师，在密云县教研中心开展了基本功培训指导活动。

4月21日，初中化学课题组特聘专家刘桂军、密云县教研员赵颖及初中化学教师，在密云县高岭中学开展了化学教学指导活动。

4月22日，高中数学课题组首席专家郭立昌、密云县教研员孙凤有及高中数学实验老师，在密云县教研中心开展了教学设计研究课活动。

4月22日，初高中语文课题组首席专家孙荻芬、密云县教研员张红军及初中语文实验教师，在密云县教研中心召开了研究课展示与研讨会。

4月22日，初高中英语课题组首席专家孟雁君，卢立涛，密云县教研员郭家堂、唐和平及初中英语实验教师，在密云县教研中心召开了初三英语教师试卷讲评课研讨会。

4月22日，高中思想政治课题组特聘专家蔡碧虹、密云县教研员赵凤文及高中思想政治教师，在密云县教研中心举行了高中思想政治4个模块的综合复习活动。

4月27日，高中历史课题组特聘专家贺千红、密云县教研员李文胜及高三历史教师，在密云县二中召开了解题策略研讨会。

4月28日，高中地理课题组特聘专家李京燕、密云县教研员彭金凤，在北京师范大学密云实验中学为密云县高中地理教师及高三学生开展了学生审题与答题技巧的专题讲座。

4月29日，高中思想政治课题组特聘专家季亚利、密云县教研员赵凤文，在首都师范大学附属密云中学为密云县高三思想政治教师及高三学生开展了高考解题思路与心理调适的专题讲座。

5月5日，初高中英语课题组首席专家孟雁君，密云县教研员郭家堂、唐和平，密云县课题组备课组长及实验教师，在密云县教研中心召开了复习课教学思路研讨会。

5月6日，在梁威教授主持下，课题组专家康杰、黄冬芳、胡进、卢立涛及密云县教研中心项启江、赵颖、佟增玉等，在北京师范大学召开了密云项目总结研讨会。

5月6日，在梁威教授主持下，校本研究课题组项启江、卢立涛及密云县9所实验校课题负责人，在北京师范大学召开了基于学生发展的校本研究课题总结研讨会。

5月8—14日，北师大项目管理组及小学数学课题组实验教师孔晓兴、张文华等，赴陕西省开展了小学数学分层评价课题实地指导活动。

5月12日，高中化学课题组特聘专家金从武、密云县教研员李爱林及高三化学教师，在北京师范大学密云实验中学开展了高考考前指导活动。

5月13日，小学数学课题组专家范存丽，密云县教研员王海军、宋怀海及小学数学教师，在密云县第六小学召开了研究课、示范课及课题工作研讨会。

5月15日，在梁威教授主持下，项目管理组及密云县小学课题组实验教师代表，在北京师范大学参加了由北京师范大学常务副校长董奇（现为校长）主讲的"脑与认知神经科学学习"专题报告。

5月16日，初高中语文课题组首席专家孙荻芬，特聘专家王月生，密云县教研员张红军及初三语文教师，在密云县教研中心开展了初三语文教学指导活动。

5月18日，小学数学课题组首席专家吴正宪、专家范存丽，初中数学课题组首席专家康杰，密云县教研员王海军、骆自华，密云县实验校课题负责人及教师代表，在昌平区九华山庄参加了中小学数学教学设计评优观摩活动。

5月20日，高中地理课题组特聘专家高振奋，密云县教研员彭金凤及高中地理教师，在密云县二中开展了提高教师素质专题指导活动。

5月27日，高中数学课题组首席专家郭立昌、密云县教研员孙凤有及高中数学骨干教师，在密云县教研中心开展了高中数学教学设计研究活动。

6月10日，小学数学课题组专家范存丽、密云县教研员佟增玉及实验教师代表，在密云县第六小学开展了研究课、示范课及课题培训活动。

6月10日，高中生物课题组首席专家荆林海、密云县教研员李秀军及高二生物教师，在首都师范大学附属密云中学开展了课堂教学指导活动。

11月12日，在梁威教授主持下，卢立涛及17个课题组专家，在北京师范大学召开了项目启动会暨下阶段工作研讨会。

11月15日，高中历史课题组特聘专家曹卫东，密云县教研员李文胜及高二、高三历史教师，在密云县教研中心开展了"对中国经济的几个问题的理解"专题讲座。

11月16日，在梁威教授带领下，管理组专家董静、密云县教研员王海军及实验教师代表孔晓兴等，赴广西壮族自治区开展了经验交流活动。

11月17日，初中化学课题组特聘专家李伏刚、密云县教研员赵颖及初中化学教师，在密云县高岭中学参加了"关注薄弱生的提高"听评课研讨活动。

11月18日，在梁威教授主持下，卢立涛、密云县教研员王海军、密云县各实验校课题负责人及教师，在密云县教研中心开展了小学数学课题培训及指导活动。

11月24日，高中化学课题组首席专家冬镜寰，特聘专家田军，密云县教研员李爱林及高三化学教师，在密云县教研中心开展了"逆合成分析法和同分异构"有机专题复习讲座。

11月24日，高中地理课题组首席专家李岩梅，特聘专家潘化兵，密云县教研员彭金凤及高三地理教师，在密云县教研中心开展了气候和地形专题复习讲座。

11月25日，高中英语课题组特聘专家陈新忠、密云县教研员曹小菊及高中英语教师，在密云县教研中心开展了听评课指导及讲座活动。

11月25日，高中数学课题组首席专家郭立昌，特聘专家蒋佩锦，密云县教研员孙凤有及高三数学教师，在密云县教研中心开展了听评研究课及"怎样提高高考复习课的效益"讲座活动。

11月25日，小学数学课题组专家范存丽，特聘专家高雪艳、韩玉娟，密云县教研员王海军及四、五年级数学教师，在密云县教研中心开展了"活用分层理念，实施有效教学"的研究课和示范课活动。

11月25日，高中思想政治课题组特聘专家蓝利军、密云县教研员赵凤文及高中思想政治教师，在密云县教研中心开展了主观性试题审题与解题策略分析的专题讲座。

11月29日，在梁威教授主持下，17个课题组专家及教研员，在密云县教研中心召开了项目工作研讨会。密云县副县长蒋学甫，密云县教委杨华利、王树生、王学军、尚学文，密云县教研中心卜月海、霍劲松出席了会议并讲话。

11月30日，高中生物课题组特聘专家乔文军、密云县教研员李秀军及全体高三生物教师和部分高二教师，在密云县教研中心开展了课程实施能力辅导活动。

12月1日，初高中化学课题组首席专家黄冬芳，密云县教研员赵颖、廖铁梅及初中化学教师，在密云县西田各庄中学召开了学案研究和应用研讨会。

12月1日，初高中语文课题组首席专家孙荻芬，特聘专家周京昱，密云县教研员果长亮，密云县全体高三语文教师及高一高二语文备课组长、骨干教师及学科带头人，在密云县教研中心开展了"2011年高考语文试卷分析及2012年高考策略研究"专题讲座。

12月2日，在梁威教授主持下，校本研究课题组卢立涛、项启江及9所实验校课题负责人，在北京师范大学召开了基于学生发展的中小学校本研究总结交流会。

12月2日，在梁威教授主持下，密云县教研员王海军及小学数学课题组实验教师郭永勤、邹俊梅、李连英等，在密云县檀营满族蒙古族乡中心小学召开了内蒙古自治区、吉林省代表来京观摩研讨会，聆听了北京市顺义教育研究考试中心教研员、特级教师周爱东主讲的"如何有效使用《数学分层测试卡》"专题讲座，密云县教委副主任毛久刚出席会议并讲话。

12月3日，梁威教授及项目管理组，在北京师范大学讨论上学期活动进展情况及下阶段工作。

12月5日，高中数学课题组特聘专家扈志明、密云县教研员孙凤有、密云县高三数学备课组长及部分教师代表，在密云县教研中心开展了高考《考试说明》解读及研讨会活动。

12月7日，高中物理课题组特聘专家厉璀林、密云县教研员金政国及高中物理教师等，在密云县教研中心开展了高三试卷讲评课策略研究活动。

12月8日，高中地理课题组首席专家李岩梅，特聘专家李立华，密云县教研员彭金凤及全体高中地理教师，在密云县教研中心开展了高中地理专题讲座活动。

12月9日，高中化学课题组首席专家冬镜寰，特聘专家支瑶，密云县教研员李爱林及全体高三化学教师，在密云县教研中心开展了综合实验解题策略的专题讲座。

12月9日，高中思想政治课题组特聘专家郑坛、密云县教研员赵凤文及全体高中思想政治教师，在密云县教研中心参加了经济与政治综合复习的专题讲座。

12月10日，在梁威教授主持下，校本研究课题组何光峰、胡进、项启江及项目管理组，在北京师范大学召开了《校本研究百问解答》书稿研讨会。

12月10日，在梁威教授主持下，校本研究课题组胡进、何光峰，初中数学课题组首席专家康杰，小学数学课题组专家范存丽及项目管理组，在北京师范大学开展了项目征文评审工作。

12月13日，在梁威教授主持下，管理组负责人卢立涛、管理组专家董静、密云县教委毛久刚副主任、密云县教研员王海军及小学数学课题组部分实验教师，在密云县教研中心召开了赴宁夏回族自治区开展实地指导活动的筹备会。

12月14日，高中生物课题组专家朱立祥、密云县教研员李秀军及高三生物教师，在密云县教研中心举办了复习课教学设计和实施的专题辅导活动。

12月15日，高中地理课题组首席专家李岩梅、密云县教研员彭金凤及高中地理教师，在密云县教研中心开展了区域地理专题复习的讲座及听课活动。

12月15日，高中数学课题组首席专家郭立昌，特聘专家储瑞年，密云县教研员孙凤有及高三数学教师，在密云县教研中心开展了教学研究课活动及怎样优化思维策略专题讲座。

12月15日，初高中语文课题组首席专家孙荻芬，特聘专家刘德水，密云县教研员果长亮及全体高三语文教师、高一高二语文备课组长、骨干教师及学科带头人等，在密云县教研中心开展了高三年级文言文阅读教学系列研究活动。

12月15日，小学数学课题组专家范存丽，特聘专家孙佳威，密云县教研员王海军、佟增玉，密云县相关教学干部，参加"北京市农村小学数学教师专业发展网络培训"的 100 位教师及毕业 5 年以内的青年数学教师，在密云县教研中心开展了以"活用分层理念，实施有效教学"为主题的研究课及示范课活动。

12 月 16 日，初高中语文课题组首席专家孙荻芬、密云县教研员郭明怀及语文骨干教师，在密云县教研中心开展了"如何提高初三年级语文课堂教学质量"的专题讲座。

12 月 16 日，高中思想政治课题组特聘专家张学风、密云县教研员赵凤文及密云县高中思想政治教师，在密云县教研中心开展了"试卷讲评课的实践指导与理论分析"专题指导活动。

12 月 19 日，管理组专家董静、小学数学课题组特聘专家贾福禄、密云县教研员王海军，在密云县教研中心开展了展示课活动。

12 月 19 日，高中化学课题组首席专家冬镜寰，特聘专家金从武，密云县教研员李爱林及高中化学教师，在密云县教研中心开展了"一轮复习中的复习课设计"讲座活动。

12 月 19 日，高中英语课题组首席专家胡小力、密云县教研员曹小菊及高中英语教师，在密云县教研中心开展了听评课活动。

12 月 20 日，管理组专家董静、密云县教研员佟增玉、小学数学课题组实验教师代表，在密云县召开了广西省、浙江省代表来京观摩研讨会。

12 月 21 日，初高中英语课题组首席专家孟雁君，管理组负责人卢立涛，密云县教研员郭家堂及初中英语教师代表，等等，在密云县教研中心开展了初一词汇教学研讨活动。

12 月 21 日，高中历史课题组首席专家张静，特聘专家郭井生，密云县教研员李文胜及高三历史教师，在密云县教研中心开展了听评课活动。

12 月 21 日，高中生物课题组首席专家荆林海、密云县教研员李秀军、密云县全体高三及部分高二生物教师，在密云县教研中心开展了高三生物实验教学指导活动。

12 月 22 日，初中化学课题组特聘专家李伏刚、密云县教研员赵颖、密云县化学教师，在密云县教研中心开展了"如何进行初三期末复习"的专题讲座。

12月22日，高中物理课题组特聘专家王运淼、密云县教研员金政国、密云县高三实验教师，在密云县教研中心开展了复习策略与方法的专题讲座。

12月22日，初高中语文课题组首席专家孙荻芬，特聘专家倪莉，密云县教研员果长亮，密云县全体高三语文教师、高一高二语文备课组长、骨干教师及学科带头人，在密云县教研中心开展了高考复习策略的专题讲座。

12月23日，初高中语文课题组首席专家孙荻芬，特聘专家周京昱，密云县教研员果长亮，在密云县教研中心为密云县全体高中语文教师及高三学生开展了"高考复习策略研究之作文复习"专题讲座。

12月23日，高中地理课题组首席专家李岩梅，特聘专家李立华，密云县教研员彭金凤，密云县高中地理教师，在密云县教研中心开展了《考试说明》解读活动。

12月23日，初中物理课题组特聘专家王颖、密云县教研员王志林、密云县初三物理教师，在密云县教研中心开展了初中复习策略的专题讲座。

12月23日，高中数学课题组特聘专家蒋佩锦、密云县教研员孙凤有、密云县高三数学教师，在密云县教研中心开展了教学研究课活动及解析几何复习的专题讲座。

12月23日，高中思想政治课题组特聘专家李克峰、密云县教研员赵凤文、密云县高中思想政治教师，在密云县教研中心开展了哲学教学内容的梳理与深度分析活动。

12月23日，在梁威教授主持下，北京市教委原副主任、北京市教育学会会长李观政，北京教科院原副院长文喆，北京师范大学首都基础教育研究院执行副院长乔树平，小学数学课题组特聘专家贾福禄，初中数学课题组首席专家康杰，密云县教研中心项启江、骆自华、王海军及实验校课题负责人，等等，出席了在丰台区十八中西马金润校区举办的"关注差异，关爱学生，促进师生共同发展"暨中小学学生学习困难研究分会成立大会，并开展了数学新课程标准专题讲座和示范课展示活动。

12月27日，初中数学课题组首席专家康杰、密云县教研员骆自华及初中数学教师，在密云县教研中心开展了"基于分层测试的课堂案例研究"专题讲座。

12月28日，梁威教授及项目管理组10余人，在北京师范大学召开了总结学期工作会议。

2012 年重要活动大事记

1月18日，在梁威教授主持下，17个课题组专家，在北京师范大学召开了项目总结及下阶段工作研讨会。

2月3日，在梁威教授主持下，管理组负责人卢立涛、小学数学课题组首席专家吴正宪、北京师范大学课程与教学研究院李小红副教授及密云县实验校校长，在北京师范大学召开了小学数学课题组校长交流研讨会。

2月7—8日，在梁威教授主持下，管理组负责人卢立涛、管理组专家董静、密云县教研员佟增玉及部分实验教师代表，在密云县教委召开了"小学数学教学质量提升"课题组工作研讨会。

2月9日，在梁威教授主持下，17个课题组专家及密云县相关教研员，在密云县教委召开了工作总结及新学期工作布置会。密云县教工委张文亮书记，教委杨华利主任及王树生副主任、王学军副主任，密云县教研中心卜月海主任、霍劲松副主任出席会议并讲话。

2月16日，高中地理课题组特聘专家潘化兵、密云县教研员彭金凤、密云县高中地理教师，在密云县教研中心开展了大气专题辅导活动。

2月17日，高中物理课题组特聘专家唐挈、密云县教研员金政国、密云县高三物理教师，在密云县教研中心开展了高三物理总复习活动。

2月17日，高中英语课题组首席专家胡小力及密云县高中英语教师，在密云县教研中心开展了解读《考试说明》活动。

2月19日，在梁威教授主持下，项目管理组及17个课题组专家，在北京师范大学召开了录像课脚本研讨会。

2月22日，高中历史课题组特聘专家赵文龙及密云县高三历史教师，在密云县教研中心开展了解读《考试说明》活动。

2月22日，初高中英语课题组首席专家孟雁君，特聘专家蒋京丽，卢立涛，密云县教研中心唐和平、郭家堂、齐小敬及全县近70名初三英语教师，在密云县教研中心开展了整合式复习模式研讨活动。

2月23日，初高中语文课题组首席专家孙荻芬及密云县高三语文教师，在密云县教研中心开展了高考语文试卷评析活动。

2月23日，初高中化学课题组首席专家黄冬芳及密云县初中化学教师，在密云县教研中心开展了复习讲座活动。

2月24日，初中数学课题组特聘专家陈俊、密云县教研员骆自华、密云县初三数学教师，在密云县教研中心开展了《考试说明》解读活动。

2月24日，高中化学课题组首席专家冬镜寰，特聘专家支瑶及密云县实验教师，在密云县教研中心开展了《考试说明》解读活动并提出了复习建议。

2月24日，高中数学课题组特聘专家李梁、密云县教研员孙凤有及密云县高中数学教师，在密云县教研中心开展了《考试说明》解读活动。

2月24日，高中思想政治课题组特聘专家杨灵及密云县高中思想政治教师，在密云县教研中心开展了《考试说明》解读活动。

2月29日，高中生物课题组特聘专家管旭、密云县教研员李秀军及密云县高中生物教师，在密云县教研中心开展了《考试说明》解读及使用说明活动。

2月29日，初高中英语课题组首席专家孟雁君，管理组负责人卢立涛，密云县初一教师，在密云县教研中心开展了教学程序模式研讨活动。

2月29日，高中物理课题组首席专家陶昌宏及密云县高中物理教师，在密云县教研中心开展了解读《考试说明》活动并提出了高三第二轮复习建议。

2月29日，管理组专家董静、小学数学课题组特聘专家刘德武、密云县42所实验校课题负责人及实验教师代表，在北京师范大学召开了教学设计培训会。

2月—3月，在梁威教授主持下，校本研究课题组胡进、何光峰、卢立涛，在北京师范大学修改了《校本研究百问解答》书稿。

3月2日，初中语文课题组特聘专家刘宇新，密云县教研中心郭明怀及初三语文教师，在密云县二中开展了中考复习指导活动。

3月5日，教研中心项启江及项目管理组，在北京师范大学完成了学习困难专题研究方案制定工作。

3月6日，在梁威教授带领下，董静，小学数学课题组特聘专家刘德武、贾福禄，密云县小学数学课题组负责人及实验教师代表，在昌平区城关小学参加了教学观摩及点评活动。

3月7日，高中生物课题组特聘专家乔文军及密云县教研员李秀军等，在北京师范大学密云实验中学开展了复习方法和解题能力指导活动。

3月8日，高中化学课题组首席专家冬镜寰，特聘专家李伏刚，密云县高三化学教师及学生，在北京师范大学密云实验中学开展了教学设计及复习指导活动。

3月9日，高中思想政治课题组特聘专家陈国荣及密云县高中思想政治教师，在密云县教研中心开展了《经济生活》与《政治生活》总体复习活动。

3月10日，梁威教授及项目管理组，在北京师范大学召开校本研究课题研讨会。

3月13日，高中英语课题组特聘专家程慧云、密云县高中英语教师及学生，在首都师范大学附属密云中学开展了高考备考策略指导活动。

3月14日，初中数学课题组特聘专家张玉梅及密云县初中数学教师，在密云县教研中心开展了分层教学辅导活动。

3月14日，初中英语课题组特聘专家曹爱淑，密云县教研员唐和平、郭家堂、齐小敬及初三英语教师，在密云县教研中心开展了英语中考《考试说明》解读活动。

3月14日，高中地理课题组特聘专家李京燕、密云县教研员彭金凤、密云县高中地理教师及学生，在密云县二中开展了环境问题与可持续发展的专题指导活动。

3月15日，初高中数学课题组特聘专家王贵军、密云县教研员孙凤有及高中数学骨干教师，在密云县教研中心开展了解题策略的指导活动。

3月15日，初高中语文课题组首席专家孙荻芬，特聘专家何杰，在首都师范大学附属密云中学为密云县高三语文教师及学生开展了文学作品鉴赏教学指导活动。

3月15日，在梁威教授主持下，卢立涛、温水擎、张丽娜，密云县校本研究课题组负责人，实验校校长及教师代表，在密云县东邵渠中学召开了基于学生发展的校本研究——"关注中小学教学差异，促进师生共同发展"专题研讨会。密云县教委王学军副主任和于兆旺科长出席会议并讲话。

3月15日，高中英语课题组首席专家胡小力，特聘专家刘英，密云县高中英语教师，在密云县二中开展了写作课展示与点评活动。

3月16日，初高中语文课题组首席专家孙荻芬，特聘专家王舒启，密云县初三语文教师，在密云县教研中心开展了综合性学习教学方略指导活动。

3月19日，密云县王文成、李连英、谷德顺、佟志新、张文华等小学数学课题组实验教师代表，赴广西壮族自治区南宁市开展小学数学分层评价研究实地指导活动。

3月21日，高中生物课题组特聘专家曹仁明、密云县教研员李秀军、密云县高三生物教师及学生，在密云县巨各庄中学以"遗传"为例，谈解题方法和技巧。

3月21日，初中英语课题组特聘专家蒋京丽，密云县教研员郭家堂、唐和平、齐小敬及密云县初三英语教师，在密云县教研中心开展了整合式复习活动。

3月22日，高中化学课题组特聘专家田军、密云县高三化学教师及学生，在密云县二中开展了探究实验示范课及专题复习讲座。

3月22日，高中历史课题组首席专家张静，特聘专家郭井生，密云县教研员李文胜及高三历史教师，在首都师范大学附属密云中学开展了"中国古代经济"研究课指导活动。

3月22日，初高中化学课题组首席专家黄冬芳，密云县教研中心李爱林、赵颖等，在密云县教研中心开展了听评课及复习研究活动。

3月23日，高中英语课题组首席专家胡小力，特聘专家何军，密云县教研员曹小菊及高中英语教师，在首都师范大学附属密云中学开展了"完形能力提升复习"的观摩课。

3月23日，高中思想政治课题组特聘专家蓝利军，密云县教研员赵凤文及高三思想政治教师，在密云县教研中心开展了《文化生活》与《生活与哲学》的复习课。

3月23日，高中历史课题组特聘专家赵利剑，密云县教研员李文胜及高一、高二教师，在密云县二中开展了"提高复习效率，提高审题能力，掌握解题方法"专题讲座。

3月28日，高中历史课题组特聘专家李晓风、密云县教研员李文胜及高三教师在密云教研中心开展了"历史材料题的审题解题方法"专题讲座。

3月29日，高中英语课题组特聘专家陈新忠、密云县教研员曹小菊、密云县高中英语教师，在密云县教研中心开展了"基本功对常态教学的指导"专题讲座。

3月29日，高中地理课题组首席专家李岩梅，特聘专家潘化兵，密云县高中地理教师，在北京师范大学密云实验中学开展了"各种地理图像的阅读方法、技巧"专题指导活动。

3月30日，初高中语文课题组首席专家孙荻芬，特聘专家邰秀娟，密云县教研中心张红军，密云县初中语文教师，在密云县第六中学开展了听评课及讲座指导活动。

3月30日，初中数学课题组首席专家康杰、密云县教研员骆自华、密云县初中数学教师，在密云县十里堡中学开展了"分层教学的课堂教学研究"专题讲座。

3月30日，高中数学课题组特聘专家马成瑞、密云县教研中心孙凤有、密云县高三数学教师，在北京师范大学密云实验中学开展了立体几何、解析几何复习策略的专题指导活动。

3月31日，高中生物课题组特聘专家李晓辉、密云县教研员李秀军、密云县高中生物教师及学生，在首都师范大学附属密云中学开展了"人和动物的生命活动调节"专题讲座。

4月11日，高中生物课题组特聘专家乔文军及密云县高中生物教师，在首都师范大学附属密云中学开展了生物学科教学设计和实施指导活动。

4月11日，高中地理课题组特聘专家白洁及密云县高中地理教师，在首都师范大学附属密云中学开展了"高三区域专题复习"研究课、命题思路及答题方法的专题讲座。

4月11日，小学数学课题组特聘专家刘德武，密云县教研员王海军、佟增玉、宋怀海及密云县四、五、六年级数学骨干教师，在密云县第四小学开展了"活用分层理念，实施有效教学"研究课、示范课活动。

4月11日，高中历史课题组特聘专家张威、密云县教研员李文胜、密云县高三历史教师，在密云县教研中心开展了海淀区高三"一模"试题分析的专题讲座。

4月12日，初中化学课题组特聘专家刘春凤及密云县初中化学实验教师，在密云县七中开展了"元素化合物复习"专题研究课及专家讲座。

4月13日，高中化学课题组首席专家冬镜寰，特聘专家支瑶，密云县教研中心李爱林，密云县高中化学教师，在首都师范大学附属密云中学开展了听评试卷、讲评课及"一模"分析指导活动。

4月13日，初高中语文课题组首席专家孙荻芬，特聘专家郑雁青、黄玉慧，密云县教研员张红军、果长亮，密云县初中、高中语文教师及学生，在密云县教研中心及密云县六中开展了高三语文"一模"试卷分析及议论文教学指导活动。

4月13日，高中英语课题组首席专家胡小力，特聘专家陈红，密云县教研员曹小菊，密云县高中英语教师及学生，在北京师范大学密云实验中学开展了专题讲座。

4月13日，高中数学课题组特聘专家张鹤、密云县教研员孙凤有及密云县高三数学教师，在首都师范大学附属密云中学开展了教学研究课讲评及高考第二阶段复习意见的专题讲座。

4月19日，高中思想政治课题组特聘专家王礼新、密云县教研员赵凤文、密云县高中思想政治教师，在密云县教研中心开展了"思想政治学科二轮复习备考应注意的问题"专题讲座。

4月19日，初高中语文课题组首席专家孙荻芬，特聘专家田云，密云县高中语文教师，在密云县实验中学开展了文学作品鉴赏教学课。

4月19日，高中历史课题组特聘专家张汉林、密云县教研中心李文胜、密云县高三历史教师，在密云县教研中心开展了高考热点备考策略的专题讲座。

4月19日，初中化学课题组特聘专家赵志国及密云县初三化学教师，在密云县水库中学召开了"概念原理复习"研究课及专家讲座。

4月19日，高中化学课题组首席专家冬镜寰，特聘专家余学敏，密云县教研员李爱林，密云县高中化学教师，在北京师范大学密云实验中学开展了"二模"考前指导活动。

4月20日，高中思想政治课题组特聘专家赵爱军、密云县教研员赵凤文、密云县高中思想政治教师，在密云县教研中心开展了"2011—2012年年度重大时事与思想政治学科高考考点的结合分析"专题讲座。

4月25日，高中生物课题组特聘专家王金海、密云县教研员李秀军及密云县高中生物教师，在密云县二中开展了"生物学科高考解题思路辅导"专题指导。

4月26日，高中地理课题组首席专家李岩梅，特聘专家邬雪梅，密云县教研员彭金凤、密云县高中地理实验教师，在密云县教研中心开展了"区域地理专题复习——北方地区"专题指导活动。

4月27日，高中思想政治课题组特聘专家李克峰、密云县教研员赵凤文、密云县高中思想政治教师，在密云县教研中心开展了"思想政治主观题的审题与解题策略分析"专题指导活动。

5月10日，高中地理课题组特聘专家高振奋、密云县教研员彭金凤、密云县高三地理教师，在首都师范大学附属密云中学开展了"区域地理和人文地理答题方法"专题指导活动。

5月11日，高中化学课题组首席专家冬镜寰及密云县高中化学教师，在北京师范大学密云实验中学、密云县二中开展了"'二模'试卷分析及问题解决方法"专题指导活动。

5月15日，密云县教研员佟增玉、宋怀海、骆自华，密云县实验校负责人及教师代表，在昌平区参加了北京市组织的教学设计观摩活动。

5月17日，高中数学课题组首席专家郭立昌，特聘专家李梁，密云县教研员孙凤有及密云县高三数学教师，在密云县教研中心开展了"高中数学课堂教学中存在的问题及应对措施"专题指导活动。

5月17日，初中化学课题组特聘专家李春红、密云县教研员赵颖、密云县初中化学教师，在密云县教研中心开展了"'一模'考试后如何开展有效复习"的专题指导活动。

5月18日，高中英语课题组首席专家胡小力及密云县高中英语教师，在密云县一中开展了听评课活动。

5月24日，初高中英语课题组首席专家孟雁君，管理组负责人卢立涛，密云县初一英语教师，在密云县教研中心开展了初中英语课例研讨活动。

5月24日，初高中化学课题组首席专家黄冬芳，在密云县五中为初中化学教师及学生开展了专题讲座。

5月25日，在梁威教授主持下，北京教科院德育研究中心主任谢春风，初中数学课题组首席专家康杰，小学数学课题组专家范存丽，密云县中小学数学课题组负责人及实验教师代表，在门头沟区西辛房中学、育园小学、军庄中学参加了示范课交流研讨活动。

5月30日，高中生物课题组专家朱立祥及密云县高二生物教师，在北京师范大学密云实验中学开展了教学设计和实施专题指导活动。

6月13日，校本研究课题组专家岳书华、项启江等，在丰台区太平桥中学参加了校本研究经验交流活动。

6月13—15日，在梁威教授主持下，小学数学课题组专家范存丽，密云县实验教师温光福、佟增玉、张永等，在北京师范大学参加了混合式研修指导活动。

8月25日，在梁威教授主持下，小学数学课题组负责人及骨干教师等，在怀柔区开展了项目工作总结及下阶段工作布置活动。

9月21日，在梁威教授主持下，17个课题组专家，密云县教研中心霍劲松及教研员代表，在密云县教委召开了新学期工作布置会。密云县教委领导杨华利、王树生、王学军、毛久刚出席会议并讲话。

9月25—26日，密云县教研员王海军及实验教师代表赵静等，赴广西壮族自治区南宁市参加小学数学分层评价研究课题经验交流及教师培训活动。

10月8日，梁威教授及项目管理组10余人，在北京师范大学召开了项目管理组工作会议。

10月11日，初高中化学课题组首席专家黄冬芳及密云县初中化学教师，在密云县五中开展了"初中化学导学案中的预习问题"专题指导活动。

10月12日，初中物理课题组特聘专家秦晓文、密云县教研员王志林及物理教师，在密云县教研中心开展了初中物理教学与高中衔接问题的研究活动。

10月18日，初高中语文课题组首席专家孙荻芬、密云县教研员张红军、密云县初中语文教师，在密云县五中开展了初中语文骨干教师培训活动。

10月18日，高中历史课题组首席专家张静，特聘专家郭井生，密云县教研员李文胜，密云县高中历史实验教师，在密云县巨各庄中学开展了"过渡时期的经济建设"研究课指导活动。

10月19日，小学数学课题组特聘专家刘德武，在密云县教研中心为全县小学数学教师开展了专题讲座。

10月24日，初中数学课题组首席专家康杰，在密云县教研中心为密云县初中数学教师开展了"基于分层评价的初中数学试卷的命制"专题讲座。

10月24日，初高中英语课题组首席专家孟雁君、管理组负责人卢立涛、密云县初中英语教师，在密云县教研中心开展了初中英语教学干预指导活动。

10月26日，初高中语文课题组首席专家孙荻芬及密云县初中语文教师，在密云县教研中心开展了听评课活动及专家讲座。

10月26日，初中化学课题组特聘专家任宝华、密云县教研员赵颖、密云县初中化学教师，在密云县三中开展了"初中化学问题线索的设计"专题指导活动。

10月30日，梁威教授，卢立涛等项目管理组成员10余人，在北京师范大学召开了项目管理组工作会议。

9月—11月，在梁威教授主持下，项目管理组与实验校课题组负责人及实验教师，在北京师范大学参加了中小学学生学习困难干预主题征文活动。

11月1日，小学数学课题组实验教师代表张永等，赴内蒙古自治区参加了小学数学分层评价研究课题经验交流及教师培训活动。

11月3日，在梁威教授主持下，17个课题组专家，在昌平区召开了项目专家工作研讨会。

11月6日，小学数学课题组特聘专家贾福禄及密云县实验校五、六年级教师，在密云县第六小学开展了小学数学研究课、示范课及数学课标培训活动。

11月7日，初中数学课题组特聘专家金利、密云县教研员朱峰、密云县初中数学教师，在密云县教研中心开展了初中教师基本功、教育法律法规等通识知识培训活动。

11月9日，初高中化学课题组首席专家黄冬芳，密云县教研员赵颖、密云县初中化学教师，在北方交通大学附属中学密云分校参加了自主学习活动。

11月14日，初中数学课题组首席专家康杰及全县初中数学教师，在密云教研中心开展了交流说课活动。

11月15日，初中英语课题组特聘专家聂青华，密云县教研员齐小敬、唐和平、郭家堂及初三英语教师，在密云县教研中心开展了"提高课堂实效，培养学生阅读技能及解题思路"专题指导活动。

11月16日，高中历史课题组首席专家张静，特聘专家郭井生，密云县教研员李文胜及实验教师，在北京师范大学密云实验中学开展了"轴心时代的文明——新航路开辟"研究课指导活动。

11月15—27日，在梁威教授主持下，项目管理组、中小学数学课题组负责人及优秀实验教师代表，在密云县及北京师范大学编写了《基于数学教学的校本研究优秀成果集》。

11月23日，初中物理课题组首席专家陶昌宏、密云县教研员王志林、密云县初中物理教师，在密云县教研中心开展了课程标准解读活动。

11月25—27日，管理组专家董静、小学数学课题组实验校教师代表佟志新等，赴广西壮族自治区桂林市参加了小学数学分层评价研究课题经验交流及教师培训活动。

11月28日，梁威教授，卢立涛等项目管理组10余人，在北京师范大学召开了项目管理组工作会议。

11月29日，在梁威教授主持下，北京市教育委员会基础教育一处王蕤副处长，北京师范大学首都基础教育研究院执行副院长乔树平，中小学数学及校本研究课题组负责人和实验教师代表，等等，在北京师范大学参加了由北京师范大学资深教授、著名教育专家顾明远教授主讲的名师大讲堂活动。

11月29日，初中化学课题组特聘专家李伏刚，在密云县六中为密云县初中化学教师开展了"初中化学综合研究导学案的使用"专题指导活动。

12月1—10日，在梁威教授主持下，卢立涛，中小学数学、校本研究课题组负责人及实验教师，在密云县教研中心开展了第五届"关注差异，关爱学生，促进学生与教师共同发展"研讨会征文初审工作。

12月5日，梁威教授及项目管理组10余人，在北京师范大学召开了项目工作进展会议。

12月10日，在梁威教授主持下，管理组负责人卢立涛，课题组专家黄冬芳、金利等，在青蓝大厦召开了校本研究课题成果总结研讨会。

12月12日，初中化学课题组特聘专家张旌、密云县教研员赵颖、密云县初三化学教师，在密云县巨各庄中学开展了初中化学导学案使用经验交流活动。

12月12日，初中数学课题组特聘专家雷文虹、密云县教研员朱峰、密云县初三数学教师，在密云县教研中心开展了初中数学复习有效性研究活动。

12月12日，高中生物课题组特聘专家乔文军、密云县教研员李秀军、密云县高三生物教师，在密云县教研中心开展了高三《稳态与环境》模块复习辅导活动。

12月18日，初高中语文课题组首席专家孙荻芬、密云县教研员郭明怀、密云县名师工作室全体成员及语文教师，在密云县高岭中学开展了初中语文骨干教师培训活动。

12月20—26日，在梁威教授组织下，项目管理组，在北京师范大学完成了学习困难学生干预经验总结工作。

12月26日，高中历史课题组首席专家张静，特聘专家郭井生，密云县教研员李文胜及实验教师，在北京师范大学密云实验中学开展了"大萧条与罗斯福新政"研究课指导活动。

12月26日，高中历史课题组特聘专家成学江、密云县教研员李文胜、密云县高中历史教师，在北京师范大学密云实验中学开展了"传统与前沿——中国近代史若干重大问题概述"专题讲座。

12月27日，初高中化学课题组首席专家黄冬芳，在密云县教研中心为密云县初中化学教师开展了"北京市初中化学教师基本功、专业知识解读"专题指导活动。

12月18日，小学数学课题组特聘专家刘延革，在密云县四小为密云县四、五、六年级教师开展了小学数学研究课及课标培训活动。

12月28日，在梁威教授主持下，北京市教委原副主任李观政，北京市教育委员会基础教育一处副处长王蕤，北京教育学院副院长钟祖荣，北京教科院德育研究中心主任谢春风，中小学数学、校本课题负责人及实验教师代表，等等，在通州区教师研修中心参加了第五届"关注差异，关爱学生，促进学生与教师共同发展"研讨会。

11月—12月31日，在梁威教授主持下，校本研究课题组胡进、何光峰、卢立涛等，在北京师范大学开展了基于学生发展的校本研究经验与总结活动。

2013年重要活动大事记

2月1日，梁威教授组织17个课题组首席专家及密云县相关教研员，在密云县教委开展了学期末总结研讨会，密云县教委张文亮、杨华利、王树生、王学军，密云县教研中心卜月海、霍劲松出席了会议并讲话。

2月21日，高中地理课题组特聘专家刘景奎、密云县教研员彭金凤、密云县高三地理教师，在密云县教研中心开展了二轮复习专题指导活动。

2月21日，初高中语文课题组首席专家孙荻芬，特聘专家周京昱，密云县教研员果长亮，密云县高三语文教师，在密云县教研中心开展了复习备考策略指导活动。

2月22日，高中物理课题组首席专家陶昌宏、密云县教研员金政国及密云县高中物理教师，在密云县教研中心开展了《考试说明》解读活动并提出了二轮复习建议。

2月22日，高中化学课题组特聘专家秦林、密云县教研员李爱林、密云县高中化学教师，在密云县教研中心开展了《考试说明》解读活动并提出了二轮复习建议。

2月22日，高中思想政治课题组特聘专家王礼新、密云县教研员赵凤文、密云县高中思想政治教师，在密云县教研中心开展了高考复习指导活动。

2月22日，高中历史课题组特聘专家郭井生、密云县教研员李文胜、密云县高三历史教师，在密云县教研中心开展了高三复习指导活动。

2月22日，高中生物课题组特聘专家曹仁明，密云县教研员李秀军、密云县高三生物教师，在密云县教研中心开展了"如何做好高三生物专题复习"指导活动。

2月22日，高中数学课题组首席专家郭立昌，在密云县教研中心为密云县高三数学教师开展了"一模"前复习指导活动。

2月22日，高中英语课题组首席专家胡小力、密云县教研员曹小菊、密云县高三英语教师，在密云县教研中心开展了《考试说明》解读活动。

2月27日，高中物理课题组特聘专家李志、密云县教研员金政国，在密云县教研中心为密云县高中物理教师开展了"高三物理总复习之物理实验"专题讲座。

3月1日，在梁威教授主持下，管理组负责人卢立涛，管理组秘书温水擎、张丽娜等，在北京师范大学开展了项目工作研讨活动。

3月1日，初中物理课题组特聘专家马朝华、密云县教研员王志林，在密云县教研中心为密云县初中物理教师开展了《考试说明》解读活动。

3月1日，高中数学课题组特聘专家李梁、密云县教研中心孙凤有，在密云县教研中心为密云县高三数学教师开展了《考试说明》解读活动。

3月5日，高中英语课题组首席专家胡小力、特聘专家李佳、密云县教研员曹小菊，在密云县一中为高三英语教师开展了《考试说明》解读活动。

3月6日，初高中英语课题组首席专家孟雁君，特聘专家蒋京丽，密云县教研员齐小敬，在密云县教研中心为密云县初三英语教师开展了"初三复习阶段的问题分析与研究"专题指导活动。

3月7日，初高中化学课题组首席专家黄冬芳、密云县教研员赵颖、密云县初中化学教师，在密云县教研中心开展了北京市初中教师教学基本功培训与展示活动。

3月8日，高中地理课题组特聘专家宋颢，在密云县一中为密云县高中地理教师开展了自然地理二轮复习辅导活动。

3月8日，高中化学课题组特聘专家李伏刚、丁激扬，在北京师范大学密云实验中学为密云县高中化学教师开展了二轮复习示范课活动。

3月12日，初高中语文课题组首席专家孙荻芬，特聘专家刘宇新，在密云县教研中心为密云县实验教师开展了作文教学指导活动。

3月12日，高中思想政治课题组特聘专家蓝利军、密云县教研中心赵凤文、密云县高中思想政治教师，在密云县太师庄中学开展了二轮复习指导活动。

3月13日，高中英语课题组首席专家胡小力，特聘专家毛金玲，密云县高中英语教师，在密云县二中开展了开放性写作指导活动。

3月13日，初中数学课题组特聘专家丁明怡、密云县教研员朱峰、密云县初中数学教师，在密云县教研中心开展了新课标解读活动。

3月14日，在梁威教授主持下，管理组专家董静，密云县教研员王海军、朱峰等，在北京师范大学召开了小学数学课题组工作计划研讨会。

3月14日，高中物理课题组特聘专家彭梦华，密云县教研员金政国，在密云县二中为密云县高中物理教师及高三实验班学生开展了高中物理尖子生实验指导活动。

3月15日，在梁威教授主持下，北京教科院原副院长文喆，校本研究课题组胡进、何光峰、卢立涛等，在青蓝大厦开展了《基于学生发展的校本研究》书稿研讨会。

3月15日，高中物理课题组特聘专家乔文军、密云县教研员李秀军、密云县高中物理教师，在密云县一中开展了实验与探究专题复习讲座。

3月15日，初高中语文课题组首席专家孙荻芬，特聘专家姚守梅，密云县教研员张红军，密云县初中语文教师，在密云县教研中心开展了"把握教考关系，提升学生能力"的专题讲座。

3月15日，高中数学课题组首席专家郭立昌，特聘专家王贵军，密云县教研员孙凤有，在密云县教研中心为高中数学骨干教师开展了"概率、数列解题策略研究"专题指导活动。

3月17日，梁威教授，卢立涛等项目管理组成员10余人，在北京师范大学召开了项目工作研讨会。

3月19日，高中化学课题组特聘专家左京平、密云县教研员李爱林、密云县高中化学教师，在密云县二中开展了二轮复习研究课指导活动。

3月20日，初中英语课题组特聘专家蒋京丽，密云县教研员郭家堂、唐和平、齐小敬及初中英语教师，在北方交通大学附属中学密云分校开展了"提升教学基本功：实例及说明解读"专题讲座。

3月21日，初中化学课题组特聘专家胡久华、密云县教研员赵颖、密云县初三化学教师，在密云县河南寨中学开展了"化学教学案例的分析视角与方法"专题讲座。

3月22日，初中英语课题组特聘专家陈芳，密云县教研员齐小敬、唐和平、郭家堂，在密云县教研中心为初三英语教师开展了《考试说明》解读活动。

3月22日，高中数学课题组首席专家郭立昌，特聘专家马成瑞，密云县教研员孙凤有，密云县高三数学教师，在密云县教研中心开展了"准确理解、流畅思维、规范表达"专题讲座。

3月22日，高中地理课题组特聘专家王红梅、密云县教研员彭金凤，在密云县巨各庄中学为密云县高中地理教师和学生开展了二轮专题复习指导活动。

3月23日，高中语文课题组特聘专家周京昱、密云县教研员果长亮，在密云县二中为高中语文教师开展了高三作文指导活动。

3月25日，梁威教授，卢立涛等项目管理组10余人，在北京师范大学召开了名师大讲堂工作部署会。

3月26日，高中思想政治课题组特聘专家陈昭、密云县教研员赵凤文，在首都师范大学附属密云中学为密云县高中思想政治教师开展了二轮复习指导活动。

3月26日，高中语文课题组特聘专家王彤彦、密云县教研员张红军，在北方交通大学附属中学密云分校为高中语文教师开展了语文教学基本功培训。

3月27日，高中生物课题组特聘专家张斌、密云县教研员李秀军，在密云县二中为密云县高三生物教师及密云二中、巨各庄中学、太师庄中学高三理科学生开展了实验专题复习辅导活动。

3月27日，初中物理课题组特聘专家秦晓文，在密云县教研中心为密云县初中物理教师开展了实验研究指导活动。

3月27日，初中数学课题组首席专家康杰、密云县教研员骆自华、密云县初中数学教师，在密云县教研中心开展了基于分层测试卡的微格教学研讨活动。

3月27日，高中物理课题组首席专家陶昌宏、密云县教研员金政国，在密云县一中为高中物理教师开展了高三教学指导活动。

3月28日，在梁威教授主持下，北京市教委基教处处长陈寒墅，管理组负责人卢立涛，密云县教委吴明奎，密云县教研中心项启江，密云县课题负责人，与来自东城、西城、海淀、朝阳等17个区的实验校校长、教师一起，在北京师范大学参加了由北京师范大学教育学部部长、长江学者课题组特聘教授石中英主讲的"帮助学生解决学业困难：从学会同情开始"名师大讲堂活动。

3月28日，在梁威教授主持下，管理组负责人卢立涛，管理组专家董静等，在北京师范大学开展了名师大讲堂活动总结工作并部署了即将召开的中小学数学能力提升课题研讨会。

3月29日，高中英语课题组特聘专家陈红及密云县高中英语教师，在北京师范大学密云实验中学开展了"高考冲刺高分策略"专题指导活动。

4月2日，高中语文课题组特聘专家周京昱、密云县教研员果长亮、密云县高中语文教师及高三学生，在北京师范大学密云实验中学开展了提升作文水平训练课活动。

4月2日，高中地理课题组首席专家李岩梅，特聘专家吉小梅，密云县教研员彭金凤，密云县高中地理教师，在密云县太师庄中学开展了课堂教学指导活动。

4月3日，初中数学课题组特聘专家李青霞、密云县教研员朱峰、密云县初中数学教师，在密云县教研中心开展了教学设计与案例评析活动。

4月3日，高中历史课题组特聘专家曹卫东、密云县教研员李文胜、密云县高中历史教师，在密云县教研中心开展了高三历史热点问题的专题讲座。

4月11日，初高中化学课题组首席专家黄冬芳及密云县实验教师，在密云县教研中心开展了微格教学指导活动。

4月12日，高中思想政治课题组特聘专家张志忠、密云县教研员赵凤文、密云县高中思想政治教师，在密云县教研中心开展了"一模之后教学中应注意的问题"专题指导活动。

4月15日，在梁威教授主持下，17位课题组首席专家，在北京师范大学召开了中期总结交流会。

4月16日，在梁威教授主持下，校本研究课题组项启江、卢立涛及密云县9所实验校课题负责人，在密云县教研中心召开了基于学生发展的校本研究总结预备会。

4月17日，在梁威教授主持下，初中数学课题组首席专家康杰及项目管理组，在密云县四小及密云县七中召开了应用《数学分层测试卡》研讨会，密云县中小学数学教师参加会议并进行交流。密云县教委王学军副主任出席会议并讲话。

　　4月17日，高中历史课题组特聘专家张汉林、密云县教研员李文胜、密云县高三历史教师，在密云县教研中心开展了西城区"一模"试题分析活动。

　　4月17日，高中生物课题组首席专家荆林海，密云县教研中心霍劲松、李秀军及高中生物教师，在北京师范大学密云实验中学开展了课堂教学指导活动。

　　4月18日，高中语文课题组特聘专家杨华、密云县教研员果长亮及实验教师，在密云县教研中心开展了高三语文"一模"分析活动。

　　4月18日，高中化学课题组特聘专家叶斐、李伏刚及密云县高中化学教师，在密云县二中开展了专家评课活动。

　　4月18日，初高中化学课题组首席专家黄冬芳，在密云县教研中心为密云县初中化学教师开展了微格教学指导活动。

　　4月19日，高中数学课题组特聘专家邵文武、密云县教研员孙凤有，在密云县教研中心为高三数学教师开展了"高三'一模'试卷分析和'一模'后复习建议"专题讲座。

　　4月19日，初高中语文课题组首席专家孙荻芬，在密云县水库中学为密云县8所初中学校校长及骨干教师开展了教学指导活动，密云县教委王学军副主任参加了活动并讲话。

　　4月20日，梁威教授、管理组负责人卢立涛等项目管理组成员，在北京师范大学召开了项目工作研讨分工会。

　　4月23日，小学数学课题组专家范存丽、密云县教研员王海军及实验教师，在密云县第六小学开展了研究课、示范课及数学课标培训。

　　4月23日，高中英语课题组首席专家胡小力、密云县教研员曹小菊及实验教师，在北京师范大学密云实验中学开展了"阅读课有效活动设计"专题指导活动。

　　4月24日，高中历史课题组特聘专家贺千红、密云县教研员李文胜、在首都师范大学附属密云中学为密云县高中历史教师及高三学生开展了解题策略指导活动。

　　4月24日，高中英语课题组首席专家胡小力、密云县教研员曹小菊、密云县高中英语教师,在北京师范大学密云实验中学开展了优秀学生阅读能力提升的专题讲座。

　　4月25日，高中生物课题组特聘专家曹仁明、密云县教研员李秀军及实验教师，在密云县巨各庄中学开展了"以遗传为例，谈审题、解题方法策略"专题指导活动。

4月25日，初中化学课题组特聘专家李伏刚及密云县初中化学教师，在密云县教研中心开展了"对实验教学作用功能的认识"及"对实验教学策略的理解"专题讲座。

4月26日，高中数学课题组特聘专家李青霞、密云县教研员孙凤有及实验教师，在密云县二中开展了高中数学概念课及复习课教学指导活动。

4月26日，高中地理课题组特聘专家丁力、密云县教研员彭金凤、密云县高中地理教师，在北京师范大学密云实验中学开展了综合备考专题指导活动。

4月26日，高中思想政治课题组特聘专家金英珍、密云县教研员赵凤、密云县及高中思想政治教师，在密云县教研中心开展了主观题示范课活动。

5月2日，高中地理课题组首席专家李岩梅，特聘专家高振奋，密云县教研员彭金凤，在密云县巨各庄中学为密云县高中地理教师开展了课堂教学指导活动。

5月3日，高中语文课题组特聘专家张小屹、密云县教研员果长亮，在密云县教研中心为高中语文教师开展了"文言文实词推断能力培养"专题指导活动。

5月3日，小学数学课题组特聘专家贾福禄，密云县四、五、六年级数学骨干教师，在西城区南菜园小学参加了研究课、示范课及数学课标培训。

5月9日，高中历史课题组首席专家张静、密云县教研员李文胜及实验教师，在密云县太师庄中学开展了现场课研讨活动。

5月10日，高中语文课题组特聘专家边境、密云县教研员果长亮，在密云县教研中心为高中语文教师开展了"高三二模后作文提升策略"专题讲座。

5月12日，在梁威教授主持下，卢立涛等项目管理组成员，在北京师范大学开展了《基于学生发展的校本研究》书稿研讨修订活动。

5月16日，高中化学课题组特聘专家李伏刚、曹宇辉，密云县教研员李爱林及高中化学教师，在首都师范大学附属密云中学开展了示范课及专家评课活动。

5月22日，高中生物课题组专家朱立祥、密云县教研员李秀军、密云县高中生物教师，在密云县二中开展了高二年级生物课堂教学指导活动。

5月22日，在梁威教授主持下，密云县中小学数学及校本研究课题负责人，在北京师范大学参加了由北京师范大学心理学院教授刘儒德主讲的"班主任工作中的心理效应"名师大讲堂活动。

5月28日，在梁威教授主持下，北京教科院原副院长文喆研究员，门头沟区教育委员会主任李永生、副主任刘中阁，课题组首席专家吴正宪、康杰，等等，密云县中小学数学课题负责人，密云、门头沟、丰台等区县教研员及实验教师，在门头沟区参加了"关注差异，共促发展，提升中小学数学教学质量"研修活动，听取了教育部基础教育课程教材发展中心主任助理、义务教育阶段国家数学课程标准研制组负责人刘坚教授主讲的"数学课程改革：回顾与展望"专题报告。

6月6日，高中历史课题组首席专家张静，特聘专家郭井生，密云县高中历史教师，在密云县巨各庄中学开展了高中历史教学研讨活动。

6月13日、15日，在梁威教授主持下，北京教科院德育研究中心主任谢春风、校本研究课题组专家胡进、何光峰、卢立涛等，在北京师范大学召开了《基于学生发展的校本研究》书稿研讨会。

6月28日，小学数学课题组专家范存丽，密云县教研员王海军及实验教师，在密云县果园小学开展了研究课、示范课及数学课标培训活动。

7月23日，初高中英语课题组首席专家孟雁君、密云县教研员齐小敬、密云县初三英语教师，在密云县教研中心开展了课文教学模式录像分析活动。

8月12日，梁威教授，卢立涛等项目管理组成员，在北京师范大学召开了任务分工与工作部署会。

8月15日，在梁威教授主持下，小学数学课题组专家范存丽及密云县部分骨干教师，在北京师范大学召开了小学数学课题组实施指导组总结会。

9月1日，在梁威教授主持下，课题组专家康杰、范存丽、孙荻芬，密云县教研员朱峰、王海军及门头沟区数学教研员王富芝、苑爱民等，在北京师范大学召开了中小学数学教育衔接研讨交流会。

9月2日，梁威教授及管理组卢立涛、郭洁、李万增、董静等，在北京师范大学召开了管理组协调会。

9月7日，在梁威教授主持下，17个课题组专家，密云县教委王学军副主任等领导及密云县教研员，在密云县教委开展了上学年工作总结及下学期工作计划会。

9月11—13日，密云县教研员王海军及小学数学实验教师代表赴云南省开展了《数学分层测试卡》使用经验交流与指导活动，当地的各级教育行政领导、教研员及教师参加了活动。

9月18日，小学数学课题组首席专家吴正宪、密云县教研员王海军及部分实验教师，在密云县第六小学开展了小学数学新课标系列培训活动。

9月18日，初中化学课题组首席专家黄冬芳、密云县教研员赵颖、密云县初中化学教师，在密云县五中开展了新教材中有关物质性质教学定位的解读活动。

9月18日，初中数学课题组首席专家康杰、密云县教研员朱峰、密云县初中数学骨干教师，在密云县教研中心开展了新课程数学教学设计案例研究活动。

9月19日，高中物理课题组特聘专家张玉峰、密云县教研员金政国、密云县高中物理教师，在密云县教研中心开展了动量、能量专题复习指导活动。

9月24日，高中英语课题组特聘专家李佳、密云县教研员曹小菊、密云县高中英语教师，在密云县教研中心开展了高三英语教学经验交流活动。

9月24日，高中化学课题组特聘专家徐敏、密云县教研员李爱林、密云县高中化学教师，在密云县教研中心开展了概念、元素及其化合物专题一轮复习指导活动。

9月24日，高中地理课题组特聘专家马珏、密云县教研员彭金凤、密云县高中地理教师，在密云县教研中心开展了高三备考指导活动。

9月25日，梁威教授，卢立涛等项目管理组成员，在北京师范大学召开了近期工作研讨会。

9月25日，高中数学课题组特聘专家李梁、密云县教研员孙凤有，在密云县二中为密云县高三数学教师及学生开展了"函数、导数复习指导"专题讲座。

9月25日，高中生物课题组首席专家荆林海、密云县教研员李秀军，在密云县教研中心为高三生物教师开展了《分子与细胞》第一轮复习专题指导活动。

9月25日，初中物理课题组特聘专家续佩君、密云县教研员王志林、密云县初中物理教师，在密云县教研中心开展了听评课活动。

9月26日，初高中语文课题组首席专家孙荻芬、密云县教研中心张红军、密云县语文教师，在密云县六中开展了听评课活动。

9月26日，初中化学课题组特聘专家李伏刚、密云县教研员赵颖、密云县初中化学教师，在密云县六中开展了"如何设计并实施实验教学"主题研讨活动。

9月27日，初高中英语课题组首席专家孟雁君、卢立涛、密云县教研员郭家堂、密云县初中英语教师，在密云县教研中心开展了初中英语课文教学第一课时教学设计展示（说课）活动。

9月29日，高中思想政治课题组特聘专家刘曙光、密云县教研员赵凤文、密云县高中政治学科教师，在北京师范大学密云实验中学开展了教学指导活动。

10月8日，初中物理课题组特聘专家杨雄生、密云县教研员王志林、密云县初中物理教师，在密云县教研中心开展了教学现场课活动。

10月10日，初高中化学课题组首席专家黄冬芳、密云县教研员赵颖，在密云县交大附中为初中化学教师开展了教师如何定位教学观念的专题讲座。

10月10日，初高中语文课题组首席专家孙荻芬、密云县教研员果长亮、密云县高中语文学科名师工作室成员，在密云县巨各庄中学开展了现代文阅读现场课及教师座谈活动。

10月11日，高中物理课题组首席专家陶昌宏、密云县教研员王志林、密云县初中物理教师，在密云县教研中心开展了"努力做一名学生喜爱的中学物理教师"专题讲座。

10月15日，梁威教授，卢立涛等项目管理组成员，在北京师范大学召开了近期工作研讨会。

10月15日，高中化学课题组特聘专家贾同改，在首都师范大学附属密云中学为密云县高中化学教师开展了"原理复习"课例研究指导活动。

10月16日，高中生物课题组特聘专家王春易、密云县教研员李秀军、密云县高中生物教师，在密云县二中开展了课堂教学指导活动。

10月16日，高中历史课题组首席专家张静，特聘专家董增刚，密云县高三历史教师，在密云县教研中心开展了"高考历史试题与中学素质教育"专题讲座。

10月16—17日，初高中语文课题组首席专家孙荻芬，特聘专家周京昱，密云县教研员果长亮，密云县高中语文教师，在密云县河南寨中学及密云县教研中心开展了高三语文作文提升策略指导活动。

10月18日，初中数学课题组首席专家康杰、密云县教研员朱峰、密云县初中数学骨干教师，在光明小学开展了新课程数学教学设计案例研究活动。

10月18日，高中思想政治课题组特聘专家蔚国娟、密云县教研员赵凤文、在密云县教研中心为实验教师开展了"高考特点与未来走向暨如何备考"主题讲座。

10月18日，高中数学课题组特聘专家李青霞、密云县教研员孙凤有、密云县高中数学教师，在首都师范大学附属密云中学开展了三角函数、数列复习指导活动。

10月18日，在梁威教授组织下，管理组董静、李万增，密云县教委王学军及部分实验教师，在海淀区育星园学校开展了《数学分层测试卡》教学观摩及示范课活动。

10月20日，高中历史课题组特聘专家冉峰、密云县教研员李文胜，在首都师范大学附属密云中学为高二、高三历史教师开展了高三复习讲座。

10月22日，高中英语课题组首席专家胡小力，特聘专家陈彦竹，密云县密云县高中英语教师，在密云县二中开展了高分阅读训练活动。

10月22—25日，管理组董静带领北京市密云县石城镇中心小学副校长孔晓兴等赴内蒙古自治区达茂旗开展了实地指导活动并交流小学数学分层评价课题研究经验。

10月23日，高中物理课题组特聘专家张国、密云县教研员金政国、密云县高中物理教师，在密云县教研中心开展了电场、直流电及实验教学指导活动。

10月25日，高中思想政治课题组特聘专家吕远、密云县教研员赵凤文、密云县高中政治实验教师，在首都师范大学附属密云中学开展了复习课观摩指导活动。

10月25日，初高中语文课题组首席专家孙荻芬，在密云县田各庄中学为密云县高中语文教师开展了"提高教学实践能力、培养青年教师队伍"的专题讲座。

10月29日，高中地理课题组特聘专家白洁、密云县教研员彭金凤、密云县高中地理教师，在北京师范大学密云实验中学开展了课堂教学指导及听评课指导活动。

10月30日，高中地理课题组特聘专家邬雪梅、密云县教研员彭金凤，在密云县二中为高中地理教师开展了教学指导活动。

10月30日，高中生物课题组特聘专家柳忠烈、密云县教研员李秀军、密云县高中生物教师，在密云县教研中心开展了《遗传与进化》一轮复习辅导活动。

11月1日，高中数学课题组特聘专家李大永、密云县教研员孙凤有、密云县高三数学教师，在密云县教研中心开展了立体几何复习指导活动。

11月1日，梁威教授，董静等项目管理组专家，在北京师范大学确定了小学数学课题组干预专题。

11月4日，在梁威教授主持下，17个课题组专家及项目管理组成员，在北京师范大学召开了中期交流研讨会。密云县教委王学军副主任，密云县教研中心唐和平、孙凤有、宋连军等出席了会议并讲话。

11月6日，初中数学课题组首席专家康杰、密云县教研员朱峰及骨干教师，在密云县三中开展了单元教学设计指导活动。

11月12日，高中化学课题组特聘专家张连涛、密云县教研员李爱林、密云县高中化学教师，在北京师范大学密云实验中学开展了听评课及讲座指导活动。

11月12日，高中地理课题组特聘专家马珏、密云县教研员彭金凤、密云县高中地理教师，在北京师范大学密云实验中学开展了观摩指导活动。

11月12日，高中物理课题组首席专家陶昌宏、密云县教研员金政国、密云县高三物理教师，在北京师范大学密云实验中学开展了试卷讲评课指导活动。

11月13日，在梁威教授主持下，管理组负责人卢立涛，管理组专家董静，密云县教研中心项启江、王海军、崔永学及实验校课题负责人，在密云县教研中心召开了《基于学生发展的校本研究》书稿研讨会及中小学数学衔接课题研讨会。

11月14日，小学数学课题组特聘专家刘延革、密云县教研员王海军、密云县小部分实验教师，在密云县果园小学开展了小学数学分层课题活动暨新课标系列培训活动。

11月15日，高中思想政治课题组特聘专家杨灵、密云县教研员赵凤文、密云县高中思想政治教师，在北京师范大学密云实验中学开展了"课堂教学中如何提高学生学习主动性和实效性"的专题讲座。

11月15日，高中数学课题组特聘专家闻岩、密云县教研员孙凤有、密云县高三数学教师，在北京师范大学密云实验中学开展了高三解析几何复习指导活动。

11月15日，高中英语课题组特聘专家陈新忠，密云县教研员曹小菊、密云县高中英语教师，在密云县教研中心开展了"如何开展有效听力教学"专题讲座。

11月15日，小学数学课题组专家范存丽，密云县教研中心宋怀海、王海军及小学数学教师，在密云县第六小学开展了研究课、示范课及数学课标培训。

11月15日，高中历史课题组特聘专家李晓风、密云县教研员李文胜、密云县高中历史教师，在密云县教研中心开展了"西方人文主义思潮"主题讲座。

11月20日，初中数学课题组首席专家康杰、密云县教研员朱峰、密云县数学教师，在密云县十里堡中学开展了研究课观摩活动。

11月21日，初高中语文课题组首席专家孙荻芬、密云县教研员果长亮、密云县高中语文教师，在密云县巨各庄中学开展了现代文阅读现场课活动并召开了教师座谈会。

11月21日，梁威教授，管理组负责人卢立涛及实验教师与台湾学者，在北京师范大学开展了学习困难专题交流活动。

11月22日，高中思想政治课题组特聘专家蓝利军、密云县教研员赵凤文、密云县高中思想政治教师，在密云县太师庄中学开展了一轮复习指导活动。

11月26日，高中化学课题组特聘专家李伏刚、密云县教研员李爱林，在密云县教研中心为高中化学教师开展了"对会考复习的一些思考"的专题讲座。

11月26日，高中地理课题组首席专家李岩梅，特聘专家高振奋，密云县教研员彭金凤，在首都师范大学密云实验中学为高中地理老师开展了听评课及备课研讨活动。

11月26日，高中英语课题组特聘专家孙婧、密云县教研员曹小菊、密云县高中英语教师，在首都师范大学密云实验中学开展了"情景作文专题复习课"指导活动。

11月26日，在梁威教授主持下，北京市教委基础教育一处韩景毅，卢立涛等项目管理组成员及密云县实验教师代表，参加了在北京师范大学英东学术会堂召开的"关注差异，关爱学生，促进师生共同发展"研修会暨名师大讲堂活动，聆听了由北京师范大学教育学部副部长黄荣怀主讲的"中小学生网络生活方式的研究"专题报告。

11月26日，在梁威教授主持下，项目管理组成员，密云县教委吴明奎，密云县教研中心项启江，尹金伶、张文华等34位实验教师，在北京师范大学参加了密云县中小学衔接专题研究的会议。

11月27日，高中物理课题组特聘专家姜民、密云县教研员金政国，在密云县教研中心为高三物理教师开展了高三物理总复习的专题讲座。

12月5日，初中化学课题组特聘专家李春红、密云县教研员赵颖、密云县初三化学教师，在密云县教研中心开展了新京版教材解读活动。

12月5日，管理组专家董静及部分实验教师代表，在密云县东邵渠镇中心小学召开了中小学数学教育衔接筹备会。

12月6日，高中语文课题组特聘专家盛志武、密云县教研员果长亮、密云县高三语文老师，在密云县教研中心开展了高三文言文阅读复习指导活动。

12月6日，高中数学课题组特聘专家扈志明、密云县教研员孙凤有、密云县高三数学教研组长，在密云县教研中心开展了《考试说明》解读活动并进行了座谈。

12月6日，梁威教授及项目管理组成员，在北京师范大学召开了密云项目总结及近期工作研讨会。

12月10日，在梁威教授主持下，小学数学课题组专家范存丽、密云县教研中心王学军及34所实验校课题负责人，在密云县东邵渠镇中心小学召开了中小学数学教育衔接交流会暨密云县学习障碍研究分会成立会。

12月11日，高中生物课题组特聘专家乔文军、密云县教研员李秀军、密云县高中生物教师，在密云县教研中心开展了"稳态与环境"模块一轮复习方法和策略辅导活动。

12月11日，初中数学课题组首席专家康杰、密云县教研员朱峰、密云县数学骨干教师，在密云县河南寨中学开展了单元教学设计研讨活动。

12月13日，高中数学课题组特聘专家王春晖、密云县教研员孙凤有、密云县高三教师，在密云县教研中心开展了"概率与统计复习指导"的主题讲座。

12月17日，初高中语文课题组首席专家孙荻芬，在密云县七中为初中语文实验教师开展了听评课教学指导活动。

12月17日，初高中化学课题组首席专家黄冬芳，特聘专家李伏刚，密云县教研员李爱林，密云县高中化学教师，在密云县二中开展了评课与讲座活动。

12月18日，高中物理课题组特聘专家郑鹆、密云县教研员金政国、密云县高三物理教师，在密云县教研中心开展了高三物理教学与高考复习指导活动。

12月18日，高中英语课题组首席专家胡小力、密云县教研员曹小菊、密云县高三英语教师，在北京师范大学密云实验中学召开了专题研讨活动。

12月18日，高中生物课题组首席专家荆林海，特聘专家乔文军，密云县教研员李秀军，密云县高中生物教师，在北京师范大学密云实验中学开展了基础知识复习课备课指导活动。

12月20日，梁威教授主持，北京市教委原副主任、北京市教育学会会长李观政，北京市教科院原副院长、研究员文喆，北京市教育委员会基教一处副处长徐志芳，北京教科院德育研究中心主任、研究员谢春风，北京市教育学会秘书长黄和平，石景山区教委主任郝显军、副主任于秀云，课题组首席专家专家吴正宪、康杰、陶昌宏，密云县中小学数学课题负责人，17个区县教科领导、教师代表及天津市塘沽区教科人员，等等，在石景山区金顶街第二小学参加了"关注差异，关爱学生，促进师生共同发展"交流研修会，并聆听了北京师范大学脑与认知科学研究院教授边玉芳主讲的"尊重规律，科学育人"专题讲座。

12月23日，梁威教授及项目管理组成员10余人，在北京师范大学召开了项目工作年终总结研讨会。

12月24日，高中地理课题组特聘专家高俊昌、密云县教研员彭金凤、密云县高中地理教师，在密云县教研中心开展了"高中地理课标解读"专题讲座。

12月26日，高中历史课题组首席专家张静，特聘专家郭井生，密云县高中历史教师，在北京师范大学密云实验中学开展了高三现场课及研讨活动。

12月29日，高中数学课题组特聘专家王贵军、密云县教研员孙凤有，在密云县二中为密云县高中数学教师及部分学生开展了提高解题能力与策略的指导活动。

2014 年重要活动大事记

1 月 23 日，梁威教授及 17 个课题组专家团队，密云县教研中心王学军、项启江、宋连军、孙凤有等领导及教研员，在密云县教委召开了学期末项目研讨会。

2 月 17 日，在梁威教授的主持下，北京市教科院原副院长文喆，北京师范大学首都基础教育研究院执行副院长乔树平，首都师范大学教育学院副院长张景斌，管理组卢立涛、温水擎、周婷子等，在北京师范大学探讨项目的研究方向。

2 月 18 日，梁威教授，卢立涛，董静，小学数学课题组首席专家吴正宪、专家范存丽，初中数学课题组首席专家康杰，在北京师范大学研讨了中小学数学衔接教材的组织架构、时间安排、主要栏目、近期任务等。

2 月 18 日，初中物理课题组特聘专家黎红、密云县教研员王志林、密云县初中物理教师，在密云县教研中心开展了中考说明解读及复习建议活动。

2 月 19 日，高中物理课题组特聘专家汪维诚、密云县教研员金政国、密云县高三物理教师，在密云县教研中心开展了高三实验教学指导活动。

2 月 25 日，在梁威教授的主持下，卢立涛、董静、张丽娜、周婷子等 10 余人，在北京师范大学研讨档案建设工作、新学期工作计划并讨论项目预期成果。

2 月 26 日，高中物理课题组特聘专家苏明义、密云县教研员金政国、密云县高三物理教师，在密云县教研中心开展了考试说明解读及复习建议活动。

2 月 27 日，初中化学课题组特聘专家李伏刚、密云县教研员赵颖、密云县化学教师，在密云县三中开展了初中化学专题讲座。

2 月 28 日，初高中语文课题组首席专家孙荻芬、密云县高中语文学科名师工作室成员及青年骨干教师，在密云县教研中心开展了微写作指导活动。

2 月 28 日，高中思想政治课题组特聘专家王礼新、密云县教研员赵凤文、密云县高中思想政治学科教师，在密云县二中开展了高考复习指导活动。

3 月 3 日，在梁威教授的主持下，17 个课题组专家，密云县教委及教研中心领导王学军、吴明奎、唐和平、孙凤有等，在北京师范大学进行了项目工作总结并探讨了 2014 年高考改革趋势。

3 月 4 日，高中化学课题组特聘专家门易，密云县教研员赵颖、李爱林及密云县全体高三化学教师，在密云县教研中心开展了浅谈高考命题的专题讲座。

3 月 5 日，初中化学课题组特聘专家赵瑞玲、刘艳梅，密云县教研员赵颖，密云县初中化学教师代表，在顺义区三中开展了研究课及听评课指导活动。

3 月 5 日，高中生物课题组特聘专家管旭、密云县教研员李秀军，在密云县教研中心为密云县高三生物教师解读 2014 年高中生物《考试说明》。

3 月 6 日，梁威教授、卢立涛、周婷子等，在北京师范大学研讨了项目分工和档案管理工作。

3 月 7 日，初中物理课题组特聘专家秦晓文、密云县教研员王志林、密云县初中物理教师，在密云县教研中心开展了初中物理实验教学建议的活动。

3 月 7 日，高中思想政治课题组特聘专家张广宇、密云县教研员赵凤文、密云县高中政治教师，在首都师范大学附属密云中学开展了"二轮复习中应注意的问题"专题讲座。

3 月 7 日，高中物理课题组特聘专家李志、密云县教研员金政国、密云县高中物理教师，在密云县教研中心开展了高中物理实验教学建议的活动。

3 月 11 日，高中英语课题组首席专家胡小力、密云县教研员曹小菊、密云县全体高三英语教师，在北京师范大学密云实验中学开展了应用文写作专题复习活动。

3 月 11 日，在梁威教授的主持下，卢立涛、董静、周婷子、刘玉花、朱丽蓉等 10 余人，在北京师范大学对项目总结工作进行研讨。

3 月 12 日，初高中语文课题组首席专家孙荻芬，特聘专家王大绩，密云县高三语文教师及全体高三学生，在北京师范大学密云实验中学开展了诗歌鉴赏指导活动。

3 月 14 日，初高中英语课题组首席专家孟雁君，卢立涛、赵金侠、朱立新及密云县初一英语骨干教师和部分青年教师，在密云县教研中心召开了新教材听说训练专题研讨会。

3 月 14 日，梁威教授在北师大主持召开了《中小学数学教育衔接用书》教师版及学生版的编写思路及进度研讨会，卢立涛、郭洁、初中数学课题组首席专家康杰、小学数学课题组专家范存丽等出席了会议。

3月18日，高中英语课题组首席专家胡小力，在北京师范大学密云实验中学为密云县高中英语教师开展了学生应试指导活动。

3月18日，高中化学课题组特聘专家柳世明，密云县教研员李爱林及密云县高三化学教师、部分高三学生，在密云县二中开展了高三化学学法讲座。

3月19日，高中历史课题组特聘专家董增刚、密云县教研员李文胜、密云县高三历史教师，在密云县教研中心开展了中国近代史研究热点与趋势专题讲座。

3月19日，高中生物课题组特聘专家乔文军、密云县教研员李秀军、密云县高中生物教师，在北京师范大学密云实验中学开展了遗传专题示范课指导活动。

3月21日，高中地理课题组特聘专家刘景奎、密云县教研员彭金凤、密云县高中地理教师及高三学生，在北京师范大学密云实验中学开展了如何根据图文信息进行准确判断与描述的专题辅导。

3月21日，高中数学课题组特聘专家孙秀平、密云县教研员孙凤有、密云县高中数学骨干教师及高三学生，在首都师范大学附属密云中学开展了关于解析几何第二轮复习意见的专题讲座。

3月25日，高中英语课题组特聘专家王冬云、密云县教研员曹小菊、密云县全体高三英语教师，在首都师范大学附属密云中学开展了学生应试指导活动。

3月25日，梁威教授组织卢立涛、董静、郭洁、周婷子、刘姣等，在北京师范大学讨论了中小学数学教育衔接会议的相关事宜。

3月26日，初中数学课题组特聘专家李青霞、密云县教研员崔永学、密云县初中数学教师，在密云县教研中心研讨了实验教学的相关建议。

3月26日，高中化学课题组特聘专家支瑶，在密云县教研中心为密云县全体高一化学教师开展了基于案例的化学教学展示活动。

3月26日，高中生物课题组特聘专家李晓辉、密云县教研员李秀军、密云县全体高三教师，在首都师范大学附属密云中学开展了专题复习策略辅导活动。

3月27日，初中化学课题组特聘专家王磊、密云县教研员赵颖、密云县初中化学教师，在密云县教研中心开展了"考试说明的变化对复习备考的影响"的专题讲座。

3月28日，高中思想政治课题组特聘专家曾阳、密云县教研员赵凤文、密云县全体高中政治教师，在北京师范大学密云实验中学开展了"二轮复习中应注意的问题"的专题讲座。

3月28日，高中地理课题组特聘专家高俊昌、密云县教研员彭金凤、密云县全体高中地理教师，在密云县教研中心开展了关于人文地理教学内容的专题讲座。

3月29日，初高中语文课题组首席专家孙荻芬、密云县教研员张红军、密云县实验校初二年级语文教师，在密云县三中开展了"两个强盗闯进了圆明园""穿针引线"听评课。

3月31日，高中历史课题组特聘专家张韬、密云县教研员李文胜、密云县全体高中历史教师及部分学生，在密云县二中开展了"高考历史非选择题试题分析"的专题讲座。

4月1日，高中地理课题组特聘专家潘化兵、密云县教研员彭金凤、密云县高三地理教师及部分高三学生，在密云县太师庄中学开展了综合题解题思路与答题规范的专题讲座。

4月1日，高中思想政治课题组特聘专家王丽、密云县教研员赵凤文、密云县全体高一政治教师，在首都师范大学附属密云中学开展了"课堂教学中如何提高学生学习主动性和实效性"的专题讲座。

4月2日，高中英语课题组首席专家胡小力、密云县教研员曹小菊、密云县全体英语教师，在北京师范大学密云实验中学开展了新教师听课指导活动。

4月3日，初高中语文课题组首席专家孙荻芬、密云县教研员张红军、密云县全体初一语文教师在北京交通大学附属中学密云分校开展了初一语文教学研讨活动。

4月3日，小学数学课题组特聘专家贾福禄，在密云县穆家峪新农村小学为密云县实验校小学数学教师开展了数学课标培训。

4月11日，高中历史课题组首席专家张静，特聘专家郭井生，密云县教研员李文胜，密云县全体高三历史教师，在密云县巨各庄中学开展了高三海淀区"一模"试卷讲评课活动。

4月14日，初高中化学课题组首席专家黄冬芳、密云县教研员赵颖、密云县初中化学教师，在密云县三中开展了听评课活动。

4月15日，高中地理课题组特聘专家马珏、密云县教研员彭金凤，在密云县二中为学生开展了"高考应答策略"的专题讲座。

4月15日，高中化学课题组特聘专家徐敏，在北京师范大学密云实验中学为密云县全体高三化学教师开展了研究课和专题讲座活动。

4月15日，高中英语课题组特聘专家陈新忠、密云县教研员曹小菊、密云县听说行动研究小组成员，在密云县教研中心开展了有效听力活动设计的研究课。

4月16日，高中思想政治课题组特聘专家赵爱军、密云县教研员赵凤文、密云县高三政治教师，在密云县巨各庄中学开展了知识复习和解题方法指导示范活动。

4月17日，高中生物课题组特聘专家全斌、密云县教研员李秀军、密云县全体高三生物教师20人，在北京师范大学密云中学开展了海淀区"一模"试卷讲评示范课。

4月18日，高中数学课题组特聘专家李大永、密云县教研员孙凤有、密云县高三数学教师，在密云北京师范大学实验中学开展了"一模"试题分析、下一段高考数学复习指导活动。

4月18日，初高中英语课题组首席专家孟雁君，卢立涛，密云县教研员齐小敬及密云县全体初一英语教师，在密云县教研中心召开了初一英语新教材听说训练专题研讨会。

4月18日，初中物理课题组首席专家陶昌宏、密云县教研员王志林、密云县初中物理教师，在密云县教研中心开展了教学指导活动。

4月18日，初高中语文课题组首席专家孙荻芬，在密云县教研中心为密云县高三、高一语文教师开展了作文高考冲刺阶段的教学研究活动。

4月20日，在梁威教授的主持下，17个课题组专家、密云县教委及教研中心领导王学军、吴明奎、孙凤有等，在北京师范大学研讨了中小学数学教育衔接专题及密云县"一模"对策。

4月22日，高中地理课题组特聘专家周圣烘、密云县教研员彭金凤、密云县高三地理教师及部分高三文科生，在首都师范大学附属密云中学开展了"综合题解题思路与答题规范及热点问题"的专题讲座。

4月22日，初高中语文课题组首席专家孙荻芬，在首都师范大学附属密云中学为密云县高三语文教师开展了微写作教学研究指导活动。

4月23日，高中生物课题组特聘专家曹仁明、密云县教研员李秀军，在密云县巨各庄中学为密云县高中生物教师及部分学生开展了遗传专题的审题、解题指导活动。

4月23日，高中历史课题组特聘专家曹卫东、密云县教研员李文胜，在首都师范大学附属密云中学为密云县高三历史教师及部分文科班学生开展了2013年典型试题分析训练的专题讲座。

4月29日，高中地理课题组特聘专家王红梅、密云县教研员彭金凤、密云县高三地理教师，在密云县巨各庄中学开展了"区域地理特征及可持续发展问题"的专题讲座。

4月29日，梁威教授主持，卢立涛、周婷子等管理组成员，在北师大研讨中小学数学衔接会议及档案工作。

5月14日，初中化学课题组特聘专家解林山、莫慰，密云县教研员赵颖及部分密云县初中化学实验教师，在怀柔区五中开展了联合教研——化学课赛课活动。

5月6日，梁威教授在密云县石城镇中心小学主持召开了"植树问题""分数基本性质"的观摩课活动，密云县教委毛久刚、石城镇副镇长夏青、石城镇教委黄秀青、石城镇中心小学校长乔秀芹、密云县教研员王海军及密云县部分实验教师出席了活动。

5月7日，高中语文课题组特聘专家何杰、密云县教研员果长亮、密云县高中语文教师，在密云县太师庄中学开展了社科文阅读指导活动。

5月8日，初高中英语课题组首席专家孟雁君、密云县教研员齐小敬、密云县全体初一英语教师，在密云县教研中心开展了教材分析及期末复习指导活动。

5月9日，高中英语课题组首席专家胡小力、密云县教研员曹小菊，在首都师范大学附属密云中学为密云县青年英语教师开展了如何进行有效活动设计的专题讲座。

5月12日，梁威教授、卢立涛及项目管理组专家团队，在北京师范大学总结本学期上阶段工作，布置下阶段工作。

5月14日，高中数学课题组特聘专家张晓东、密云县教研员孙凤有、密云县高一数学教师，在密云县教研中心开展了解析几何教材分析的活动。

5月15日，密云县教研员王海军、宋怀海及全县27所小学数学课题组负责人，在昌平区九华山庄参加北京市中小学教师优秀课堂教学设计评选活动。

5月16日，高中化学课题组特聘专家孙兆前，密云县教研员李爱林，在北京师范大学密云实验中学为全体高三化学教师及理科学生开展了"立足化学实验，做好考前复习"的专题讲座。

5月16日，高中化学课题组特聘专家李伏刚，在密云县二中为密云县高中化学教师开展了高一、高二研究课指导及评课活动。

5月21日，初高中英语课题组首席专家孟雁君，特聘专家蒋京丽，密云县教研员郭家堂、唐和平、曹爱平、齐小敬及密云县初中英语名师工作室成员，在密云县教研中心、密云县三中开展了听说课设计交流研讨活动及听说活动观摩与展示活动。

5月21日，初中数学课题组首席专家康杰，密云县教研员朱峰、崔永学，密云县不老屯中学、高岭中学、古北口中学、新城子中学领导及数学教师，在密云县不老屯中学开展了基于分层评价的课堂教学案例研究活动。

5月28日，梁威教授主持，在北京师范大学图书馆三层报告厅开展了名师大讲堂活动，小学数学、中学数学课题组聆听北京师范大学脑与认知科学研究院罗良老师做的"儿童青少年大脑与心理发展特点以及对教育的启示"主题报告。

5月29日，梁威教授在门头沟北京实验二小永定分校一楼多功能厅主持召开中小学教育衔接研讨会，小学数学课题组首席专家吴正宪，密云县教研员王海军、朱峰，密云县小学数学、中学数学课题组及其他区县实验校教师等出席了会议。

5月31日，高中化学课题组特聘专家支瑶、密云县教研员李爱林、密云县化学教师，在密云县二中开展了化学反应原理教学指导活动。

6月3日，梁威教授在北京师范大学组织召开了项目绩效评估研讨会，卢立涛、董静、周婷子、金利、黄冬芳等参加了会议。

6月4日，初中数学课题组首席专家康杰，密云县教研员朱峰、崔永学等，在密云县教研中心开展了基于分层评价的课堂教学设计研究活动。

6月11日，初高中英语课题组首席专家孟雁君、卢立涛、密云县教研员齐小敬、密云县全体初一英语教师，在密云县教研中心开展了期末复习专题研讨活动。

6月12日、18日、30日，梁威教授在北京师范大学主持召开了密云项目工作总结及下学期工作安排会议，部分首席专家参加了会议。

7月3日，梁威教授在北京师范大学主持召开了中小学数学教育衔接教材使用培训研讨会。管理组负责人卢立涛，初中数学课题组首席专家康杰，密云县教研员朱峰、崔永学等参加了会议。

8月16日，梁威教授主持，北京市教委原副主任、北京市教育学会会长李观政，北京市教委原专职委员、北京教科院原副院长文喆，昌平区政协副主席、统战部部长李永生，北京师范大学首都基础教育研究院执行副院长乔树平，北京教育学院副院长杨志成，北京师范大学教育学部副部长朱旭东，北京教科院德育中心主任谢春风，小学数学课题组首席专家吴正宪，初中数学课题组首席专家康杰，项目管理组专家团队，密云县实验教师代表，以及媒体记者，等等，出席了在北京师范大学召开的中小学《数学分层测试卡》20周年研讨会。

8月28日，梁威教授，初中数学课题组首席专家康杰、专家郭洁等，密云县及其他区县的实验校负责人、新初一数学教师，在通州区教师研修中心召开了中小学数学教育衔接培训会。

8月30日，梁威教授及17个课题组专家，密云县教研中心教研员及现代教育报记者郑祖伟，在北京师范大学召开了密云项目总结会。密云县教工委、教委领导张文亮、杨华利、王学军等出席会议并讲话。

9月2日，梁威教授、卢立涛、周婷子、密云县教研员朱峰，在密云县东邵渠中学、北京交通大学附属中学密云分校开展了中小学数学教育衔接专题的调研活动。

9月3日，梁威教授，卢立涛、周婷子等管理组成员，在北京师范大学召开了项目组工作研讨例会。

9月12日，小学数学课题组特聘专家贾福禄，密云县教研员王海军、宋怀海、钱艳及密云县六年级数学教师，在密云县第六小学开展了课例研讨活动。

10月10日，梁威教授，密云县教研中心王学军主任、朱峰，项目管理组卢立涛、周婷子等，在北京师范大学召开了中小学数学教育衔接研究专题研讨会。

11月5日，梁威教授，卢立涛、周婷子等管理组成员，在北京师范大学召开了项目组工作研讨例会。

11月17日，梁威教授主持，项目管理组及17个课题组首席专家，在北京师范大学召开了密云项目专家研讨会。

12月18日，梁威教授，密云县教研员朱峰、王海军，项目管理组负责人卢立涛、周婷子等，在北京师范大学召开了中小学数学教育衔接研究专题研讨会。

12月18日，梁威教授，卢立涛，密云县教研中心王学军、项启江，密云县实验教师代表，在密云县教研中心召开了校本研究专题会。

2015—2017年重要活动大事记

2015—2017年，在梁威教授和密云县教委及教研中心领导共同主持下，17个课题组专家团队及教研员等整理项目结题材料，并多次在北京师范大学召开《农村基础教育质量提升的实践创新——北京师范大学–密云区中小学合作研究案例》书稿研讨会。

　　党的十九大报告明确提出"建设教育强国是中华民族伟大复兴的基础工程，必须把教育事业放在优先位置，加快教育现代化，办好人民满意的教育"。为此，就需要统筹推动全社会教育资源的整合，"推动城乡义务教育一体化发展，高度重视农村义务教育"。

　　回顾 2007 年至 2014 年，项目组历时 8 年的实践探索，在统筹整合北京师范大学、北京市密云区等各方优秀教育资源有效提升农村基础教育质量方面做出了一些努力，取得了显著的成效。

　　《农村基础教育质量提升的实践创新——北京师范大学－密云区中小学合作研究案例》一书的形成是集体智慧的结晶。这些成果的产出，是在 8 年的 2900 多天中，通过"2+6+9"项目组组织的 2000 余次活动，项目组管理团队、专家及实施团队共同努力的结果。

　　在实施"2+6+9"项目的过程中，项目组得到了北京市教工委、北京市教委，密云区政府、教育工委、教委、教育督导室和北京师范大学、北京市教育学会、北京教育科学研究院、北京教育学院、首都师范大学等单位的有关领导及专家的大力支持，参与项目实验的密云区教研中心领导、教研员及中小学领导和一线教师、各学科首席专家及专家团队、北师大项目的管理团队付出了艰辛的劳动，这些支持与付出共同铸就了本书所呈现的研究成果，在此一并致以衷心的感谢。

　　为了能够更加全面、科学和准确地总结经验，在本书的撰写与修改过程中，项目组曾召开各种类型研讨会数十次，北京师范大学校长董奇教授、北京教育科学研究院原副院长文喆研究员、中国教育科学研究院教师发展研究中心杨晓琳副研究员等领导及专家给予了大力的支持和指导。

尽管我们非常努力，但是由于"2+6+9"项目实施时间长、专题多、范围广、形式多样，再加上篇幅的限制，故而不能将各课题实施过程中所有内容——涵盖，只能撷取每个课题研究的主要成果呈现于此。

希望本书能为我国探索农村基础教育质量提升的路径起到积极的推动作用。

《农村基础教育质量提升的实践创新》编委会

2018 年 10 月于北京师范大学